KB181680

코딩 호러의
이펙티브 프로그래밍
Effective Programming
More Than Writing Code

코딩 호러의
이펙티브 프로그래밍

지은이 제프 앳우드Jeff Atwood | 옮긴이 임백준
펴낸이 박찬규 | 엮은이 이대엽 | 디자인 북누리 | 표지디자인 아로와 & 아로와나

펴낸곳 위키북스 | 전화 031-955-3658, 3659 | 팩스 031-955-3660
주소 경기도 파주시 교하읍 문발리 파주출판도시 535-7 세종출판벤처타운 #311

가격 18,000 | 페이지 376 | 책규격 152 x 225

초판 발행 2013년 03월 29일 | 2쇄 발행 2014년 07월 17일
ISBN 978-89-98139-17-9 (93000)

등록번호 제406-2006-000036호 | 등록일자 2006년 05월 19일
홈페이지 wikibook.co.kr | 전자우편 wikibook@wikibook.co.kr

이 도서의 국립중앙도서관 출판시도서목록 CIP는
e-CIP 홈페이지 http://www.nl.go.kr/cip.php에서 이용하실 수 있습니다.
CIP제어번호 CIP2013001512

코딩 호러의
이펙티브 프로그래밍
Effective Programming
More Than Writing Code

스택 오버플로우 공동 창립자가 알려주는
소프트웨어 개발의 비밀

제프 앳우드 지음 / 임백준 옮김

위키북스

제프 앳우드 ^{Jeff Atwood}

나는 제프 앳우드다. 캘리포니아 버클리에서 아내, 두 마리 고양이, 세 명의 아이들, 그리고 여러 대의 컴퓨터와 함께 살고 있다. 나는 80년대 나의 첫 마이크로컴퓨터였던 텍사스 인스트루먼트의 TI-99/4a를 이용해 다양한 마이크로소프트 베이직 프로그램을 구현하면서 소프트웨어 개발자의 길을 걷기 시작했다. 90년대 초반까지 계속 PC상에서 비주얼 베이직 3.0과 윈도우 3.1을 사용했고, 델파이의 최초 버전을 이용해 파스칼 코드도 많이 작성했다. 현재의 나는 대소문자에 민감한 사악한 속성에도 불구하고 VB.NET 혹은 C# 프로그래밍에 익숙하다. 지금은 루비를 배우고 있다.

개발자가 읽어야 할 도서 목록에서 밝힌 것처럼 나는 스스로를 소프트웨어 개발 과정에 존재하는 인간적인 측면에 특별히 관심이 있는, 상당히 경험이 풍부한 윈도웹_{Windowsweb} 소프트웨어 개발자라고 생각한다. 컴퓨터는 놀라운 기계이지만 사실상 그것을 사용하는 사람을 단순히 반영하는 기계에 불과하다. 소프트웨어 개발의 기술적인 측면은 코드를 학습하는 것만으로는 충족되지 않는다. 소프트웨어의 배후에 존재하는 사람을 함께 연구해야 한다.

2004년에 나는 코딩 호러를 시작했다. 지나치게 호들갑을 떨고 싶지는 않지만, 그것이 나의 삶을 바꿨다. 그 뒤에 일어난 모든 일들은 바로 그 블로그로 인해 가능해진 일들이었다.

저자
서문

2008년에 나는 스스로의 모험을 시작하기로 마음먹었다. 나는 조엘 스폴스키와 조인트 벤처 형태로 stackoverflow.com을 창립하고 사이트를 구축했다. 그것은 궁극적으로 스택 익스체인지의 Q&A 사이트 네트워크로 발전했다. 스택 익스체인지 네트워크는 현재 인터넷상에 존재하는 사이트 중에서 가장 큰 상위 150개 사이트의 하나로까지 성장했다.

2012년 초반에 나는 스택 익스체인지를 떠나서 불어나는 나의 가족들과 더 많은 시간을 보내고 다음에 무엇을 할 수 있을지 생각해보기로 마음먹었다.

90년대 초반에 프로그래밍을 했던 사람들에게는 백과사전처럼 두툼한 API 책을 손에 들고 다니던 추억이 있다. 인터넷이 잘 발달한 요즘에는 그런 책을 책상 근처에 두는 일마저 없어졌지만, 그때는 일단 인터넷 검색이라는 개념 자체가 없던 시절이었다. PC 통신이나 유즈넷 같이 텍스트 모드 화면을 이용해 질문을 올리고 답변을 구하는 일이 있긴 했지만, 개발자가 코드를 작성하다가 마주친 문제에 도움을 줄만큼 친절한 사람을 만나는 것은 드문 일이었다. 질문에 대한 답이 올라오는 데 몇 주가 걸릴 수도 있고, 아예 답이 올라오지 않는 경우도 많았다. 답이 올라와도 그것이 도움이 된다는 보장조차 없었다. 그래서 그 무렵에는 회사에서 프로그래밍 실력이 뛰어난 선배나 동료를 만나는 것이 각별한 행운이었다. 내가 필요한 API를 머릿속에 잘 정리해 놓고 있는 친구나, 깔끔한 알고리즘을 척척 만들어내는 선배를 만나면 수시로 묻고 도움을 얻으면서 작업을 진행해 나갈 수 있었기 때문이다.

90년대 후반으로 접어들어서 인터넷 검색의 시대가 열리고, 백가쟁명의 시기를 거쳐서 마침내 구글이 인터넷 검색을 평정하자 프로그래머들은 구글 검색을 통해 많은 정보를 얻을 수 있게 되었다. 자기가 사용하는 언어의 API가 인터넷에 웹페이지와 하이퍼링크를 통해 정리돼 있기 때문에 무거운 책은 더는 필요하지 않았다. 이러한 변화는 프로그래밍 지식을 책이나 옆자리의 동료에게 의존해야 했던 시절에 비하면 엄청난 진보였다. 하지만 코드를 작성하는 프로그래머에게 떠오르는 질문은 API에 국한되지 않는다. 인터넷 검색은 내가 필요한 정보를 스스로 찾아서 답을 구하는 데 도움을 주지만, 내가 가진 질문에 대한 직접적인 답을 제공하지는 않는다.

어떤 구체적인 기술적 내용, 특정한 알고리즘, 실행환경의 작동 방식, 언어의 내면 등에 대한 개별적인 궁금증은 쉽게 해소될 수 없는 게 많았다.

제프 앳우드와 조엘 스폴스키가 만든 스택 오버플로우는 바로 이러한 인터넷 검색의 한계를 극복하고 프로그래머들에게 실제로 도움이 되는 사이트를 구축하고자 하는 열정을 구현한 아름다운 웹사이트다. (조엘 스폴스키는 『조엘 온 소프트웨어』라는 책을 통해 한국의 독자들에게도 잘 알려져 있다.) 스택 오버플로우가 생긴 것은 불과 몇 년 전이지만 나는 스택 오버플로우의 도움 없이 프로그래밍을 하는 것을 상상하기 힘들다. 프로그래밍을 하다가 떠오른 질문에 대한 답을 구하기 위해 구글 검색을 하면 거의 대부분의 답이 자연스럽게 스택 오버플로우로 연결되기 때문이다. 배열을 리스트로 변환하는 API가 무엇인지 찾아보고 싶은가? 구글에 "convert array to list"라고 입력해서 검색해보라. 자바 언어로 전환하는 방법과 C#으로 전환하는 방법이 검색 결과의 맨 위에 나타날 것이다. 그리고 두 링크는 모두 스택 오버플로우로 연결돼 있을 것이다.

이 책의 저자인 제프 앳우드는 프로그래밍 일도 하고 자신의 비즈니스도 운영하면서 틈틈이 코딩 호러www.codinghorror.com라는, 프로그래머 사이에서는 예전부터 잘 알려진 블로그에 글을 올리고 있다. 블로그에 들어가서 확인해 보니 코딩 호러는 2004년부터 시작됐다고 한다. 그가 블로그에 올리는 글은 컴퓨터 프로그래밍과 관련된 이야기를 비롯해 원격지에 멀리 떨어져 있는 프로그래머들과 함께 팀을 꾸리는 방법, 프로그래머를 고용하기 위해 인터뷰하는 방법, 프로그래머가 평생을 함께 보내

는 좋은 의자를 고르는 방법, 사용자 인터페이스와 관련된 상념에 이르기까지 폭이
넓고 다양하다. 나는 오래전부터 생각이 날 때마다 코딩 호러를 방문해 그가 올린
글을 읽곤 했다. 여러분이 손에 들고 있는 이 책은 제프 앳우드가 코딩 호러에 올린
글 중에서 사람들의 관심을 끌었던 글을 선택해서 묶은 것이다. 책의 원문을 읽고
싶은 사람은 코딩 호러를 방문하면 글의 원문과 다른 사람들이 남긴 댓글을 확인할
수 있을 것이다.

프로그래밍을 처음 배우는 사람, 혹은 끊임없이 쏟아져 나오는 새로운 기술과 유행
앞에서 조급한 마음을 품는 사람들 중에는 구체적인 기술을 다루는 책이 아니면 읽
지 않는 사람이 많다. 마음에 여유가 없기 때문이다. 하지만 정말로 프로그래밍을
사랑하는 사람은 프로그래밍과 관련된 모든 것을 좋아한다. 구체적인 API나 알고리
즘이 아니더라도 소프트웨어와 관련된 모든 것들에 대해 관심을 갖고, 그것에 대해
말하고 토론하기를 즐긴다. 그러한 관심과 여유 속에서 새로운 발상이 떠오르고 새
로운 동기를 부여받을 수 있기 때문이다. 조엘 스폴스키나 제프 앳우드는 그렇게 소
프트웨어 개발과 조금이라도 관련이 있는 모든 주제에 대해 폭넓은 관심과 지식을
갖추고 있는 대표적인 사람들이다. 나는 한국에 있는 개발자들이 이렇게 다양한 이
야기나 주제에 대해 더 많이 읽고 더 많이 생각해야 한다고 믿는다. 더 중요하게는
그렇게 폭넓은 주제에 대해 관심을 기울일 만큼 마음에 여유가 있어야 한다고 생각
한다. 그런 의미에서 이번에 제프 앳우드의 책을 번역하는 것은 즐거운 작업이었다.
이 책을 읽는 여러분에게도 앳우드의 이야기가 재미있게 느껴지기를 희망한다.

2013년 2월. 뉴저지에서 임백준

목차

01.
들어가며

02.
엉터리 같은 일을 마무리하는 기술

목차

05.

팀이 함께 일하도록 만들기

06.

당신의 박쥐 동굴: 프로그래머를 위한 효율적인 작업 공간

목차

07.
사용자를 염두에 두고 설계하기

08.
보안의 기초: 사용자의 데이터를 보호하라

목차

09.

코드를 테스트해서 그것이 필요 이상으로 엉망이 되지 않게 만들기

10.

커뮤니티를 만들고, 관리하고, 커뮤니티로부터 이익 얻기

11.

마케팅 사기꾼들, 그리고 어떻게 그런 사람이 되지 않을 수 있는가

12.

우선순위를 제대로 관리하기

들어가며

결국
프로그래머가
되고 싶은 거로군

"모든 프로그래머가 똑같은 것을 원하는 것은 아니다. 하지만 어느 한 프로그래머가 10년 뒤, 20년 뒤, 30년 뒤, 혹은 평생에 걸쳐서 무엇을 성취하는지 살펴보는 것은 의미가 있다."

코딩을 배우고자 하는 사람들은 코딩이 보편적 선(善)이라는 맹목적인 믿음이 아니라 객관적으로 드러나는 구체적인 사실에 의해서 동기를 얻는다. 코딩의 세계에는 모든 것에 적용되는 마법과도 같은 해법이 없기 때문에[1] 의견이 서로 엇갈리는 양쪽의 이야기를 모두 들을 필요가 있다. 좋은 이야기와 나쁜 이야기를 다 듣고 난 이후에도 코딩을 하고 싶다면, 코딩을 배워야 한다. 하지만 코딩에 대한 몇 가지 부정적인 이야기를 듣고서 흥미를 잃어버리는 사람이라면 코딩보다 덜 모호하고 더 실전적인 일들이 세상에 얼마든지 있다는 사실을 상기할 필요가 있다. 마이클 로프Michael Lopp는 우리가 학습을 통해 의사소통 기술을 향상시킬 수 있다고 말한다[2]. 지나 트라파니Gina Trapani는 우리가 더 나은 해결책을 제시하는 기술도 학습할 수 있다[3]고 말한다. 내 경험에 의하면 코딩이라는 것은 어떤 해결책을 전체적으로 봤을 때 작은 일부를 차지하는 것에 불과하다[4]. 그렇다면 그렇게 작은 일부에 지나지 않는 코딩을 최대한 활용하기 위해 노력해야 할 이유가 있을까?

컴퓨터가 나온 초창기에는 소프트웨어라는 존재가 없었기 때문에 모든 사람이 직접 프로그래머가 되어야 했다. 컴퓨터에게 어떤 일을 시키려면 코드를 작성해야 했다. 그리 오래 되지 않은 과거의 컴퓨터는 부팅이 되면 베이직BASIC 인터프리터의 깜빡거리는 커서[5]를 화면에 표시했다. 나는 소프트웨어 개발의 역사가 프로그래머라고 하는 사람들이 열심히 코드를 작성함으로써, 컴퓨터에게 작업을 시키는 다른 사람들은 직접 코드를 작성할 필요가 없도록 (혹은 스스로 프로그래머가 될 필요가 없도록) 만들어주는 과정이었다고 생각한다. 그렇기 때문에 "누구나 코딩을 할 줄 알아야 한다."고 말하는 것은 일종의 퇴보다.

나는 인터넷 문명을 전적으로 지지한다. 하지만 훌륭한 운전사가 되기 위해 모든 사람들이 자신이 운전하는 자동차가 구체적으로 어떻게 작동하는지 자세히 알 필요가 있을까? 자동차의 동작 원리나 자동차 정비 기술을 영문학이나 수학처럼 모든 사람들에게 가르칠 필요가 있을까? 그저 타이어를 어떻게 교체하고 어느 시점에 엔진 오일을 갈아야 하는지 정도만 알면 충분하지 않을까? 막힌 화장실을 수리하는 방법을 공부하기 위해 toiletcademy.
com[6] 같은 곳에서 배수관과 관련된 수업을 2주일 정도 들어야 하는 것은 아
니다. 어떤 정보가 필요할 때마다[7] 해당 내용을 다루는 웹사이트를 방문해서
웹페이지를 한 페이지 정도 읽으면 충분하다.

그렇다면 가장 추상적인 맥락에서 봤을 때 코드란 무엇인가?

코드...
1. 메시지를 전송할 때 숫자와 글자를 나타내는 데 사용되는 신호의 체계
2. 비밀이나 간결함이 요구되는 메시지를 전송하기 위해 사용되는, 임의의 특정한 의미
   가 부여된 기호, 문자, 단어의 체계
3. 컴퓨터에게 내리는 명령어를 나타내는 데 사용되는 기호와 규칙의 체계...

『영어를 위한 아메리칸 헤리티지 사전』에서

코드는 천공카드인가? 원격 터미널인가? 이맥스인가? 텍스트메이트인
가? 비주얼 스튜디오인가? C인가? 루비인가? 자바스크립트인가? 1920
년대에는 계산자의 사용법을 배우는 일이 매우 중요하게 여겨졌다. 1960
년대에는 기계제도법을 배우는 것이 중요한 것으로 여겨졌다. 지금은 아
무 것도 중요하지 않다. 나는 『코드: 컴퓨터 하드웨어와 소프트웨어 안에
숨어있는 언어 Code: The Hidden Language of Computer Hardward and Software』[8]에서 코드를 아
주 근본적으로 설명하고 있는 것을 제외하면, 코드를 그 이상의 다른 방
식으로 논의하기를 꺼린다. 우리가 지금 이해하고 있는 코드가 20년이나
30년이 지난 이후에도 계속 존재할지 의심스럽기 때문이다. 오늘날의 어
린 아이에게 코딩은 어쩌면 마인크래프트 Minecraft[9]와 닮은 것이거나 아니면 포
탈2에서 레벨을 쌓는 것[10]과 비슷한 무엇이 될지도 모른다.

하지만 누구나 다 조금씩은 코딩을 할 줄 알아야 한다. 코딩을 하는 것이 두
뇌를 신선하게 유지해 주기 때문이다. 그렇지 않은가?

누구나 코딩을 할 줄 알아야 한다는 말이 옳은 것은 브리태니커 백과사전을 처음부터 끝까지 읽는 것[11]이 옳은 일이라고 말하는 것과 흡사한 맥락에서만 그렇다. 솔직히 말해서 나는 사람들이 너무 많은 일을 벌이는 것보다는 자기가 진심으로 좋아하는 것이 무엇인지 발견하고 그 대상을 집중적으로 파는 것이 좋다고 생각한다. 인생에서 정말 어려운 일은 이론적으로만 유용한 무엇을 실제로 배우는 과정이 아니라 자기가 진짜로 좋아하는 것이 무엇인지[12] 깨닫는 과정에 놓여 있기 때문이다. 자기가 정말 좋아하는 것을 찾아가는 연구와 탐색의 과정이 자신을 마침내 코딩으로 이끌었다면, 나의 축복을 받으며 코딩을 하기 바란다. 물론 나의 축복은 아무 가치가 없겠지만.

내가 여기서 말하고자 하는 바는 그래서 코딩이 배우고 싶은 사람은 코딩을 배우라는 말이 아니다. 내가 말하고 싶은 것은 당신의 마음속에서 솟아나는 진실한 기쁨의 대상을 머뭇거리지 말고 좇으라는 것이다. 예를 들어 나는 다음과 같은 이메일을 받은 적이 있다.

> 저는 45세 된 변호사이자 공인회계사입니다. 저는 개인 사무실을 빠른 시간 내에 정리하고 새로운 직업을 가지려고 합니다. 이렇게 "새로운 나"를 발견하는 과정에서 도움을 얻기 위해 누군가를 고용하기도 했는데, 그는 나에게 나의 길고도 파란만장한 경력의 전 과정을 되짚어보면서 내가 정말로 즐거웠던 순간을 떠올려보라고 주문했습니다.
>
> PC 혁명이 일어나던 시기에 (저의 첫 "진짜" 직업을 아서 앤더슨(미국 시카고에 위치한 대형 회계사무소)에서 시작했을 때 저희는 감가상각을 일일이 수동으로 수정하는 고객에게 그에 따르는 비용을 청구하기도 했습니다.) 회계사로 첫 직장을 다니기 시작한 저는 컴퓨터, 프린터, 그리고 (비지캘크VisiCalc를 기억하시는 분?) 소프트웨어를 동작시키는 방법을 배우면서 많은 시간을 보냈습니다. 나중에 커다란 병원 시스템의 의료보험 금융 분석가로 취업했을 때 저의 이러한 기술직에 준하는 경력은 정점을 찍게 되었습니다. 그 회사에 처음 출근했을 때 저는 저의 전임자가 7개의 의료보험 시스템에 들어 있는 수백만 달러에 달하는 보험 계약을 "분석"한다는 엑셀 파일 한 페이지만 덩그러니 남겨놓았다는 사실을 깨닫게 되었습니다. 저는 곧 새로운

스프레드시트를 작성하기 시작했는데, 이윽고 엑셀이 감당할 수 있는 데이터베이스 용량을 넘어서게 됐고, 그리하여 액세스^{Access}를 배우면서 액세스 스프레드시트가 처리할 수 있는 최고 한계를 향해 나아가기 시작했습니다. 저는 수십 만 개에 달하는 환자 기록을 검색하고, 제안된 계약조건이 지불금액을 어떻게 변동시키는지를 따져보기 위해 견적을 내는 계산을 수행했습니다.

이 무렵의 제가 전문적인 의미에서의 프로그래밍을 했다고 말하는 것은 아닙니다. 다만 저는 마이크로소프트의 기술지원팀이 액세스가 할 수 없는 기능이라고 말하는 것을 간단한 명령어만으로 할 수 있게 만들면서 제 의지를 관철시켰습니다. 이 무렵에 대해서 제가 기억하는 바는 제가 정말로 행복했다는 사실입니다. 하루에 12시간 혹은 14시간씩 일하면서 공식을 담는 셀 안에 수없이 많은 명령어를 입력했고, 일을 그만두고 집에 가야 할 때는 오히려 아쉬움을 달래야 했습니다.

바로 그 스프레드시트를 작성하고, 그것이 필요한 일을 수행하도록 만들던 그 시절이 제 경력을 통틀어 가장 만족스러운 성취를 맛보았던 시절입니다. 훗날 다른 의료보험 회사의 CFO로 자리를 옮겼을 때, 어쩌면 그것이 저의 직업적 야망을 가장 제대로 실현한 순간이라고 말할 수 있겠지만 말입니다. 업무상 다른 분석가 및 IT 직원과 함께 어울려서 뭔가를 시도하고, 실패하고, 다시 시도하고, 디버깅하고, 데이터베이스 안에 거대한 짐승을 집어넣는 과정은 일 이상의 의미를 가졌던 것 같습니다. 저는 이스터 에그$^{Easter\ Eggs}$와 코딩 로어^{coding} ^{lore}에 대해 알게 됐고, 저 정도의 봉급을 받는 사람이라면 상상조차 할 수 없는 일인 병원 메인프레임 안으로 해킹해서 들어가는 일까지 하곤 했습니다. 그럼에도 저는 계속해서 저의 "직업적 목표"를 향해 진군했고, 그리하여 지금은 제가 혐오하는 종류의 일을 하고 있는 사람이 되어 있습니다.

이 사람은 Ⓐ 자기가 좋아하는 일을 찾았고 Ⓑ 그 일을 하기 위한 방법도 찾아서 Ⓒ 자연스럽게 코딩의 세계로 들어온 사람이다. 그리고 그는 그 일을 사랑했다. 바로 이것이 내가 말하고자 하는 것이다. 나는 단지 어떤 사람이 나에게 코딩을 하는 것이 중요하다고 말했기 때문에 코딩을 배우지 않았다. 나는 내가 즐기던 비디오 게임의 규칙을 바꾸고 싶었기 때문에 프로그래머가 되었다[13]. 코딩을 배우는 것은 그렇게 하는 유일한 방법이었다. 그리고 그런 일을 하는 와중에 나는 코딩을 사랑하게 되었다[14].

인생의 교차로 위에 서면 아직도 나는 코딩을 하면서 행복해 하던 시절, 내 귀에 들려오던 사이렌 (옮긴이 _ 여자의 모습을 하고 바다에 살면서 아름다운 노래 소리로 선원들을 유혹하여 위험에 빠뜨렸다는, 고대 그리스 신화 속 존재)의 달콤한 노래가 생생하게 들려온다. 나는 여러분에게 나만큼 코딩을 사랑하는 사람이라면 스스로 코딩을 배워서 전문적인 프로그래머로 일자리를 구하는 것이 가능하다고 생각하는지 묻고 싶다. 나는 프로그래밍이라는 일을 뉴욕시장이라는 별도의 직업을 둔 채로 수행하는 시간제 업무로 생각하지 않는다. 진짜 프로그래머는 모든 시간을 코딩으로부터 나오는 가치를 창출하는 데 (혹은 디비깅하는 데) 보내는 사람이라고 생각한다.

그렇지만 불행하게도 자기 자신을 "프로그래머"라고 부르는 것은 경력에 상당한 제한을 가할 수 있는 일이다[15]. 특히 바로 전 직업이 CFO였던 사람에게는 더욱 그렇다. 돈을 주무르는 일을 하는 사람은 대개 큰돈을 벌기 마련이다. 월스트리트를 보라[16].

하지만 프로그래머가 되는 것은 돈과 관련 있는 것이 아니다. 프로그래밍은 어디까지나 열정에 대한 것이다[17]. 그래서 프로그래머가 되고 싶은 사람은, 자신이 기뻐하는 것을 열심히 좇다가 자신도 모르게 코딩과 열렬한 사랑에 빠져야 하는 것이다. 진정한 프로그래머는 또 다른 진정한 프로그래머를, 즉 자기 자신 만큼이나 코딩을 사랑하는 사람을 대번에 알아본다. 이런 사람들이 살고 있는 유별난 마을에 들어온 당신을 환영한다[18].

여기까지 나의 이야기를 듣고 "제프 앳우드 이 사람은 도대체 뭐하는 작자야. 그러니까 내가 코딩을 배워야 하는지 아닌지 그것만 말하란 말야."라고 말하는 사람이 있을지도 모르겠다. 그런 사람을 위한 나의 대답은 이것이다. 좋아, 바로 그거야![19]

●

1. http://www.cs.nott.ac.uk/~cah/G51ISS/Documents/NoSilverBullet.html
2. http://www.randsinrepose.com/archives/2012/05/16/please_learn_to_write.html
3. http://smarterware.org/10050/please-do-learn-how-to-propose-better-solutions
4. http://www.codinghorror.com/blog/2009/07/code-its-trivial.html
5. http://www.codinghorror.com/blog/2009/01/a-scripter-at-heart.html
6. http://toiletcademy.com/
7. http://www.codinghorror.com/blog/2006/04/keeping-up-and-just-in-time-learning.html
8. http://www.codinghorror.com/blog/2007/01/if-loving-computers-is-wrong-i-dont-want-to-be-right.html
9. http://www.minecraft.net/
10. http://www.thinkwithportals.com/blog.php
11. http://www.ajjacobs.com/books/kia.asp
12. http://www.codinghorror.com/blog/2009/04/the-eight-levels-of-programmers.html
13. http://www.codinghorror.com/blog/2006/08/game-player-game-programmer.html
14. http://www.codinghorror.com/blog/2007/01/if-loving-computers-is-wrong-i-dont-want-to-be-right.html
15. http://www.kalzumeus.com/2011/10/28/dont-call-yourself-a-programmer/
16. http://www.youtube.com/watch?v=PF_iorX_MAw
17. http://www.codinghorror.com/blog/2007/12/on-the-meaning-of-coding-horror.html
18. http://www.codinghorror.com/blog/2005/05/welcome-to-the-tribe.html
19. http://www.imdb.com/title/tt0083658/quotes?qt=qt0378279

프로그래머의
여덟 단계

면접 과정에서 "지금으로부터 5년 뒤에는 무슨 일을 하고 있을 것 같나요?"라는 고전적인 질문을 받은 적이 있는가? 나는 이러한 질문을 받을 때마다 트위스티드 시스터 비디오 시리즈의 1984년 에피소드[1] 하나를 떠올리곤 한다.

내게 말해봐. 아니 자리에서 일어나서 교실 전체를 향해서 말하라고.

도대체 자신의 삶을 가지고 뭘 하고 싶은 거지?

물론 대단한 사람이 되고 싶지요! 혹은 최고의 프로그래머[2]가 되거나. 하지만 이런 질문은 사실 진지한 답변을 듣기 위해 던지는 질문이 아니다. 면접 도입부에서 흔히 사용되는 "당신의 가장 큰 약점은 무엇인가요?" 따위의 변변치 않은 질문에 불과하다. 그렇지만 당신은 실제로 너무나 대단한 사람이 되고 싶어서 종종 몸부림치지 않는가? 그러다 옆 사람을 다치게 할 수도 있으니 조심해야 한다.

이런 식의 진부한 질문이 진지한 답변을 요구하는 것처럼 보일 때도 있다. 면접을 수행하는 사람을 위해서가 아니라 여러분 자신을 위해서 말이다.

"지금으로부터 5년 뒤에 무슨 일을 할 것인가"라는 질문은 그저 수사적인 질문에 불과하기 때문에 사람들은 대개 이러한 질문을 받았을 때 대답할 내용을 미리 준비해 놓고 있다. 그렇지만 이 질문은 사실 심오한 사고를 요구한다. 소프트웨어 개발자가 밟는 경력은 어떤 것인가? 물론 우리는 프로그래밍을 사랑하기 때문에 프로그래밍을 한다[3]. 그런 면에서 우리는 모두 대단히 축복받은 사람들이다[4]. 하지만 나이가 50에 이르렀을 때도 여전히 컴퓨터 앞에 앉아서 코딩을 하고 있을 것인가? 60이 됐을 때도? 그게 아니라면 프로그래머가 되려는 꿈을 가진 사람들이 밟을 수 있는 가장 최선의 경로는 어떤 것들이 있을까?

약간 농담조로 프로그래머에게는 말이지, 여덟 개의 단계가 있단다, 라고 말해주고 싶다[5].

1. 죽은 프로그래머

이것은 최고의 단계다. 당신이 작성한 코드가 끝까지 살아남아서 당신이 죽고 난 후에도 사용된다. 당신은 컴퓨팅 역사의 한 부분을 영원히 차지하게 된 것이다. 다른 프로그래머들은 당신이 작성한 코드를 학습한다. 어쩌면 당신은 튜링상을 받았거나, 다른 영향력 있는 저널에 글을 실었거나, 익히 우리가 알고 있는 프로그래밍 과정에 영향을 끼친 핵심 기술의 일부분을 개발했을 것이다. 당신은 위키백과의 한 페이지를 장식하고 있을뿐더러 당신의 업적과 삶을 기리기 위해 마련된 웹사이트가 별도로 있을 정도다.

생전에 이 정도의 업적을 성취하는 사람은 극히 드물다.

예: 다익스트라[6], 도널드 커누스[7], 앨런 케이[8]

2. 성공적인 프로그래머

널리 알려져 있으며 자신의 코드를 이용해 하나의 비즈니스를 (어쩌면 새로운 산업 전체를) 새롭게 창조한 프로그래머다. 자기 자신에게 완벽한 자유[9]를 부여한 사람들로서 스스로 무엇을 할지 결정할 수 있는 자유를 완벽하게 누리는 사람들이다. 그리고 그러한 자유를 다른 동료 프로그래머들과 함께 나눈다.

대부분의 프로그래머들이 꿈꾸는 단계는 바로 이 단계다. 하지만 이 단계에 이르는 것은 종종 프로그래밍 기술보다 비즈니스 기술에 좌우되는 경우가 많다.

예: 빌 게이츠[10], 존 카맥[11], DHH[12]

3. 유명한 프로그래머

이것도 상당히 훌륭한 단계이긴 한데, 프로그래밍과 관련된 직업을 가지고 있는 경우에 한해서다.

당신은 프로그래머 집단에서 잘 알려져 있다. 하지만 유명하다고 해서 곧 많은 수입이 보장되는 것은 아니다. 유명해지는 것도 좋긴 하지만 더 좋은 것은 성공을 거두는 것이다. 아마도 당신은 잘 알려진 대형 기술 회사나 작지만 영향력 있는 회사, 아니면 작은 규모의 스타트업에서 근무하고 있을 것이다. 어느 경우든 다른 프로그래머들이 이미 당신의 이름을 들어서 알고 있고, 당신은 자신의 분야에서 긍정적인 영향을 미치는 존재다.

4. 일하는 프로그래머

당신은 소프트웨어 개발자로서 성공적인 경력을 보유하고 있다. 당신의 기술을 필요로 하는 곳은 늘 있으며, 어떤 좋은 직장을 구하기 위해 그다지 오래 기다릴 필요가 없다. 주변의 동료들은 당신을 존경한다. 당신이 근무한 회사는 모두 실적이 향상되고, 당신의 존재에 의해 뭔가 분위기가 향상된다.

하지만 그런 당신이 그다음으로 갈 수 있는 곳은 어디인가?

5. 평균적인 프로그래머

이 단계의 프로그래머는 자신이 결코 위대한 프로그래머가 아니라는 사실을 깨닫긴 하지만 충분히 좋은 실력을 갖추고 있는 프로그래머다. 이런 사람들은 아마도 위대한 프로그래머가 되지는 못할 것이다.

종종 재능은 성공과 관련이 없다. 비즈니스 능력과 사람을 다루는 기술이 뛰어난 사람이 더 큰 성공을 거두는 경우가 많다. 당신이 평균적인 프로그래머이면서 근근이 먹고 살아가는 정도라면 아마도 재능이 있긴 하되 그 재능이 코딩의 영역에 있는 것은 아닐 것이다.

그렇다고 해서 의기소침할 필요는 없다. 코딩에 재능이 있는 사람은 생각보다 많지 않다. 코딩에 재능이 없는 것이 잘못은 아니다. 용감해져야 한다. 자기가 잘하는 것이 무엇인지 깨닫고 그것을 추구하라. 아주 적극적으로.

6. 아마추어 프로그래머

아마추어 프로그래머들은 코딩을 좋아하는 사람들이다. 그런 경향은 겉으로 드러난다. 이들은 장래가 촉망되는 학생이나 인턴일 수도 있고, 오픈소스 프로젝트에 기여하는 사람들일 수도 있고, 아니면 그저 "재미를 위해" 여가 시간에 흥미로운 애플리케이션이나 웹사이트를 제작하는 사람일 수도 있다. 그들이 작성하는 코드는 미래의 가능성과 열정을 보여준다.

아마추어로 머무는 것은 좋은 일이다. 이 단계에 머물던 사람이 빠르게 일하는 프로그래머의 단계로 성장하는 경우도 있다.

7. 알려지지 않은 프로그래머

전형적인 프로그래머의 단계다. 이름 없는 프로그래머들. (보통) 유능하긴
하지만 별다른 특징이 없는 사람들이다. 대부분 큰 회사에서 근무한다. 그들
이 하는 일은 그저 직업일 뿐이며 개인적인 삶의 목표와 별로 상관이 없다.
이 단계가 특별히 잘못된 것도 아니다.

8. 나쁜 프로그래머

프로그래밍에 어울리는 기술이나 능력이 없는 상태에서 프로그래밍을 수행
하는 직업을 갖게 된 사람들이다. 그들이 건드리는 것은 무엇이든 다른 동료
프로그래머들에게 고통과 통증을 안겨준다[13]. 물론 자신이 나쁜 프로그래머
와 함께 일하고 있다는 사실을 깨달을 수 있는 기본적인 능력조차 갖추지 못
한 또 다른 나쁜 프로그래머들은 예외다.

그런 능력을 갖추지 못하는 것은 어쩌면 모든 나쁜 프로그래머들의 전형적
인 특징일 수도 있다. 이런 사람들은 비즈니스에 사용되는 코드를 작성하면
안 되지만 그런 코드를 작성하고 있다.

지금까지 논의한 단계는 진지한 구분이 아니다. 모든 프로그래머들이 자신
의 경력에서 동일한 목표를 추구하는 것이 아니다. 하지만 한 프로그래머가
10년, 20년, 혹은 30년, 아니면 전 생애에 걸쳐 이룰 수 있는 것을 살펴보는
것은 의미가 있다. 잘 알려진 프로그래머[14] 가운데 당신이 가장 존경하는 사
람은 누구인가? 그들이 당신의 경외심을 얻기 위해 한 일은 무엇인가?

간단히 말해서 당신은 자신의 삶 속에서 무엇을 이루고 싶은가?

1. http://www.youtube.com/watch?v=SRwrg0db_zY#t=1m13
2. http://www.codinghorror.com/blog/archives/000552.html
3. http://www.codinghorror.com/blog/archives/001202.html
4. http://www.codinghorror.com/blog/archives/000979.html
5. http://www.kenrockwell.com/tech/7art.htm
6. http://en.wikipedia.org/wiki/Edsger_W._Dijkstra
7. http://en.wikipedia.org/wiki/Donald_Knuth
8. http://en.wikipedia.org/wiki/Alan_Kay
9. http://e-texteditor.com/blog/2009/opencompany
10. http://en.wikipedia.org/wiki/Bill_Gates
11. http://en.wikipedia.org/wiki/John_D._Carmack
12. http://en.wikipedia.org/wiki/David_Heinemeier_Hansson
13. http://www.codinghorror.com/blog/archives/000824.html
14. http://en.wikipedia.org/wiki/List_of_programmers

쓰지 않으면서
쓰기

고백할 게 하나 있다. 나는 다른 동료 프로그래머들을 속이기 위해 스택 오
버플로우[1]를 만들었다.

내 말에 항의하기 위해 촛불을 들고 광장에 나가기 전에 우선 설명을 듣기
바란다.

지난 6년 동안 나는 진정으로 위대한 프로그래머가 되는 것과 실제로 프로
그래밍을 수행하는 것은 별로 상관이 없다는 생각을 하게 됐다. 물론 약간의
기술적 능력과 강한 끈기 같은 것은 당연히 필요할 것이다. 하지만 다른 무
엇보다 중요한 것은 바로 의사소통 능력이다[2].

> 그저 참고 봐줄 만한 프로그래머와 위대한 프로그래머 사이에 존재하
> 는 차이는 그들이 얼마나 많은 언어를 알고 있는가가 아니다. 그들이
> 파이썬을 선호하느냐 자바를 선호하느냐도 아니다. 그것은 그들이 자
> 신의 아이디어를 얼마나 잘 설명하는가에 달려있다. 위대한 프로그
> 래머는 다른 사람을 설득함으로써 영향력을 확대한다. 명확한 설명과
> 기술적인 스펙을 통해 그들은 다른 프로그래머들이 자신의 코드를 잘
> 이해하게 만들고, 그렇게 함으로써 다른 프로그래머들이 새로운 코드
> 를 작성하는 대신 자기가 작성한 코드를 사용할 수 있게 만든다. 이러
> 한 능력이 없다면 그들이 작성하는 코드는 아무 의미가 없을 것이다.

이것은 물론 스택 오버플로우의 공동 창시자인 조엘 스폴스키의 글에서 따
온 내용이다. 내가 가장 좋아하는 말이기도 하다.

동료 프로그래머들을 위한 변호를 약간 하자면, 다른 사람과 의사소통하는 것이 고용 계약서에 명시돼 있는 내용은 아니다. 그렇다고 해서 우리가 다른 사람과 수다를 떠는 것을 좋아하기 때문에 소프트웨어 개발이라는 경력을 쌓기 시작한 것도 아니다. 의사소통은 정말 어려운 일이다. 특히 글로 하는 의사소통은 더욱 그렇다. 글을 잘 쓰는 것처럼 자기가 스스로 선택한 일에 능통해지는 방법은 뭘까? 블로그를 운영하는 것이 한 가지 방법이다[3].

> 사람들은 효과적으로 글을 쓰는 방법을 익히면서 평생을 보낸다. 이 과정에는 속임수가 없다. 글을 쓰는 능력은 돈을 주고 살 수도 없다. 스스로 열심히 익히는 방법 외에는 다른 방법이 없다.
>
> 바로 그렇기 때문에 글을 쓰는 것을 두려워하는 사람들은 블로그를 시작해야 한다.
>
> 그것은 일종의 운동과 같다. 아무리 몸매가 엉망인 사람이라도 매주 몇 번씩 운동을 열심히 하다 보면 몸매가 차츰 나아지기 마련이다. 자신의 블로그에 짧은 글이나마 일주일에 몇 차례씩 글을 올리면 글쓰기 능력도 차츰 나아진다. 글을 쓰는 것이 무서워서 글쓰기를 회피하면 엉망인 몸매로 평생을 살아가야 한다.

아무리 의도가 좋아도, 누군가에게 "블로그를 시작해야 해!"라고 말하는 것은 아무 효과가 없다. 나 자신의 경험을 통해서 알게 된 사실이다. 누구나 블로그를 할 수 있는 것은 아니다. 평균적인 수준의 프로그래머들에게는 블로그에 아주 작은 글을 올리는 것조차도 도저히 생각조차 할 수 없고, 시도조차 할 수 없는 일인 것처럼 느껴진다. 그렇다면 나는 어떻게 동료 프로그래머들이 블로그를 하지 않으면서 블로그에 글을 쓰도록, 즉 글을 쓰지 않으면서 글을 쓸 수 있게 할 수 있을까?

그들을 속이면 되는 것이다.

내가 받은 다음 편지를 읽어보기 바란다[4].

저는 당신이 다음과 같은 부수효과를 염두에 뒀는지 궁금합니다. 스택 오버플로우는 제가 수강했던 다른 어떤 수업보다도, 제가 읽었던 어떤 책보다도, 그리고 제가 겪었던 다른 어떤 경험보다도 더 효과적으로 제게 글을 쓰는 방법을 가르쳐 주었습니다.

글쓰기를 향상시키기 위해 (스택 오버플로우에 답글을 올림으로써) 약간의 글쓰기를 하고, (특히 주관적인 질문에 대한 답을 올릴 때처럼 글의 품질이 기술적인 정확성보다 더 중요하게 여겨지는 경우에) 내가 쓴 글의 질적인 함량에 대한 즉각적인 응답을 확인하고, 다른 사람들이 작성한 답글과 내가 쓴 글을 비교해 보는 과정보다 더 위력적인 방법은 없다고 생각합니다. 투표는 거짓말을 하지 않으며, 이러한 응답을 확인하는 것은 향후 제가 직장의 동료들에게 이메일을 보내거나 사업 제안서를 보낼 때 어떤 글을 작성해야 하는가에 대한 훌륭한 길잡이 역할을 해줍니다.

지난 5개월여에 걸쳐 제가 작성한 모든 답글들은 글의 품질이라는 측면에서 점점 수준이 향상됐습니다. 만약 제가 작성한 답글이 최고의 답변으로 선정되지 않은 경우에는 제가 쓴 글을 다시 읽어보면서 무엇이 부족했는지 생각해보게 됩니다. 너무 말이 많았는가, 아니면 지나치게 간결했는가? 질문의 핵심을 놓쳤는가 아니면 정곡을 찔렀는가?

당신이 코딩 호러^{Coding Horror} 블로그를 운영하는 것이 자신의 글쓰기에 많은 도움이 됐다고 말한 것을 기억합니다. 스택 오버플로우에 글을 올리는 것이 제게 동일한 도움을 주고 있으며, 바로 그러한 기회를 제공해준 점에 대해 당신에게 고마움을 표하고 싶었습니다. 당신의 족적을 따르기 위해 저 역시 코딩과 관련된 블로그를 시작하기로 마음먹고 오늘 새로운 도메인을 하나 등록했습니다. 스택 오버플로우에서의 경험이 그랬던 것처럼 블로그에서의 경험도 성공적이기를 희망해 봅니다. 동료 프로그래머들보다 더 혹독하게 글을 조사해서 기술적인 내용이나 문법적인 실수를 지적하는 비평가들은 없을 것입니다. 자신의 글이 동료 프로그래머들에게 인정받는다면 그 사람은 다른 누구를 대상으로도 글을 쓸 자격이 있을 것입니다.

조엘과 나는 스택 오버플로우와 다른 스택 익스체인지 Q&A 사이트들[5]을 언제나 가볍고, 초점이 잘 맞춰져 있고, "작고 흥미로운" 수준의 글쓰기를 다루는 곳으로 인식한다.

그렇다. 우리는 꼭 그렇게 할 수밖에 없다면 당신을 속여서라도 당신이 글을 더 잘 쓸 수 있게 만들 것이다. 그리고 사실 우리의 속임수는 성공적이다. 스택 오버플로우 안에는 게임과 같은 요소들이 많이 담겨져 있는데, 어떤 의미에서 그것은 인터넷을 더 나은 곳으로 만들어 주는, 더 중요하게는 바로 당신을 더 나은 사람으로 만들어 주는 서비스를 제공하는 게임이다. 프로그래머들이 초점이 잘 맞춰져 있는 전문적인 Q&A 커뮤니티에 참여하는 것만으로도 글을 통한 의사소통 능력이 향상되는 것이 보이는가? 이보다 더 나를 자랑스럽게 만드는 일은 없다.

프로그래밍과 별도로, 글쓰기의 중요성을 강조하고 당신의 톱을, 아니 펜을 날카롭게 갈게 해주는 커뮤니티가 많다[6]. 우리도 그런 커뮤니티를 하나 가지고 있다.

만약 당신이 저자, 편집자, 평론가, 블로거, 저작권자, 혹은 어떤 종류라도 상관없이 작가가 되고자 하는 사람이라면 writers.stackexchange.com[7]을 방문해보기 바란다. 글을 효과적으로 쓰는 기술을 익히는 것은 어떤 일을 하려고 하든 상관없이 자신의 경력을 향상시키기 위한 근본적인 기술을 익히는 것이다.

하지만 아무튼 일단 글을 써야 한다. 존 스키트Jon Skeet가 다음과 같이 정리를
잘 해 두었다[8].

> 모두가 아주 많이 글을 써야 한다. 블로그든, 책이든, 스택 오버플로
> 우의 답글이든, 이메일이든 상관없다. 글을 쓰고, 그 글에 대해 잠시
> 생각을 하는 것이다. 내 경험에 의하면 글을 명확하게 하는 것은 자신
> 의 내면적 사고의 흐름을 명확하게 하는 데 도움을 준다. 어떤 것을
> 다른 사람에게 정확하게 설명하고자 노력해 보면, 자기가 얼마나 많
> 은 부분을 제대로 모르고 있었나 하는 것을 깨달으며 놀라게 된다. 바
> 로 그 지점에서 완전히 새로운 발견이 시작되는 것이다.

글을 쓰는 과정은 사실 새로운 발견을 위한 여정이다. 그러한 여정은 평생에
걸쳐 지속된다. 소설을 쓰든, 평론을 쓰든, 스택 오버플로우 답글을 쓰든, 팬
픽션fan fiction을 쓰든, 블로그에 글을 올리든, 댓글을 작성하든, 기술 백서를
작성하든, 에모 라이브저널emo LiveJournal에 글을 올리든, 아니면 글쓰기 자체에
대한 이야기를 하든 궁극적으로 아무 상관이 없다. 그저 손가락을 들고 글을
쓰기만 하면 되는 것이다!

1. http://stackoverflow.com/
2. http://www.joelonsoftware.com/articles/CollegeAdvice.html
3. http://www.codinghorror.com/blog/2006/02/fear-of-writing.html
4. http://blog.stackoverflow.com/2009/04/what-stack-overflow-can-teach-you/
5. http://stackexchange.com/sites
6. http://www.codinghorror.com/blog/2009/03/sharpening-the-saw.html
7. http://writers.stackexchange.com/
8. http://blog.stackoverflow.com/2009/10/podcast-71/#comment-40649

엉터리
같은 일을
마무리하는 기술

거대하고
끝없는 바다

우리가 스택 오버플로우를 만든 직후에 어떤 사람들은 우리가 질문과 답변을 주고받는 사이트를 아주 영특한 방식으로 만들었다고 확신했다. 그리고 그런 사람들로부터 불가피한 요구가 전달되기 시작했다. 우리가 가지고 있는 주제에 대한 Q&A 사이트를 만들기 위해 당신의 엔진을 사용할 수 있을까요? 라는 질문이 쏟아진 것이다. 이에 대한 우리의 답은 스택 익스체인지였다. 한 달에 129달러만^{혹은 그 이상} 지불하면 우리의 엔진을 이용해 호스팅되는 Q&A 사이트를 만들 수 있다. 어떤 주제에 대한 것이든 말이다!

고백할 것이 하나 있다. 사실 나는 스택 익스체인지를 그렇게 사랑하지 않았다. 그것은 다른 평행우주 속에 존재하면서 내가 속해 있는 우주와 하나의 접점에서 만나는 정도에 불과한 존재였다. 이유는 여러 가지지만 한마디로 정리하자면 이렇다. 돈이라는 존재는 커뮤니티에 해악이기 때문이다. 한 달에 129달러라는 돈이 그렇게 많은 것처럼 들리지는 않는다. 실제로 많은 돈은 아니다. 하지만 기업이 추구하는 상업적 속성이 스며들면서 초기 정신을 왜곡시키는 것을 피할 수는 없다.

물론 스택 오버플로우 인터넷 서비스 주식회사Stack Overflow Internet Services Incorporated는 엄밀히 말해서 비즈니스이며, 현재 시점에서는 심지어 벤처자본이 자금을 대고 있기조차 하다[1]. 하지만 나는 돈을 벌기 위한 목적으로 회사를 세운 것이 아니다. 나는 단지 인터넷을 더 나은 공간으로 만드는 멋진 뭔가를 만들고 싶었기 때문에 회사를 설립했다. 물론 나 자신을 위한 목적도 어느 정도 있었고, 우리들 중에서 어느 누구도 우리 모두를 합친 것만큼 우둔하지 않다[2]는 사실을 알고 있기 때문에 동료 프로그래머들과 힘을 합쳐서 작업을 하고 싶은 목적도 포함돼 있었다.

어느 누구도 돈을 벌기 위한 목적으로 스택 오버플로우에 참여하지 않는다. 우리가 스택 오버플로우에 참여하는 이유는 다음과 같다.

- 우리는 프로그래밍을 사랑한다.
- 우리는 다른 프로그래머들에게 길잡이 역할을 해주는 빵조각을 떨어뜨려서 그들이 우리가 저질렀던 것과 같은 우둔한 실수를 반복하지 않도록 만들고자 한다.
- 동료를 가르치는 것은 어떤 일을 완전히 습득하기 위한 지름길이다.
- 우리의 관심이 어느 쪽으로 향하든 그것을 따라갈 수 있다.
- 작은 노력을 기울여서 커뮤니티를 집단적인 방식으로 더 나은 곳으로 만들고자 한다.

나는 당신이 나에게 얼마를 지불하는지에 별로 관심이 없다. 스택 오버플로우가 내 동료들이 속한 커뮤니티에서 전문적인 지식을 드러내는 모습을 보면서 내가 느끼는 믿을 수 없는 수준의 만족감을 당신은 상상할 수 없을 것이다. 스택 오버플로우는 바로 이런 것이다. 즐겁게 놀면서 인터넷이라는 공간을 아주 작은 수준으로나마 매일 조금씩 향상시켜 나간다.

그렇다면 누군가 스택 오버플로우에서 시간을 보내는 것이 자신의 실제 직업보다 더 만족감을 준다[3]고 말하는 것이 이상하게 들리는가? 나는 전혀 그렇지 않다.

이렇게 말하는 것이 공산주의자 히피가 횡설수설하는 것처럼 들린다면 어느 정도 이해한다. 설명하기 어려운 일이기 때문이다. 그렇지만 이렇게 기묘한 동기부여나 만족감에 대한 과학적인 근거를 보여주는 자료가 많이 있다. 댄 핑크의 2009년 TED 연설을 들어보자.

다니앨 핑크의 2009년 TED 강연[4]

댄의 연설은 촛불 문제[5]를 중심으로 이뤄졌다. 다음과 같은 세 개의 항목이 있다고 했을 때...

1. 촛불
2. 압정 상자
3. 성냥 한 갑

... 당신은 촛불을 어떻게 벽에 붙일 것인가?

그 자체는 별로 흥미로운 문제가 아니다. 하지만 팀원들에게 문제를 해결하는 데 따르는 인센티브를 제시하면 이야기가 달라진다.

이제 저는 프린스턴의 샘 글럭버그가 촛불 문제를 이용해서 수행했던 실험에 대해 이야기하고자 합니다. 그가 했던 것은 이렇습니다.

그는 첫 번째 그룹에게 "저는 이러한 종류의 문제를 해결하는 데 평균적으로 어느 정도의 시간이 걸리는지를 측정하려고 합니다."라고 말했습니다.

두 번째 그룹에게는 "만약 여러분이 상위 25퍼센트에 속한다면 5달러를 드리겠습니다. 오늘 실험에 참가하는 사람 중에서 가장 빠르게 문제를 해결한다면 20달러를 드리겠습니다."라고 말했습니다. (이 실험이 실행된 것은 꽤 오래전이었으므로 그동안에 있었던 물가 상승률을 고려했을 때 이 정도 상금은 몇 분 동안의 협조에 대한 보수로는 상당히 괜찮은 편이었다.)

질문: 두 번째 그룹이 첫 번째 그룹에 비해 얼마나 더 빠르게 문제를 해결했을 것 같습니까?

대답: 평균적으로 3분 30초 정도의 시간이 더 걸렸습니다. 무려 3분 30초라는 시간이. 뭔가 잘못된 것처럼 들립니다. 그렇지 않습니까? 저는 미국인입니다. 자유 시장경제를 신뢰한다는 뜻입니다. 그렇지만 시장경제의 원리가 여기서는 적용되지 않았습니다. 누군가 더 나은 성적을 올리기를 바란다면, 그들에게 보상을 하면 됩니다. 보너스를 주든, 커미션을 주든, 자기만의 리얼리티 쇼를 하나 맡기든지 하면 됩니다. 인센티브를 주는 것입니다. 비즈니스가 작동하는 원리가 그렇습니다. 하지만 그러한 원리가 여기서는 작동하지 않습니다. 사고를 날카롭게 하고 창의력을 북돋우기 위해 금전적인 인센티브가 주어졌지만 정반대의 결과가 나왔습니다. 금전적인 인센티브가 오히려 사고를 무디게 하고 창의력을 저해한 것입니다.

전통적인 의미에서 말하는 당근과 채찍이라는 인센티브 제도는 사람이 반복적이고 기계적인 일을 할 때 의미가 있다는 연구 결과가 나왔다. 만약 어떤 문제에 대한 명확한 해답이나 규칙이 없기 때문에 창의적인 문제해결 능력을 요구하는 경우에는 그런 인센티브가 제대로 동작하지 않을뿐더러 오히려 상황을 악화시키는 것이다!

핑크는 결국 이에 대한 책인 『드라이브: 무엇이 우리에게 동기를 부여하는가 Drive: The Surprising Truth About What Motivates Us』[6]를 쓰기에 이르렀다.

이 책을 읽을 필요는 없다. 아래에 있는 10분짜리 애니메이션이 여러분을 핵심 주제로 안내할 것이다. 오늘 동영상을 하나 볼 계획이라면, 바로 이 동영상을 보라.

다니엘 핑크의 『드라이브』 강연 RSA 제공[7]

내적 동기intrinsic motivation[8]라는 개념이 새로운 것은 아니지만, 그러한 개념을 실제로 적용할 만한 용기를 지닌 회사는 거의 본 적이 없다.

나는 스택 오버플로우가 바로 이와 같은 이상적인 모습에 근거하게 하려고 최선의 노력을 기울였다. 나는 당신이 출근하는 시간이나 스케줄을 조금도 신경 쓰지 않는다. 나는 당신이 (인터넷 연결만 잘 된다면) 도대체 어디에 사는지에 대해서조차 관심이 없다[9]. 일을 어떻게 하는지에 대해서도 관심이 없다. 나는 당신의 업무를 지나치게 자세하게 관리할 의사가 없으며 당신이 할 일을 일일이 지정해주지도 않을 것이다. 그렇게 할 필요가 전혀 없다.

> 배를 만들고 싶다면 인부들을 재촉해서 나무를 끌어모으고 일을 분할
> 해서 명령을 내릴 것이 아니라 그들이 저 넓고 끝없는 바다를 열망하
> 게 만들어라.
>
> – 앙투안 드 생텍쥐페리[10]

나는 당신이 우리가 그런 것처럼 저 광활하고 끝없는 바다를 열망하고 있다
는 사실을 알고 있기 때문이다.

1. http://blog.stackoverflow.com/2010/05/announcing-our-series-a/
2. http://www.codinghorror.com/blog/2008/09/stack-overflow-none-of-us-is-as-dumb-as-all-of-us.html
3. http://meta.stackoverflow.com/questions/28642/why-do-i-get-more-satisfaction-out-of-participating-in-so-than-out-of-my-job
4. http://bit.ly/Md5Ntb
5. http://en.wikipedia.org/wiki/The_Candle_Problem
6. http://www.amazon.com/dp/1594488843/?tag=codihorr-20
7. http://bit.ly/MVUDI5
8. http://www.codinghorror.com/blog/2007/04/is-amazons-mechanical-turk-a-failure.html
9. http://www.codinghorror.com/blog/2010/05/on-working-remotely.html
10. http://en.wikiquote.org/wiki/Antoine_de_Saint-Exupery#Unsourced

톱날
갈기

소프트웨어 개발자로서 자신의 톱날을 어떻게 갈아야 할까?

톱날을 가는 것은 프로그래밍이 아닌 다른 할 일들에 시간을 투자하는 것이
지만 이론적으로는 당신을 더 나은 프로그래머로 만들어준다. 다음은 코비
의 『성공하는 사람들의 7가지 습관』[1]에서 따온 내용이다.

어떤 사람이 산속에서 우연히 벌채노동자를 만났다. 그는 걸음을 멈추고 커다란 나무에 열심히 톱질을 하고 있는 노동자의 모습을 바라봤다. 노동자는 땀을 뻘뻘 흘리면서 톱질을 해댔지만 일에는 별로 진척이 없어 보였다. 그는 벌채노동자가 사용하고 있는 톱의 날이 빵에 버터를 바르는 버터 칼처럼 무디다는 사실을 알게 됐다. 그래서 그는 노동자에게 말했다. "저기요, 정말 열심히 일하고 있는 모습은 좋은데 일에는 별로 진척이 없군요." 그러자 이마에서 땀을 흘리면서 노동자가 대답했다. "알아요... 이 나무는 정말 유난히 힘이 드는군요." 그가 말했다. "하지만 저기요, 나무를 써는 데 쓰고 계신 톱이 정말이지 아무것도 자를 수 없을 만큼 날이 무딘데요." "저도 압니다." 노동자가 대답했다. "하지만 톱날을 갈고 있을 만큼 한가하지가 않아서요."

물론 어떤 능력을 향상시키는 최선의 방법은 그것을 최대한 반복해서 연습하는 것이다[2]. 하지만 코딩을 하는 데 너무 바빠서 토론, 복습, 학습 등을 할 시간이 없다면 당신은 앞으로 나아가고 있지 않은 것이다. 기술을 연마하는 것과 기술을 활용하는 방식에 대해 사색하는 것 사이에서 균형을 잡을 필요가 있다.

스캇 핸설만Scott Hanselman은 당신의 개발팀 직원들이 톱날을 날카롭게 갈도록 장려하는 방법을 구체적으로 알고 있다[3]. 그것은 사실 명백한 방법이라서 당신도 이미 수행하고 있을 것이다. 바로 프로그래밍 블로그를 읽는 것이다. 마음을 열고 블로그를 읽으면 레지놀드 브레이스웨이트Reginald Braithwaite가 아래에 말하는 것처럼[4] 톱날을 날카롭게 벼릴 수 있다.

우리가 해야 할 일은 다음과 같다. 우리는 블로그 글을 읽는다. 반복해서 읽으면서 마음속으로 동의하고, 우리의 세계관에 맞지 않는 것이 나타나면 수정을 요구한다. 올라온 글의 내용이 우리의 편견과 충돌을 일으키면 우리는 글의 저자를 바보 멍청이라고 욕한다. 어떤 의미에서 우리는 영업사원과 같은 태도를 보여주는 것이다. 누군가가 우리와 의견을 달리하면 우리는 그냥 포기해 버린다.

내가 제안하고자 하는 것은 이러한 영업사원의 태도를 흉내 내는 것
이다. 우리가 올라온 글이나 책, 혹은 새로운 언어를 읽을 때 그 중에
서 일부나 혹은 전체가 새롭지 않은 내용으로 채워져 있다고 가정해
보자. 우리가 읽은 내용의 일부에 대해 건전한 방식으로 반론을 제기
한다고 가정해보자. 그럼에도 그것을 우리 자신의 이익을 위한 관점
에서 보는 것이 의미가 있다. 만약 그런 내용 중에서 단 하나라도 우
리를 더 나은 프로그래머로 만들어 주는 요소가 있다면 우리가 승리
를 거두는 것이다.

블로그에 올라온 글에서 얻을 수 있는 것은 그게 전부다. 글 안에 뭔
가 실질적인 알맹이가 담겨 있다면 대단한 일이다. 심지어 백 개의 글
을 읽고 단 하나의 알맹이를 건진다고 해도 그것은 훌륭한 일이다.

톱날을 버리기 위해 (혹은 최소한 자신의 지적 호기심을 자극하기 위해) 프
로그래밍 블로그를 찾아 읽고자 한다면 프로그래밍과 관련된 좋은 링크를
모아놓은 웹사이트 두 군데를 추천해주고 싶다.

첫 번째는 해커 뉴스Hacker News[5]로, 완전 강추다.

해커 뉴스[6]는 폴 그레이엄[Paul Graham][7]의 정신이 낳은 자식이므로 Y 컴비네이터, 혹은 스타트업과 같은 기업경영에 대한 그의 관심사를 부분적으로 반영하고 있다. 폴은 사이트 안에서 진지하게 중재자 역할을 담당하고자 하기 때문에, 전형적인 디그[Digg] 스타일의 투표 이외에도 별도로 표시된 글을 삭제하는 것 같이 편집자가 손수 수행하는 비밀스러운 조작 과정이 있다. (나는 이런 개입을 영화 옥타곤[8]의 대사를 통해 표현하고 싶다. "그런 것이 아직도 존재한다고 인정하는 사람은 아무도 없다네.") 하지만 더 중요한 사실은 사이트에서 진행되는 논의들이 상당히 합리적이라서 잡음이나 낚시질에 해당하는 글이 거의 없다는 점이다.

다른 사이트는 프로그래밍 레딧[programming reddit][9]이다. 이곳에서 이뤄지는 대화는 마치 서부시대처럼 어수선한 느낌으로, 모든 것이 아주 민감한 반응을 불러일으키고, 커뮤니티의 찬성과 반대 투표만으로 모든 것이 결정된다. 그렇지만 프로그래머들에게 특별한 관심을 불러일으킬 만한 사이트가 매우 많기 때문에 하나씩 살펴보는 것이 도움될 것이다.

물론 지나치게 톱날을 벼리거나, 혹은 아무 목적 없이 무작정 톱날을 벼리는 것은 또 다른 형태의 게으름에 해당할지도 모른다[10]. 하지만 이와 같은 일에 아무런 관심이 없는 프로그래머가 있다면 그 사람의 머리 위에는 커다란 경고등이 켜져 있는 셈이다. 피터 브레그만[Peter Bregman]이 말한 것처럼 집착은 좋은 것일 수도 있다[11].

> 사람들은 종종 열등감에도 불구하고가 아니라 열등감 때문에 성공하는 경우가 있다. 집착은 성공을 나타내는 훌륭한 징후일 때가 많다. 어떤 사람이 집착하고 있는 것을 이해하면 그 사람의 내면적 동기를 이해하는 것이다. 그러한 집착을 위해 그 사람은 아마도 지구 끝까지 걸어갈 수도 있을 것이다.

당신의 톱날을 벼리기 위해 약간 집착을 보이는 것은, 만약 그것이 해커 뉴스[12]와 같은 사이트에 프로그래밍과 관련된 글을 올리거나 논의하는 것을 의미한다면 아무런 문제가 없다.

이제 프로그래머로서의 톱날을 벼리기 위해 당신은 무엇을 추천하는가?

1. http://www.amazon.com/dp/0743269519/?tag=codihorr-20
2. http://www.codinghorror.com/blog/archives/001138.html
3. http://www.hanselman.com/blog/SharpenTheSawForDevelopers.aspx
4. http://weblog.raganwald.com/2007/10/how-to-use-blunt-instrument-to-sharpen.html
5. http://news.ycombinator.com/news
6. http://ycombinator.com/
7. http://www.paulgraham.com/
8. http://www.youtube.com/watch?v=yfY1wa8oVN0
9. http://www.reddit.com/r/programming/
10. http://www.codinghorror.com/blog/archives/000922.html
11. http://blogs.harvardbusiness.org/cs/2009/01/the_interview_question_you_sho.html
12. http://news.ycombinator.com/

▪ 저 길로 가라.
❟ 총알처럼.

회사[1]의 관점에서 스택 오버플로우를 운영하는 것에 대해 말하자면 나는 비즈니스와 관련된 조언을 오직 이 한 사람으로부터만 받고 있다. 그는 바로 커티스 암스트롱Curtis Armstrong이다.

더 구체적으로 말하자면 1985년에 나온 완전 멍청한 10대 코미디 고전인 『죽는 게 낫지Better Off Dead』[2]에 나온 찰스 드 마르Charles De Mar로서의 커티스 암스트롱이다. 상당히 위험해 보이는 산에서 스키를 타고 내려오는 방법을 묻는 질문에 대해 그는 이렇게 대답했다.

저 길로 가, 총알같이 빠르게. 눈앞에 뭐가 나타나면 방향을 틀어.

우리가 투자자금을 받았음을 발표[3]한 이래로 5개월 동안 우리는 이런 일들을 했다.

- 국제적인 팀[4]을 구성했다.
- 51 구역[5]에 Q&A 사이트를 완전히 공개적이고 민주적인 절차에 따라서 생성하는 방법을 만들었다. (옮긴이 _ 51 구역의 주소는 http://area51.stackexchange.com/로, 새로운 Q&A 사이트를 실험적으로 만들 수 있는 장소다.)
- 커뮤니티가 운영하는 24개의 새로운 스택 익스체인지 네트워크 사이트[6]를 만들었다.
- 사이트별 메타 논의[7]와 사이트별 실시간 채팅 프로그램[8]을 개발했다.
- 새 버전의 경력 관리[9]와 구인구직[10] 서비스 출시
- 스택 익스체인지 데이터 익스플로러[11] 안에 저장된 창의적이고 공통적인 데이터를 탐색하고 공유하기 위한 툴을 만들어서 오픈소스로 공개했다.
- Q&A 플랫폼을 이용해 직접 애플리케이션을 만들 수 있게 해주는 스택 익스체인지 API[12]의 버전 1을 완성했다.

그리고 나는 사실 우리가 아직 충분히 빠르게 움직이고 있지 않아서 좀 걱정이다.

세상에는 이미 스택 오버플로우 엔진을 복제한 사이트가 여럿 있다. 나는 그런 사이트들이 더욱 번성하길 바란다. 복제할 만한 가치가 있는 대상을 만들었다는 사실이 자랑스럽기 때문이다. 우리가 계속해서 사람들로 하여금 저 낡고, 삐걱대고, 끔찍하게 부서진 phpBB와 vBulletin 기반의 게시판 모델로부터 벗어날 수 있게 도움을 줄 수 있다면 그것으로 이미 나의 꿈은 이뤄지는 셈이다(그런 게시판에서 정보를 구하려고 하는 것은 마치 끝없는 하수구 안에서 금을 캐려고 하는 것과 비슷하다).

인터넷을 최소한 조금이라도 더 낫게 만들어주는 일들만 함으로써 웹과 조화를 이루면서 살아가는 것이 우리가 회사의 목적으로 정해놓은 것이다. 농담이 아니다. 이런 내용이 맹세코 전부 어딘가에 적혀있다! 우리는 누군가를 혹은 뭔가를 소유하거나 전복하기 위해 여기에 있는 것이 아니다. 우리는 다만 커뮤니티를 사랑하고, 우리가 궁금해 하는 것에 대한 훌륭한 대답을 듣고 싶을 뿐이다. 따라서 우리가 그러한 일을 수행하는 데 누가 앞길을 가로막는다면, 뭐랄까 우리는 그와 싸우지 않을 것이다. 우리는 그냥 방향을 바꿀 것이다. 그리고 계속 전진한다. 완전 총알처럼. 그렇기 때문에 우리를 복제한 사이트들은 우리와 발걸음을 제대로 맞추려면 역시 총알처럼 빠르게 움직여야 할 것이다.

찰스 드 마르를 사업상의 조언자로 모시고 있다는 사실이 우리 회사에 고유한 일이라고 생각하고 싶긴 하지만, 속도가 중요하다고 말하는 것은 결코 새로운 발상이 아니다. 예를 들어 구글 프로젝트 중에서 어느 것은 보이드의 반복법칙[Boyd's Law of Iteration][13]을 제대로 반영하고 있는 것처럼 보인다.

보이드는 어지러운 전투에서 승리를 거두는 것이 관찰하고, 방향을 잡고, 계획을 세우고, 더 낫게 행동하는 것에 달린 것이 아니라는 점을 파악했다. 전투에서 승리를 거두기 위한 결정적인 요인은 관찰하고, 방향을 잡고, 계획을 세우고, 더 빠르게 움직이는 것이다. 다시 말해 보이드는 했던 일을 더 빨리 반복하는 것이 반복의 질을 압도한다고 보았다.

구글 크롬[14] 프로젝트는 이러한 반복의 속도로 진행되고 있다.

1.0	2008년 12월 11일
2.0	2009년 5월 24일
3.0	2009년 10월 12일
4.0	2010년 1월 25일
5.0	2010년 5월 25일
6.0	2010년 9월 2일

크롬은 V1과 V2 시절에 이미 충분히 존경받는 브라우저였다. 프로젝트 전체가 엄청 빠르게 전진해서 지금은 내가 보기에 지구상에서 가장 뛰어난 브라우저인 것처럼 보인다. 구글은 처음에 브라우저든 뭐든 아무것도 없는 데서 시작해 2년 만에 최고가 됐다. 그 와중에 인터넷 익스플로러는 버전 7에서 버전 8로 나아가는 것만으로도 크롬의 전체 개발 기간보다 더 오랜 시간을 필요로 했다. 그리고 인터넷 익스플로러 9이 출시될 무렵에는 비록 그것이 마이크로소프트의 브라우저 제품으로는 가장 뛰어난 모습을 갖추고 있었음에도 파이어폭스나 크롬과 비교했을 때는 완전히 낡은 제품인 것처럼 보였을 정도다.

구글 안드로이드[15] 프로젝트는 이와 비슷한 또 다른 예다. 안드로이드는 아이폰에 비해 더 나을 필요가 없었다. (실제로 그랬다. 적어도 최근 버전이 나오기 전까지는 그저 그런 제품이었다.) 그들은 다만 기능을 향상시키는 것을 더욱 빠르게 하기만 하면 충분했다. 구글은 프로요^{Froyo}, 진저브레드^{Gingerbread}, 그리고 허니컴^{Honeycomb}을 목이 부러질 정도로 빠르게 업그레이드했다[16]. 물론 애플은 논쟁의 여지없이 더 멋지고 잘 통제된 사용자 경험을 제공한다. 하지만 그들이 현재 가지고 있는 업그레이드 속도라면 수년 내에 구글에 뒤처져서 모바일 세계에서 2위나 3위를 하게 될 것이다. 이런 변화는 불가피하다.

따라서 우리는 별도의 공지가 나가기 전까지 구글의 안드로이드나 크롬 팀과 같은 전략을 구사할 것이다. 우리는 바로 저 길로 나아갈 것이다. 완전 총알같이. 만약 뭔가가 길을 가로막으면 방향을 바꿀 것이다.

> ✈ 팀 오라일리@timoreilly
>
> "래리 페이지는 이렇게 말했다. "속도와 좋은 결정 사이에 존재하는 관련성... 빠르고 좋은 결정은 있지만, 느리고 좋은 결정은 없다.""
>
> 오후 3:40 – 2011년 9월 27일

●

1. http://stackoverflow.com/about/management
2. http://www.imdb.com/title/tt0088794/
3. http://blog.stackoverflow.com/2010/05/announcing-our-series-a/
4. http://www.codinghorror.com/blog/2010/05/on-working-remotely.html
5. http://area51.stackexchange.com/faq
6. http://stackexchange.com/sites
7. http://blog.stackoverflow.com/2010/07/new-per-site-metas/
8. http://blog.stackoverflow.com/2010/08/chat-now-in-public-beta/
9. http://careers.stackoverflow.com/
10. http://careers.stackoverflow.com/Jobs
11. http://odata.stackexchange.com/
12. http://stackapps.com/
13. http://www.codinghorror.com/blog/2007/02/boyds-law-of-iteration.html
14. http://en.wikipedia.org/wiki/Google_Chrome
15. http://en.wikipedia.org/wiki/Android_%28operating_system%29
16. http://en.wikipedia.org/wiki/Android_%28operating_system%29#Update_history

▪ 멀티태스킹이라는
미신

제럴드 와인버그Gerald Weinberg는 『좋은 소프트웨어 관리: 시스템 사고Quality Software Management: Systems Thinking』[1]에서 프로젝트를 바꿈으로써 소모되는 자원을 계산하는 규칙을 제안했다.

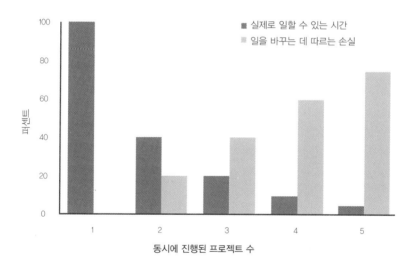

와인버그의 계산에 의하면 당신이 해야 하는 일에 단 한 개의 프로젝트를 더 하기만 해도 상황은 현격하게 악화된다. 20% 정도의 시간이 쓸모없이 소모되는 것이다. 여기에 한 개의 프로젝트를 더 추가하면 50% 정도의 시간이 업무 사이를 오가는 데 소모된다.

어떤 주어진 시간에 단 한 개의 프로젝트에 집중할 수 있다고 해도 이런 상황은 문제가 된다. BBC의 연구[2] 결과에 의하면 그저 이메일이나 메신저가 우리를 방해하도록 내버려두는 것조차 업무에 지대한 영향을 미친다.

> 심리학 연구소에서 수행한 조사에 의하면 기술을 지나치게 활용하는 것이 직원들의 지적 능력을 저하시키는 것으로 드러났다. 이메일이나 전화에 의해 방해를 받는 사람들의 IQ는 10 포인트 정도 하락했는데, 이것은 마리화나를 피우는 것이 두뇌에 끼치는 영향에 비해 두 배 이상의 영향을 끼치는 셈이다.

케이시 시에라[Kathy Sierra]는 멀티태스킹과 시리얼 태스킹을 비교하는 훌륭한 글[3]을 올리고 나서 1년 뒤에 멀티태스킹이 우리를 점점 더 바보로 만들고 있다[4]고 주장하는 통찰이 담긴 글을 추가로 올렸다.

> 그렇지만 가장 큰 문제는 미디어를 이용해 멀티태스킹을 수행하는 대부분의 사람들이 정작 자신들이 그러한 멀티태스킹을 얼마나 엉터리로 수행하고 있는지 깨닫지 못한다는 사실이다.
>
> 사람들은 자기가 이메일을 작성하면서 동시에 전화로 대화를 나눠도 양쪽의 커뮤니케이션에 별다른 영향을 주지 않는다고 믿는다.
>
> 사람들은 영화를 보면서 동시에 숙제를 할 수 있다고 믿는다.
>
> 사람들은 아이들/배우자/연인/직장 동료와 대화를 나누면서 동시에 웹서핑을 할 수 있다고 믿는다.
>
> 하지만 시간, 질, 그리고 깊게 생각하는 능력의 눈금을 모두 조금씩 떨어뜨리지 않고는 그렇게 할 수 없다.

조엘 스폴스키는 컴퓨터와 컴퓨터 프로그래머가 수행하는 문맥교환[context switch]으로부터 야기되는 비용을 다음과 같이 비교했다[5].

특히 프로그래머를 관리할 때는 업무를 전환하는 데 따르는 비용이 정말로, 대단히, 아주 긴 시간을 요구한다는 사실을 깨달을 필요가 있다. 왜냐하면 프로그래밍이라는 것은 머릿속 깊은 곳에 아주 많은 생각을 한꺼번에 넣고 수행하는 작업이기 때문이다. 프로그래밍을 할 때는 더 많은 일을 기억할수록 생산성이 더 높아진다. 전속력으로 프로그래밍을 수행하고 있는 프로그래머는 머릿속에 수만 가지 일들을 기억한다. 변수의 이름, 데이터 구조, 중요 API, 그들이 작성했거나 자주 호출하는 유틸리티 함수의 이름, 심지어 소스코드가 저장돼 있는 하위 폴더의 이름에 이르기까지 많은 내용이 기억되는 것이다. 그 프로그래머를 지중해의 크레타 섬으로 3주간 휴가를 보내면 그는 이 모든 내용을 잊어버릴 것이다. 사람의 두뇌는 이런 식으로 기억되는 내용을 단기 저장을 위한 RAM에서 꺼내서 영원히 검색될 수 있는 백업 테이프로 옮기는 것처럼 보인다.

나는 여러 개의 프로젝트를 동시에 수행해 달라는 요구를 자주 미루는 편이다. 소프트웨어 개발자들은 흔히 낙관이라는 직업병[6]을 가지고 있는 사람들이라서 이런 부탁을 거절하는 것이 쉬운 일은 아니다[7].

우리는 우리가 할 수 있는 일을 과대평가하는 경향이 있다[8]. 멀티태스킹은 이러한 내적 경향을 더욱 부채질한다. 할 수만 있다면 업무의 흐름이 끊기는 상황이나 여러 개의 프로젝트를 동시에 다뤄야 하는 상황을 피하는 것이 좋다. 그런 상황을 피할 수 없다면 자기 자신에게, 그리고 프로젝트 관련자들에게 멀티태스킹 조건 하에서 자신이 얼마나 많은 일을 할 수 있을지에 대해 가혹할 정도로 솔직해져야 한다. 그 분량은 아마도 당신이 생각하는 것보다 훨씬 적을 것이다.

🐦 멀린 만@hotdogsladies

"당신이 "낮은 우선순위Low Priority"라는 태그를 사용하는 것은 좋은 일이다. 신은 할 필요가 없는 허접한 일들을 중요한 일로 혼동하는 것을 허락하지 않았기 때문이다."

오후 12:43 – 2012년 2월 1일

●

1. http://www.amazon.com/exec/obidos/ASIN/0932633226/codihorr-20
2. http://news.bbc.co.uk/1/hi/uk/4471607.stm
3. http://headrush.typepad.com/creating_passionate_users/2005/03/your_brain_on_m.html
4. http://headrush.typepad.com/creating_passionate_users/2006/03/multitasking_ma.html
5. http://www.joelonsoftware.com/articles/fog0000000022.html
6. http://www.codinghorror.com/blog/archives/000284.html
7. http://www.codinghorror.com/blog/archives/000109.html
8. http://www.codinghorror.com/blog/archives/000626.html

좋은
프로그래밍의
원리

프로그래밍의 첫 번째 원리: 그것은 언제나 당신의 잘못이다

🐦 제프 앳우드@codinghorror

"세상이 온통 잘못됐다고 비난하기 전에 우리 자신을 바꾸려고 노력해야 한다."

오후 12:22 – 2012년 5월 30일

그런 느낌을 알 것이다. 그것은 누구에게나 한 번쯤 일어나는 일이다. 코드를 열두 번쯤 들여다봐도 도대체 어디가 잘못됐는지 알 수 없는 경우 말이다. 도저히 찾을 수는 없지만 버그나 에러는 분명히 존재한다. 심지어 코드를 실행하고 있는 컴퓨터가 고장 난 것처럼 생각되기도 하고, 그것이 아니라면 운영체제나 도구나 라이브러리가 오동작하는 것처럼 생각되기도 한다. 그렇지 않고서야 어떻게 이럴 수 있겠는가!

아무리 깊은 좌절이 몰려온다고 해도 부디 그 길을 걷지는 않길 당부한다. 부두교의 주술에 걸린 컴퓨팅이나 우연에 의존하는 프로그래밍[1]이라는 그 험난한 길 말이다. 간단히 말해서 그 길은 미친 사람들이나 걷는 길이다.

어렵고 정체가 불분명한 버그 앞에서 밤새도록 머리를 쥐어뜯는 경험은 끔찍한 좌절을 맛보게 한다. 하지만 그러한 좌절이 올바른 길을 찾아가는 방향감각을 잃도록 만들면 곤란하다. 겸손한 프로그래머[2]가 되는 방법의 핵심은 어떤 상황에 처하더라도 결국 모든 잘못의 뿌리는 자기가 작성한 코드라는 사실을 인정하는 것이다. 그것은 언제나 당신의 잘못이다. 이러한 내용은 『실용주의 프로그래머The Pragmatic Programmer』[3]에 "select는 망가지지 않았다"라는 원리로 잘 요약돼 있다.

대부분의 프로젝트에서 당신이 디버깅하는 코드는 대개 자기 자신이 작성한 코드와 팀 내의 다른 사람이 작성한 코드, 서드파티 제품(데이터베이스, 네트워크, 그래픽 라이브러리, 특화된 커뮤니케이션이나 알고리즘 등과 같은), 혹은 플랫폼 환경(운영체제, 시스템 라이브러리, 컴파일러 같은)이 혼합된 형태로 존재할 것이다.

운영체제, 컴파일러, 혹은 서드파티 제품에 버그가 있을 수 있다. 하지만 그것이 가장 우선적으로 떠오르는 생각이 되어선 곤란하다. 현재 개발 중인 코드 안에 버그가 존재할 가능성이 훨씬 더 높기 때문이다. 애플리케이션 코드가 라이브러리를 잘못된 방식으로 호출하고 있다고 생각하는 편이 라이브러리 자체가 오동작을 일으키고 있다고 생각하는 것보다 훨씬 유익하다. 서드파티 제품에 문제가 있더라도 그들에게 버그 리포트를 제출하기 전에 자신의 코드에 결함이 없다는 사실을 확실하게 검증할 필요가 있다.

우리가 참여한 프로젝트에 솔라리스의 select 시스템 콜에 버그가 있다고 확신하는 선임 엔지니어가 있었던 적이 있다. (그 컴퓨터에서 동작하는 다른 네트워킹 애플리케이션들이 잘 동작하고 있다는 사실이 그에게는 아무런 상관이 없을 정도로) 어떤 설득이나 논리도 그의 마음을 달라지게 할 수 없었다. 그가 몇 주에 걸쳐 버그를 우회하는 코드를 작성했지만 이상하게도 문제는 해결되지 않은 듯했다. 결국 우리는 모두 함께 앉아서 select와 관련된 문서를 읽기 시작했고, 그러자마자 그는 무엇이 잘못됐는지 깨닫고 불과 몇 분도 되지 않아서 문제를 해결할 수 있었다. 이제 우리는 누군가 자신의 코드가 야기할 확률이 높은 버그를 가지고 시스템 자체를 비난하는 상황을 접할 때마다 "select가 망가졌어요."라는 말을 꺼냄으로써 이 에피소드를 상기하게 한다.

코드의 소유권[4]을 주장하는 태도의 다른 면은 코드에 책임을 지는 것이다. 자기가 작성한 소프트웨어에 어떤 문제가 있든지 간에, 심지어 그것이 자기가 작성한 코드 때문에 야기되는 문제가 아닌 경우조차도 일단 문제가 자기 코드에 있다고 간주하고 그에 합당한 조치를 취하는 태도를 의미한다. 세상을 당신의 소프트웨어에게 굴복시키려면 그 소프트웨어에서 발생하는 어떤 문제에 대해서도 전적으로 책임져야 한다. 엄밀히 말해서 당신에게 책임이 없다고 해도 말이다. 그렇게 해야 존경과 신뢰를 얻을 수 있다. 에러와 버그를 계속 다른 사람, 다른 회사, 다른 소스에 전가하는 방식으로는 존경과 신뢰를 얻지 못한다.

통계적으로 봤을 때 당신이 만든 소프트웨어에 담긴 버그나 에러가 당신이 작성한 코드 때문에 야기되지 않을 확률은 지극히 낮다. 『코드 컴플릿Code Complete 』[5]에서 스티브 맥코넬Steve McConnell은 바로 그 점을 증명하는 연구 결과를 두 개 인용해 놓았다.

> [1973년과 1984년에 수행된] 두 연구 결과에 따르면 보고된 에러 중에서 대략 95% 정도는 프로그래머들이 작성한 코드 때문에 야기됐고, 2% 정도는 (컴파일러나 운영체제 같은) 시스템 소프트웨어에 의해 야기됐으며, 2%는 다른 종류의 소프트웨어에서 야기됐고, 1% 정도가 하드웨어에 의해 야기됐다. 오늘날 시스템 소프트웨어와 개발도구들은 1970년대나 1980년대에 비해 훨씬 더 많이 사용되고 있기 때문에 내가 보기로는 이보다 훨씬 더 높은 비율의 버그가 프로그래머들에 의해 만들어지고 있을 것이다.

당신의 소프트웨어에서 발생하는 문제가 어떤 것이든 진심으로 책임을 져라. 일단 자신이 작성한 코드에서 시작하고, 문제가 실제로 놓여있는 곳에 대한 결정적인 증거가 나타날 때까지 점점 더 바깥쪽을 향해 나아가는 것이다. 만약 문제가 확실히 자신이 통제할 수 있는 영역 바깥에 있는 것으로 드러나면 그 문제를 파악하고 진단하는 기술을 익혀야 할뿐더러 자신의 주장을 뒷받침하기 위한 증거도 수집해야 한다. 이는 어깨를 살짝 들어 올리면서 운영체제, 소프트웨어 도구, 프레임워크 등을 비난하는 태도에 비해 훨씬 더 많은 노력을 요구하는 일이다. 그렇지만 이런 노력을 기울이는 것은 다른 대상을 비난하고 도망가는 식으로는 절대로 얻지 못할, 다른 사람으로부터 신뢰와 존경을 얻는 가장 빠른 길이기도 하다.

겸손한 프로그래머가 되고 싶다면 "아이코, 이건 내 잘못이야. 반드시 원인
을 파악하겠어."라고 말하는 데 일말의 주저함이 없어야 한다.

1. http://pragmaticprogrammer.com/the-pragmatic-programmer/extracts/coincidence
2. http://www.codinghorror.com/blog/archives/000051.html
3. http://www.amazon.com/exec/obidos/ASIN/020161622X/codihorr-20
4. http://www.codinghorror.com/blog/archives/000219.html
5. http://www.amazon.com/exec/obidos/ASIN/0735619670/codihorr-20

최선의 코드는 아무 코드도 없는 것이다

리치 스크렌타[1]Rich Skrenta는 코드는 우리의 적[1]이라고 말했다.

코드는 나쁘다. 그것은 주기적인 관리를 필요로 한다. 코드는 언젠가 발견돼야 할 버그를 품고 있다. 새로운 기능을 더하는 것은 코드가 변경돼야 함을 의미한다. 코드의 분량이 늘어날수록 버그가 숨어있을 장소도 함께 늘어난다. 코드를 체크아웃하거나 컴파일하는 시간도 더 오래 걸린다. 새로운 프로그래머가 시스템을 파악하는 데도 더 많은 시간이 필요하다. 리팩터링을 수행할 때 이리저리 옮겨야 하는 코드도 더 많아진다.

코드는 엔지니어에 의해 만들어진다. 더 많은 코드를 작성하려면 더 많은 엔지니어가 필요하다. 하지만 엔지니어는 n^2에 달하는 의사소통 비용을 필요로 한다. 엔지니어들이 시스템에 추가하는 코드는 소프트웨어가 수행하는 기능이 늘어나게 만들지만 그와 동시에 그에 따르는 비용도 증가시킨다. 프로그래머가 작성하는 코드가 얼마나 많은 내용을 표현할 수 있는가를 측정해서 그것을 생산성이라고 말한다면, 우리는 바로 그러한 생산성을 향상시키기 위해 필요한 모든 조치를 취해야 한다. 똑같은 일(혹은 더 많은 일)을 하기 위해 오히려 더 적은 분량의 코드가 필요하다면 우리는 더 적은 수의 프로그래머를 고용할 수 있다. 그렇게 하면 조직 내에서 발생하는 의사소통 비용도 절감할 수 있다.

이 글에서 리치는 진짜 문제가 사실은 코드가 아니라는 사실을 함의하고 있다. 코드는 대개 그것이 막 작성된 순간에는 마치 갓 태어난 아기가 그런 것처럼 비난할 구석이 없는 천진난만한 존재다. 그런 의미에서 코드는 우리의 적이 아니다. 진짜 적의 모습을 보고 싶은가? 그럼 거울을 보라. 그 안에 보이는 그것이 바로 당신이 가지고 있는 문제의 본질이다.

소프트웨어 개발자로서의 당신은, 자기 자신의 가장 큰 적이다. 이 사실을 일찍 깨달을수록 더 훌륭한 프로그래머가 될 수 있다.

물론 당신이 좋은 의도를 가지고 있다는 사실은 이해한다. 누구나 다 그렇다. 우리는 모두 소프트웨어 개발자다. 우리는 코드를 작성하는 사람들이다. 그것이 우리가 하는 일이다. 실력이 뛰어난 프로그래머인 우리는 약간의 이 사용 테이프, 옷걸이, 그리고 바로 코드를 이용해서 해결할 수 없는 문제를 만난 적이 없다. 하지만 윌 쉬플리^{Will Shipley}는 너무 많은 코드를 작성하고자 하는 우리의 자연스러운 내적 경향을 억제해야 한다[2]고 주장한다.

> 코딩의 근본적인 속성에 따르면 프로그래머인 우리가 내리는 모든 결정에는 그 자체로 장점과 단점이 동시에 포함돼 있다. 프로그래밍의 진정한 장인이 되는 길은 바로 그러한 장단점의 본질을 잘 이해하고, 우리가 작성하는 모든 코드의 구석구석에서 언제나 그러한 사실을 잊지 않는 데 있다.
>
> 코드를 평가할 때 우리가 취할 수 있는 측정 방법으로는 여러 가지가 있다.
>
> - 코드의 간결함
> - 기능의 풍부함
> - 실행 속도
> - 코드 작성에 걸린 시간
> - 안정성
> - 유연성
>
> 기억할 것은 이러한 측면들이 모두 각자 반대되는 방향으로 뻗어나간다는 사실이다. 예를 들어 당신은 정말로 아름답고 빠르게 동작하는 코드를 장장 삼일에 걸쳐 작성할 수 있다. 이 경우 두 개의 차원은 상승하는 방향으로 움직이지만, 코드를 너무 오랫동안 작성했으므로 하나의 차원은 완전히 하락하는 방향으로 움직인다.
>
> 그렇다면 어떤 상황에서 어떤 것에 가치를 둬야 할지 어떻게 알 수 있는가? 그러한 결정을 어떻게 내리는가? 이러한 질문에 대한 대답은 너무나 당연하고 간단하기 때문에 아무도 들으려고 하지 않는다. 대답은 바로 간결함에서 시작하라는 것이다. 테스트를 수행하는 과정에서 다른 차원으로 나아갈 필요가 있다고 생각되면 필요한 내용을 그때 추가해도 늦지 않다.

나는 이러한 주장에 전적으로 동의한다. 개발자들에게 더 적은 코드^{Code Smaller}를 작성하길 권장할 때 이와 비슷한 주장을 펼친 바 있다[3]. 이것은 단지 코드의 물리적인 분량을 최소로 만들기 위해 우리가 아는 온갖 기법들을 총동원

해야 한다는 식의, 귀류법[4]에 대한 이야기를 하고 있는 것이 아니다. 어떤 프로그래머 개인이 읽고 이해해야 하는 프로그램 코드의 분량을 최소한으로 줄이기 위한 실질적이고 타당한 감소 전략에 대해 말하고 있는 것이다. 내가 말하고자 하는 바를 설명하기 위한 예를 살펴보자.

```
if (s == String.Empty) if(s == "")
```

이 두 if 구문 중에서 나는 두 번째 if가 더 낫다고 본다. 더 짧기 때문이다. 그렇지만 나는 String.Empty라는 장황한 표현이 컴파일러에게는 더 효율적이라는 주장에 목숨을 걸 정도로[5] 확신하는 개발자를 만나게 되리라는 사실을 잘 알고 있다. 마치 그런 주장에 내가 관심이 있기라도 한 것처럼. 혹은 그런 주장에 관심을 갖는 사람이 마치 있기라도 한 것처럼 말이다!

그와 같은 극단적인 주장을 인정하는 것은 대부분의 프로그래머에게 괴로운 일일 것이다. 그들은 코딩이라는 행위를 너무나 사랑하기 때문이다. 하지만 최선의 코드는 아예 코드가 없는 것이다. 당신이 세상 안으로 끌어들이려고 애쓰는 코드는 모든 줄마다 반드시 디버깅해야 하고, 누군가 읽고 이해해야 하며, 유지보수해야 한다. 당신이 새로운 코드를 한 줄 작성할 때마다 이러한 일들을 반드시 수행해야 한다. 다른 선택의 여지가 없기 때문이다. 코드가 우리의 적인 이유는 결국 우리 프로그래머들이 터무니없을 정도로 많은 코드를 작성하기 때문이다. 그렇지만 아예 코드를 작성하지 않는 것은 말이 되지 않는다. 그렇다면 차선책은 바로 간결함에서 시작하는 것이다.

코드를 작성하는 것을 사랑한다면, 그러니까 진짜로 코딩을 사랑한다면 가급적 적은 분량의 코드를 작성하는 것조차 충분히 사랑할 수 있을 것이다.

●

1.　http://www.skrenta.com/2007/05/code_is_our_enemy.html
2.　http://wilshipley.com/blog/2007/05/pimp-my-code-part-14-be-inflexible.html
3.　http://www.codinghorror.com/blog/archives/000791.html
4.　http://en.wikipedia.org/wiki/Reductio_ad_absurdum
5.　http://www.codinghorror.com/blog/archives/000247.html

주석 없이
코딩하기

코드에 주석이라는 양념을 뿌리는 것이 언제나 좋은 일이라면 코드 안에 엄청난 양에 해당하는 주석을 더하는 것은 눈물이 날 정도로 엄청나게 훌륭한 일이 돼야 할 것이다. 그렇지 않은가? 전혀 그렇지 않다. 정도가 지나치면 심지어 좋은 주석조차 나쁜 것으로 변하기 때문이다[1].

```
'*****************************************
' 이름: CopyString
'
' 목적: 이 루틴은 소스 문자열source에서 대상 문자열target로
' 문자열을 복사한다.
'
' 알고리즘: "source"의 길이를 구한 다음 각 문자를 한 번에 하나씩
' "target"으로 복사한다. 반복문 인덱스를 "source"와 "target"에 대한
' 배열 인덱스로 사용하고 각 문자가 복사된 후에 반복문/배열 인덱스를 증
가시킨다.
'
' 입력: input - 복사할 문자열
'
' 출력: output - "input"의 사본을 받을 문자열
'
' 인터페이스 관련 전제: 없음
'
' 변경 이력: 없음
'
' 작성자: 드와이트 K. 코더
' 작성일자: 2004/10/1
' 전화번호: (555) 222-2255
' SSN: 111-22-3333
' 눈 색깔: 녹색
```

```
' 결혼하기 전 성: 없음
' 혈액형: AB-
' 어머니의 결혼하기 전 성: 없음
' 즐겨 타는 차: 폰티액 아즈텍
' 개인 번호판: "Tek-ie"
'*******************************************
```

나는 코드 자체가 이미 코드가 동작하는 방식을 잘 설명하고 있는데도 굳이 주석을 더하려고 하는 개발자들을 흔히 발견한다. 우리가 주석을 다는 것은 코드가 동작하는 방식을 설명하기 위함이 아니라 그것이 왜 그렇게 동작하는지를 설명하기 위해서다[2]. 코드에 다는 주석은 지나치게 잘못 이해되고 오용되고 있기 때문에 도대체 주석이라는 것이 아예 필요한 것인지에 대해 의심을 품고 싶을 정도다. 하지만 그런 식의 극단적인 의심은 위험하다. 예를 들어 어떤 종류의 주석도 달려 있지 않은 다음 코드를 살펴보자.

```
r = n / 2;
while ( abs( r - (n/r) ) > t ) {
  r = 0.5 * ( r + (n/r) );
}
System.out.println( "r = " + r );
```

이 코드가 무슨 일을 하는지 이해할 수 있겠는가? 코드 자체를 읽기는 어렵지 않다. 하지만 도대체 이게 무슨 일을 하는 코드란 말인가?

그렇다면 약간의 주석을 달아보자.

```
// 뉴튼 랩슨(Newton-Raphson) 방법을 이용한 n의 제곱근 근사
r = n / 2;
while ( abs( r - (n/r) ) > t ) {
  r = 0.5 * ( r + (n/r) );
}
System.out.println( "r = " + r );
```

내가 말하고자 하는 주석은 바로 이런 것을 의미할 것이다. 그렇지 않은가? 코드에 아무런 주석도 달지 않는 극단과 한 줄의 코드마다 대형 서사시에 해당하는 주석을 삽입하는 또 다른 극단 사이에서 적절한 중심을 잡는 유쾌한 주석 말이다.

하지만 꼭 그렇지도 않다. 아마 나라면 이러한 경우에는 굳이 주석을 다는 대신, 아래와 같이 간단한 리팩터링을 수행할 것이다.

```
private double SquareRootApproximation(n) {
  r = n / 2;
  while ( abs( r - (n/r) ) > t ) {
    r = 0.5 * ( r + (n/r) );
  }
  return r;
}
System.out.println( "r = " + SquareRootApproximation(r) );
```

주석은 조금도 달지 않았지만 이제 코드의 내용은 완전히 이해할 수 있게 됐다.

주석 자체는 스스로 좋거나 나쁜 것이 아니다. 다만 짝이 맞지 않는 젓가락처럼 그들이 종종 엉터리로 사용된다는 것이 문제다. 당신은 코드를 마치 주석이라는 것이 세상에 존재하지 않기라도 한 것처럼 절실하게 작성해야 한다. 이러한 태도는 당신이 떠올릴 수 있는 한도 내에서 가장 단순하고, 간명하고, 스스로 의미를 잘 드러내는 코드를 작성하도록 만들어 주기 때문이다.

동료 프로그래머들이 코드를 이해하기 쉽게 만들기 위해 이미 12번도 넘게 코드를 다시 작성했거나, 리팩터링을 수행했거나, 새롭게 아키텍처를 바꿨다면, 그리하여 코드를 더 이상 쉽고 명백하게 만들 수 있는 방법을 도저히 떠올릴 수 없는 경우라면, 오직 그러한 경우에 한해 코드가 수행하는 일을 코드 밖에서 설명해 주기 위한 주석을 추가할지 고려해야 한다.

스티브가 지적한 바와 같이[3] 바로 이 부분에서 일반 개발자와 고급 개발자가 구별된다.

> 예전에는 다른 사람이 작성한 코드를 너무 많이 읽는 것이 내가 다룰 수 있는 복잡성의 한계를 훌쩍 뛰어넘곤 했기 때문에 나는 아예 그러한 코드를 처음부터 다시 작성하거나 그렇지 않으면 엄청난 분량의 주석을 달거나 했다. 하지만 요즘에는 (그렇게 많이) 투덜거리지 않으면서 다른 사람이 작성한 코드를 읽어나간다. 이렇게 마음속에 특정한 목표가 있거나 작성해야 할 복잡한 코드가 있을 때 나는 주석에다 소설을 써내려가는 대신 그냥 필요한 코드를 작성한다.

일반 개발자들은 코드 자체를 통해 이야기해야 하는 상황에서 손쉽게 코드 대신 주석으로 이야기를 전하려고 한다. 주석은 본문 바깥에서 이뤄지는 내레이션이다. 주석은 그 자체로 중요하긴 하지만 본문에 담겨 있는 플롯, 배역, 설정을 바꿀 수 있는 무엇은 아니다.

어쩌면 바로 그것이야말로 코드의 주석이 가지고 있는 작고 지저분한 비밀일지도 모른다. 좋은 주석을 작성하려면 좋은 글을 쓸 줄 아는 사람이 돼야 한다. 주석은 컴파일러를 위한 코드가 아니라 다른 사람에게 의미를 전달하기 위한 단어들이다. 나는 (대부분의) 동료 프로그래머들을 사랑하지만 그렇다고 해서 우리 같은 사람들이 다른 사람과 의사소통할 때도 최고의 능력을 발휘한다고 말하기는 어렵다. 나는 우리 팀에 있는 다른 개발자로부터 세 단락으로 구성된 이메일을 받고 뇌가 녹아내린 적이 있다. 바로 이런 사람들이 우리가 코드 안에 명확하고 이해하기 쉬운 주석을 달 것이라고 기대하는 사람들인가? 내가 보기에는 어떤 사람들은 그저 자기가 진짜 잘하는 일에만 집중하는 것이 더 낫다. 즉, 컴파일러를 위한 글쓰기에만 집중하라는 것이다. 코드 자체를 최대한 명확하게 작성하고, 정말 어쩔 수 없는 경우에 한해서만 주석을 다는 것이다.

의미 있게 잘 작성된 주석을 쓰기란 어려운 일이다. 거기엔 거의 코드를 작
성하는 데 따르는 기술만큼이나 정교한 기술이 필요하다. 어쩌면 코딩보다
더 어려운 일일지도 모른다. 새미 라비[Sammy Larbi]가 코드에 주석을 달기 위해
동원되는 흔한 핑계[4]에서 말한 것처럼 당신이 작성한 코드가 주석이 없으면
이해할 수 없는 코드라면 그것이 엉터리로 작성돼 있을 가능성이 높다. 그런
경우라면 주석이 없어도 의미가 잘 전달될 수 있을 때까지 코드를 다시 작성
해야 한다. 그런 노력을 정말이지 끝까지 기울인 다음, 그래도 여전히 설명
문이 필요하다면 주석을 달아라. 아주 신중하게 말이다.

1. http://www.codinghorror.com/blog/archives/000130.html
2. http://www.codinghorror.com/blog/archives/000749.html
3. http://steve-yegge.blogspot.com/2008/02/portrait-of-n00b.html
4. http://www.codeodor.com/index.cfm/2008/6/18/Common-Excuses-Used-To-Comment-
   Code-and-What-To-Do-About-Them/2293

루크,
소스를 읽는 법을
배우게

의사소통의 양상을 잘 분석해보면 동료 인간이 알아듣고 이해할 수 있게 이
치에 닿는 글을 작성하는 것은 해석기나 컴파일러가 불평하지 않는 코드를
작성하는 것보다 훨씬 더 어려운 일인 것처럼 보인다[1].

어쩌면 바로 그렇기 때문에 코딩과 관련된 문서가 대부분 그렇게 형편없이
작성돼 있는 것일지도 모른다[2]. 사람을 대상으로 글을 쓰는 것이 기계를 대
상으로 코드를 쓰는 것보다 훨씬 어렵기 때문에 문서라는 것은 앞으로 펼쳐
질 미래에도 계속해서 형편없는 것으로 남아 있을 것이다. 이런 상황에 대해
우리가 할 수 있는 일은 별로 없다.

하나만 빼면.

루크, 자네는 소스를 읽는 법을 배울 수 있다네.

자바스크립트가 "항상 소스를 포함하고 있다는 사실"이 지닌, 변화를 촉발하
는 힘transformative power[3]은 내가 앳우드의 법칙Atwood's Law[4]이라는 말을 만들어낸
(그리고 여전히 믿고 있는) 주된 이유다. 심지어 (거의 모든 브라우저에 그런
기능이 포함돼 있긴 하지만) "소스 보기"와 같은 기능이 포함돼 있지 않은 경
우라고 해도, 자기가 사용하고 있는 기술적 스택의 바로 아래에 존재하는 소
스코드에 대한 접근을 요구할 필요가 있다. 글로 적힌 문서야 어떻게 말하고
있든 결국 소스코드야말로 최종적인 진실을 말할 뿐만 아니라 당신이 찾을
수 있는 모든 문서 중에서 가장 확실하고 최신 정보를 담고 있는 문서의 역
할을 수행하기 때문이다. 이러한 사실은 영원히 지속되는 불변의 진리라서
이러한 사실을 빨리 받아들일수록 더 좋은 소프트웨어 개발자가 될 수 있다.

이에 대해서 할 말이 잔뜩 있었는데, 해커 뉴스에서 브랜든 블룸Brandon Bloom[5]
이 쓴 글[6]을 발견하게 됐다. 소스코드를 읽는 덕목에 대해, 그리고 어떤 상황
에서 소스코드를 읽어야 하는지에 대해 그가 나보다 훨씬 잘 설명하고 있으
므로 그의 말을 신중하게 들어보기 바란다.

> 15살쯤에 나는 마이크로소프트 플랫폼을 기반으로 개발 경력을 시작
> 했다. 마이크로소프트에서 비주얼 스튜디오로 각종 기능을 통합하는
> 소프트웨어 개발자로 근무하기 시작한 것이다. 그리하여 나는 비주얼
> 베이직 코드를 처음 작성한 이래로 10년 정도의 시간이 흐르자 내부
> 를 들여다 볼 수 없도록 닫혀 있는 라이브러리는 더 이상 사용하고 싶
> 지 않게 됐다.
>
> 소프트웨어를 사용하는 것은 소프트웨어를 만드는 것과 다르다. 어떤
> 소프트웨어를 그것이 담고 있는 핵심 기능을 위해 사용하는 경우에는
> 작업 자체가 잘 알려진 경로를 따른다. 그 경로를 따라가던 많은 사람
> 들이 이미 이러저러한 문제에 봉착했을 것이며, 소프트웨어를 제작한
> 사람에게 그러한 문제를 해결해 달라고 요청했을 것이다. 하지만 소
> 프트웨어를 만드는 경우에는 뭔가 새로운 경로를 밟게 된다. 그러한
> 경로는 너무나 많기 때문에 아무도 가지 않은 길을 걷게 되는 것이 드

문 일이 아니며, 그래서 종종 낯선 구석이나 아직 충분히 검증되지 않은 코드의 경로를 밟게 된다. 근본적인 문제를 해결하지 못하고 그저 우회해서 피해간 예외적인 상황도 경험하게 될 것이다.

문서는 때로 불완전하다. 심지어 잘못된 정보를 담고 있는 경우도 있다. 하지만 소스코드는 거짓말하지 않는다. 숙련된 개발자라면 문서보다 소스코드를 읽는 편이 더 빠를 때가 많다... 특히 그가 소프트웨어 패키지의 아키텍처에 이미 익숙한 경우라면 더욱 그렇다. 나는 지금 중간 정도 규모의 팀에서 일하고 있다. 이 팀은 여러 개의 스타트업 회사와 함께 프로젝트를 수행한다. 그런데 각 회사의 CTO나 엔지니어들이 우리 팀으로 찾아와서 조언을 구하는 일이 있다. 이 사람들이 자기가 이용하는 기술적 스택에 문제가 있다고 보고하면 나는 이렇게 대답한다. "소스코드는 읽어보셨나요?"

나는 개발자들에게 자기 프로젝트에서 사용되는 소프트웨어 제품의 소스코드를 로컬 폴더에 복사해 두고 수시로 살펴보라고 권장한다. 많은 사람들이 처음에는 이렇게 하기 두려워한다. "그 프로젝트는 너무 커요. 원하는 내용을 찾을 수 없다고요!" 혹은 "나는 그것을 이해할 만큼 똑똑하지 않답니다." 혹은 "그 코드는 정말 끔찍하군요! 도저히 살펴볼 엄두가 안 납니다."라고 말한다. 하지만 소스코드 전체를 살펴보라는 것이 아니다. 그저 필요한 경로를 따라가면서 부분적으로만 이해하면 된다. 자신의 소프트웨어가 기초로 삼고 있는 플랫폼을 이해하지 못하면서 어떻게 자기가 만든 소프트웨어를 이해할 수 있겠는가? 숙련되지 못한 개발자들이 아름답다고 말하는 것은 대개 표면적인 것에 그칠 때가 많다. 그리고 그들이 끔찍하다고 말하는 것은 최고의 해커가 작성한, 실전에서 단련되어 실제 제품으로 사용될 준비가 돼 있는 견고한 코드인 경우가 많다. 이러한 조언을 하고 나서 1, 2년 뒤에, 나에게 찾아와서 자신을 다른 사람이 작성한 코드 속에서 허우적거리며 헤엄치게 했던 것에 감사를 표하는 사람들이 있었다. 그들은 이제 전보다 나은 개발자가 돼 있다. 그리고 도대체 어떻게 예전에는 소스코드를 읽지도 않으면서 일을 했는지 알 수 없다는 식으로 말하기도 한다.

회사를 운영하는 경우를 생각해보자. 당신의 소프트웨어에서 버그가 발견됐다면 고객들은 그것이 당신의 잘못인지 아니면 리누스^{Linus}나 레일스^{Rails} 개발자의 잘못인지 따지지 않는다. 그들에게는 당신의 소프트웨어에 버그가 있다는 사실이 중요하다. 다른 소프트웨어에서 발생하는 버그조차 모두 나의 것이 되기 때문에 그들의 소프트웨어도 나의 소프트웨어인 것과 마찬가지다. 뭔가가 잘못됐다면 무엇이 잘못됐는지 원인을 찾아 수정해야 한다. 위험, 유지보수 비용, 그리고 수정하는 데 필요한 시간을 최소화하려면 정확한 지점에서 문제를 고쳐야 한다. 경우에 따라서는 재빨리 문제를 우회하는 편이 나을 때도 있다. 때로는 사용하던 컴파일러를 새로 컴파일해야 하는 경우도 있다. 어떤 경우에는 스택의 위쪽에 있는 다른 사람에게 문제를 수정해 달라고 부탁할 수 있을 때도 있지만 버그를 스스로 수정해야 하는 경우도 그만큼 자주 발생한다.

- 내부를 공개하지 않는 소프트웨어 회사의 제품을 사용하는 경우에는 두 가지 선택이 있다. 하나는 관용에 호소하는 것이고 다른 하나는 문제를 우회하는 것이다.

- 실력이 부족한 개발자에게 의존하는 오픈소스 회사의 경우에는 위와 같이 내부를 공개하지 않는 소프트웨어 회사와 동일한 방식으로 행동하는 경우가 많다.

- 오래된 회사는 제품의 변종이나 패치 등을 유지보수하는 데 필요한 근육을 아주 느리게 단련하는 경향이 있다.

진정한 해커는 이러한 사실을 받아들인다. 그것이 내 컴퓨터 위에서 작동하는 것이라면 그건 내 소프트웨어다. 그것에 대해 나는 모든 것을 책임진다. 나는 그 소프트웨어를 잘 이해해야 한다. 소스코드를 이용해 소프트웨어를 만드는 것은 당연한 일이지 예외적인 일이 아니다. 나는 내 환경을 전적으로 통제해야 하며, 내가 사용하는 다른 소프트웨어도 모두 통제해야 한다.

다른 사람이 작성한 코드를 재미로 읽는 사람은 없다. 제길, 솔직히 말해서 나는 내가 작성한 코드를 읽는 것조차 별로 즐겁지 않다[7]. 안락한 소파에 몸을 깊숙이 파묻고 담배를 태우거나 달콤한 술잔을 기울이면서 다른 사람이 작성한 코드를 읽는 내 모습을 상상하는 것은 도대체 말이 되지 않는다.

하지만 우리는 소스코드에 접근할 필요가 있다. 우리는 필요한 일을 수행해야 하기 때문에[8] 다른 사람이 작성한 코드를 읽어야만 한다. 그리하여 나는 이렇게 말한다. 루크, 소스코드를 읽는 것을 두려워하지 말게나. 그 코드의 겉모습이 아무리 무서워 보이더라도 한 줌의 망설임 없이 그 코드가 안내하는 길을 따라가게나.

1. http://www.codinghorror.com/blog/2006/06/is-writing-more-important-than-programming.html
2. http://www.codinghorror.com/blog/2007/01/if-it-isnt-documented-it-doesnt-exist.html
3. http://www.codinghorror.com/blog/2006/08/the-power-of-view-source.html
4. http://www.codinghorror.com/blog/2007/07/the-principle-of-least-power.html
5. http://blog.brandonbloom.name/
6. http://news.ycombinator.com/item?id=3769446
7. http://www.codinghorror.com/blog/2009/07/nobody-hates-software-more-than-software-developers.html
8. http://www.codinghorror.com/blog/2006/09/when-understanding-means-rewriting.html

고무오리
문제 해결법

우리는 스택 익스체인지[1]에서 질문을 하려는 사람에게 질문을 하려면 일정한 노력을 기울일 것을 요구한다. 약간 짓궂게 구는 것이다. 그래서 질문을 올리는 사람은 다음과 같은 조건을 충족해야 한다.

- 질문을 읽는 사람들이 충분히 이해할 수 있게 자세한 내용을 모두 적어야 한다. 당신이 종사하는 분야에 대한 전문가가 아닌 사람도 어떤 일이 벌어지고 있는 것인지 감을 잡을 수 있게 배경지식도 함께 서술하라.

- 해당 질문에 대한 답이 왜 필요한지 밝혀라. 그 질문을 하러 여기까지 온 이유가 무엇인가? 단순한 호기심 때문인가, 아니면 그것 때문에 프로젝트의 진행이 막힌 상태인가? 당신의 삶 전체를 돌아보는 장황한 이야기는 필요 없다. 문제를 둘러싸고 있는 기본적인 문맥을 이해하는 데 필요한 정보만 서술하라.

- 문제를 해결하기 위해 이미 수행한 연구과정이 있으면 그 내용을 밝혀라. 발견한 내용이 있으면 그것도 말하라. 스스로 아무런 연구도 하지 않았다면 질문을 꼭 해야 하는 것일까?

- 이러한 요구는 궁극적으로 공평함 때문이다. 당신이 우리에게 소중한 시간을 들여서 당신을 도울 것을 요청하고자 한다면 우리가 당신에게 질문을 매끄럽게 다듬는 데 당신의 소중한 시간을 투자하라고 요구하는 것은 정당하다. 우리가 당신을 도울 수 있게끔 우리를 도와달라는 말이다!

우리는 이러한 사항을 자세하게 설명하기 위해 질문을 던지는 방법을 정리한 페이지[2]를 마련해 뒀다. 그 페이지는 네트워크를 통해 여러 곳에 링크돼 있다. (그리고 스택 오버플로우는 엄청난 분량의 질문이 쏟아지고 있기 때문에 처음 접속한 사용자가 첫 질문을 올리기 전에 이러한 페이지의 내용을 모두 읽고 클릭하길 요구한다. 브라우저에서 익명 사용자 모드로 질문하기Ask Question를 클릭해도 이 페이지의 내용을 볼 수 있다.)

우리가 막으려고 하는 형태의 질문은 무엇보다도 정상적이지 않은 별도의 목적을 가지고 있으며, 적절한 대답이 있을 수도 없는 종류의 질문이다. 그러한 질문은 누구에게도 도움이 되지 않고 대개 아무런 답변도 없는 상태로 남아 있기 때문에 Q&A 사이트를 오염시켜서 유령도시로 만드는 존재에 불과하다. 스택 오버플로우에서는 질문 자체가 담고 있는 정보나 문맥이 부족해서 적절한 답변이 나올 수 없는 것으로 판단되면 그러한 질문을 곧바로 닫아버리고, 만약 그 질문이 오랫동안 개선되지 않은 상태로 남아있으면 결국 삭제한다.

이미 말했듯이 우리는 짓궂게 행동하기를 즐긴다. 하지만 그렇게 하는 데는 합당한 이유가 있다. 우리는 당신에게 고무오리 문제 해결법[3]을 가르쳐줌으로써 당신이 스스로 도울 수 있게 만들어 주려는 것이다.

이것은 매우 흔한 일이다. 한번 생각해보라.

내가 스스로 문제를 해결했을 때 커뮤니티에 어떻게 고마움을 표시할 수 있을까?[4]

나는 지금까지 질문을 한 개 올렸고, 또 다른 질문은 거의 올릴 뻔 하다가 말
았다. 그런데 두 경우 모두 나는 질문에 대한 답을 최소한 부분적으로는 글
을 올리는 과정 자체를 통해 찾을 수 있었다. 나는 해답을 스스로 생각해 낼
수 있도록 도와준 커뮤니티와, 글을 올리는 절차 자체에 대해 고마움을 표하
고 싶다. 글을 올리는 과정 자체가 해답을 명확하게 밝혀주는 것은 아니지만
내 생각을 글로 적는 행위는 나로 하여금 더 깊게 사고하도록 만들었다.

**질문을 적절하게 구성하는 것 자체가 해답을 낳는 경우가 종종 있는 이유는
뭘까?**

나는 이러한 일이 얼마나 자주 일어났는지 모르겠다.

- 문제가 있다.
- 그 문제를 스택 오버플로우에 올리기로 한다.
- 내 질문을 엉성하게나마 적어서 올린다.
- 내 질문이 말이 되지 않는다는 사실을 발견한다.
- 어떻게 질문해야 하는지에 대해 15분 가량 생각해본다.
- 내가 완전히 엉뚱한 방향에서 문제에 접근하고 있었다는 사실을 깨닫는다.
- 처음부터 다시 시작하다가 금방 해답을 얻는다.

이러한 일이 일어난 적이 있는가? 바로 이러한 일들이 일어나기 때문에 올
바른 질문을 던지는 것 자체가 해답으로 이르는 길의 절반에 해당하는 것처
럼 보이기도 한다.

일단 질문을 던지기 시작하는 것은 실제로 자신의 문제를 스스로 디버깅하
는 데 도움을 준다[6]. 실질적인 답변을 얻기 위해 질문 자체의 의미가 명료하
게 드러나고 최대한 자세한 내용이 담기게끔 노력하는 경우라면 특히 그렇
다. 이런 일이 당신에게도 일어난 적이 있는가?

이것은 새로 발견된 개념이 아니다. 시간이 충분히 흐르면 거의 모든 커뮤니
티가 이와 동일한 결론에 도달하는 것처럼 보이기도 한다. 즉, "오리에게 물
어보기"는 문제를 해결하기 위한 대단히 강력한 기법이라는 사실을 깨닫게
되는 것이다[7].

밥은 사무실 구석을 가리켰다. "저기에" 하고 그가 말했다. "오리가 한 마리 있지. 일단 저 오리에게 질문을 해보게."

나는 오리를 바라봤다. 그것은 사실 인형 오리로, 살아있는 오리가 아니었다. 설령 그것이 살아있었다고 해도, 코드 설계와 관련된 정보를 얻을 만한 곳으로는 적당하지 않았을 것이다. 나는 다시 밥을 바라봤다. 밥은 장난을 하는 것이 아니었다. 그는 나의 상사였으므로 나는 내 자리를 지키기 위해서라도 이 일을 해야만 했다.

나는 엉성한 자세로 오리에게 다가가 고개를 숙였다. 마치 기도를 하기라도 하는 것처럼 오리를 향해 다가섰다. "이봐." 밥이 말했다. "뭘 하려는 거야?"

"오리한테 질문을 하려고 하는데요." 내가 말했다.

밥의 부하직원 중 한 명이 사무실 안에 있었다. 그는 이를 쑤시면서 악당 같은 미소를 짓고 서 있었다. "앤디" 하고 그가 말했다. "나는 자네가 오리한테 기도를 하길 바라는 게 아냐. 자네가 오리한테 질문을 던졌으면 해."

나는 입술에 침을 묻혔다. "큰 소리로 말이에요?" 내가 말했다.

"큰 소리로." 밥이 엄숙한 표정으로 말했다.

나는 목소리를 가다듬었다. "이봐 오리야," 하고 나는 시작했다.

"그 친구의 이름은 밥 주니어라네." 밥의 부하직원이 끼어들었다. 나는 그를 잠시 쏘아봤다.

"오리야," 하고 나는 계속했다. "U자형 걸이를 사용할 때 말야, 머리 부분을 밖으로 꺼낼 때 스프링클러 파이프가 걸이에서 튀어 오르는 것을 막는 방법이 도대체..."

오리에게 질문을 하는 도중에 해결책이 머릿속에 떠올랐다.

U자형 걸이는 철심의 길이 정도 위에 있는 구조물에 고정돼 있다. 파이프 배관공이 걸이가 파이프 위에 달라붙도록 철심을 자르면 결국 그것이 파이프를 붙잡아서 걸이가 튀어 오르는 것을 막아줄 것이다.

나는 밥을 바라봤고 밥은 고개를 끄덕였다. "이제 알겠지, 응?" 그가 말했다.

> "철심이 파이프 위로 지나가게 하면 될 것 같아요." 내가 말했다.
>
> "맞아." 밥이 말했다. "다음에 질문할 게 있으면 우선 이곳으로 와서 내가 아니라 오리에게 질문하길 바라네. 큰소리로 물어야 해. 그래도 해답을 알 수 없으면 그땐 나한테 와서 질문해도 좋아."
>
> "알겠습니다." 나는 그렇게 대답하고 다시 일하러 내 자리로 돌아갔다.

나는 이 이야기를 매우 좋아한다. 이 이야기는 고무오리를 통해 문제를 해결한다는 방법의 핵심이 진지한 태도로 상상 속의 사람이나 사물을 향해 철저하고 상세한 질문을 던지는 데 있다는 사실을 선명하게 드러내기 때문이다. 그렇다. 심지어 자기가 바보 같은 실수를 저질렀다는 사실을 깨닫고 다른 사람에게 질문하려는 시도 자체를 포기하는 경우에도 이런 방식은 도움이 된다. 상상 속의 누군가에게 자신의 질문을 단계별로 자세하게 설명하는 것은 그 자체로 당신을 해결책으로 인도하기 때문이다. 하지만 문제를 이렇게 전체적으로 설명해보고 해결책을 찾기 위해 어떤 식으로 접근할지를 따져보고 싶은 마음이 없다면 다른 사람에게 질문을 던지기에 앞서 스스로 자신의 문제에 대해 깊게 생각해보는 기회를 갖기는 어렵다.

옆에 코딩 친구가 없다면 (사실 코딩 친구가 꼭 있어야 하겠지만)[8] 이처럼 고무오리 문제 해결법을 통해 자신의 문제를 스스로 해결할 수 있다. 혹은 위대하신 인터넷 커뮤니티를 활용해도 좋다. 원하는 답변을 얻지 못하더라도 자신의 문제를 자세하게 (가급적 글로)[9] 설명하는 과정은 새로운 통찰과 발견으로 당신을 안내할 것이다.

1. http://stackexchange.com/
2. http://superuser.com/questions/how-to-ask
3. http://en.wikipedia.org/wiki/Rubber_duck_debugging
4. http://meta.stackoverflow.com/questions/74891/how-can-i-thank-the-community-when-i-solve-my-own-problems-rubber-duck
5. http://meta.stackoverflow.com/questions/20016/why-is-it-that-properly-formulating-your-question-for-stackoverflow-often-yiel
6. http://meta.stackoverflow.com/questions/68719/beginning-to-ask-a-question-on-stackoverflow-acually-helps-me-debug-my-problem-m
7. http://hwrnmnbsol.livejournal.com/148664.html
8. http://www.codinghorror.com/blog/2009/02/whos-your-coding-buddy.html
9. http://www.codinghorror.com/blog/2011/07/nobodys-going-to-help-you-and-thats-awesome.html

아이디어가 아니라 팀을 가꿔라

좋은 아이디어를 돈으로 환산하면 얼마나 할까? 데릭 사이버스^{Derek Sivers}에 의하면 별로 많지는 않다[1].

> 사람들이 아이디어를 과잉보호하는 걸 보면 웃음이 난다. (그저 단순한 아이디어를 내게 말하기 전에 나더러 법적효력을 갖는 NDA에 서명하라고 말하는 사람도 있다.) 내가 보기에 아이디어는 실행되지 않는 한 아무 가치도 없다. 아이디어는 단지 증폭기 같은 것에 불과하다. 수백 만 달러의 가치가 있는 것은 실행이다.
>
> 비즈니스를 시작하려면 아이디어와 실행을 서로 곱할 필요가 있다. 실행이 없는 뛰어난 아이디어는 고작 20달러 정도의 가치가 있다. 위대한 실행을 수반하는 뛰어난 아이디어는 2천만 달러의 가치가 있다. 내가 사람들이 가지고 있는 아이디어를 들으려고 하지 않는 이유는 바로 이것이다. 나는 구체적인 실행을 보기 전에 아이디어에 대해서만 듣는 것은 전혀 원하지 않는다.

월초에 아래와 같은 이메일[2]을 받았을 때 나는 사이버스 씨를 떠올렸다.

> 킥스타터닷컴^{Kickstarter.com}이 우리를 그대로 따라했기 때문에 당신에게 이 이야기를 할 필요가 있다고 생각했습니다. 저는 사람들이 펀더블^{Fundable}을 진지하게 생각하도록 만들기 위해 무려 4년간 여러 곳을 여행하고, 새로운 앱의 개발을 촉진하기 위해 심지어 페이스북의 펀드인 FBFund에게 프레젠테이션을 하는 각별한 노력까지 기울였습니다. 그러한 과정은 4년 동안에 걸친 거절의 연속이었습니다. 저는 모든 비즈니스 상황에서 저 자신을 전문가답게 제시했다고 생각했고, 옷도 잘 갖춰 입고 프레젠테이션도 잘 했습니다.

하지만 그걸론 충분하지 않았습니다. 이 멍청한 작자들은 우리가 어마어마한 수익과 대중적 인기를 나타내는 도표를 준비하기를 원했습니다. 아무런 위험도 안으려고 하지 않는 것입니다.

결국 킥스타터에 있는 인적 네트워크가 잘 갖춰져 있는 5명(특히 앤디 바이오)이 우리가 세련되게 가다듬기 위해 열심히 노력한 아이디어를 채택했고, 그것을 아마존 결제 시스템을 이용해 약간 변경한 다음 그 아이디어와 관련된 모든 성과를 가로챘습니다. 이런 것이 자본주의라고 말할 수 있을지는 몰라도, 최초의 영감이 누구에게서 시작됐는지 정도는 밝히는 것이 도리라고 생각합니다. 저는 그렇게 합니다. 저는 펀더블이라는 개념을 미시간에서 정치학을 공부하던 시절에 학생주택에서 살던 경험을 비롯한 많은 일로부터 떠올리게 됐습니다. 합리적 선택 이론rational choice theory, 공유지의 비극tragedy of the commons, 집단 행동collective action과 같은 것들은 모두 펀더블과 관련이 있는 정치학 개념의 예입니다.

펀더블이 일부 기술 문제와 고객 서비스 문제를 안고 있다는 점은 사실입니다. 그런 문제를 개선할 만한 자금이 없기 때문입니다. 저는 CMS 시스템 전체를 처음부터 새롭게 설계해서 문제를 해결하고자 하는 계획을 가지고 있었습니다. 그렇지만 저희는 완전히 녹초가 된 상태였기 때문에 동기를 부여받을 만한 여력이 없었습니다. 4년이라는 세월이 지난 다음에도 수지가 맞지 않는다면 시스템을 새로 작성할 이유가 뭐가 있겠습니까?

이 이야기에서 아이디어와 실행 사이에 놓인 간극은 실로 엄청나서 이 이야기를 하는 사람이 그것을 보지 못하는 이유를 납득하기 어려울 정도다.

아이디어가 그 자체로 의미가 없다고 말하고 싶지는 않다. 하지만 아이디어만 있는 것은 속이 텅 빈 껍질에 불과하다. 성공이 아이디어의 질에 의해 결정되는 경우는 거의 없다. 그것은 대부분 실행의 질에 의해 결정된다. 따라서 당신이 실천에 옮기게 될 거대한 아이디어가 정말로 탁월한 것인지 여부를 놓고 걱정하는 것이 아니라 실행 방법이 옳은 것인지 걱정해야 한다.

성공을 거두려면 "엄청난 네트워크를 가진" 사람을 알기만 하면 된다는 식의 비판도 스택 오버플로우에서 파괴됐다. 앞의 이메일에서 인용된 당사자인 앤디 바이오는 작년에 나에게 보낸 이메일에서 이렇게 말했다.

> 사이트를 주말에 복제하는 것에 관한 해커 뉴스에서의 대화[3]는 상당히 즐거웠습니다. 가장 흥미로웠던 댓글은 스택 오버플로우의 성공이 앳우드와 스폴스키 때문이라고 주장하는 사람이 남긴 것이었습니다. 놀라운 일입니다.

나는 당신이 인터넷에서 얼마나 유명한가에 대해서는 관심이 없다. 아무리 유명한 사람이라도 실행을 무시할 수는 없기 때문이다. 물론 유명한 사람은 초기에 더 많은 관심을 받을 수는 있을 것이다. 하지만 실제로 유용한 것을 만들어 내지 못한다면 사람들은 집단적으로 어깨를 한 번 크게 들썩거리고 다른 유용한 것을 찾아서 총총히 떠나갈 것이다.

소프트웨어 개발에서 실행은 하나의 애플리케이션을 구성하는 모든 세부사항과 연관돼 있다. 자신이 만든 애플리케이션의 구석구석에 대해 항상 노심초사하고, 가장 사소한 부분까지 망라한 모든 부분을 끊임없이 닦고 개선하지 않는다면 실행을 하지 않는 것과 다름없다. 최소한 좋은 실행은 될 수 없다.

그리고 혼자서 일하는 것이 아니라면, 어쨌든 요즘에는 혼자서 프로젝트를 하는 경우가 상당히 드물긴 한데, 당신이나 팀이 애플리케이션의 모든 구석구석을 사소한 부분까지 포함해서 자세하게 알고 있는 것은 개발 팀을 얼마나 훌륭하게 구성하는가에 달린 문제다. 좋은 팀은 성공적인 노력의 기본 요소다. 에드 캐트뮬[Ed Catmull][4]의 다음 연설은 픽사[Pixar]가 마침내 제대로 된 실행을 수행할 수 있는 팀을 구축하기 위해 어떤 시행착오를 겪어야 했는지에 초점을 맞추고 있다.

에드 캐트뮬 | 픽사, 위기를 조그맣게 만들어라[5]

위대한 통찰로 가득한 환상적인 연설이다. 연설 전체를 조금도 빠짐없이 경청하기 바란다. 이 연설에서 캐트뮬은 사이버스의 의견을 더욱 증폭시키고 있다.

> 그저 그런 그룹에게 좋은 아이디어를 제공하면 그들은 아이디어를 망쳐버릴 것이다. 하지만 훌륭한 그룹에게 그저 그런 아이디어를 제공하면 그들은 아이디어를 멋진 무엇으로 구현할 것이다. 혹은 그저 그런 아이디어를 밖으로 내던지고 뭔가 다른 것을 만들어 낼 것이다.

실행은 단순히 곱셈의 한 축에 그치는 것이 아니다. 그보다 더 강력하다. 당신의 팀이 실행하는 방식은 금을 납으로 만들거나 납을 금으로 만드는 힘을 가지고 있다. 스택 오버플로우를 구축할 때 내가 조엘 스폴스키만[6]이 아니라 내가 그때까지 만난 개발자 중에서 최고의 실력을 가진 개발자 두 명을 팀에 합류시키고, 필요하면 그들의 엉덩이를 발로 걷어차고 고함을 지르면서 함께 일할 수 있었던 것이 너무나 다행이었던 이유는 바로 여기에 있다.

우리의 프로젝트를 성공으로 이끌었던 이유 중에서 하나만 골라야 한다면, 그것은 성공의 이면에 도사리고 있는 아이디어도 아니고, 인터넷에 퍼진 우리의 명성도 아니고, 우리가 구한 (분명히 말해두자면 쥐꼬리만 했던) 투자 자금도 아니었다.

그것은 바로 팀이었다.

이 조언의 가치는 논쟁의 여지가 있다. 하지만 사이버스와 캐트뮬의 조언을 기억해 두는 것은 분명 도움될 것이다. 성공을 거두고 싶다면 위대한 아이디어를 떠올려야 한다는 강박관념에서 벗어나 위대한 팀을 경작하는 데 집중해야 한다.

1. http://sivers.org/multiply
2. http://groups.google.com/group/barcampla/browse_thread/thread/4b4091eaf6fb6743?pli=1
3. http://www.codinghorror.com/blog/archives/001284.html
4. http://en.wikipedia.org/wiki/Edwin_Catmull
5. http://bit.ly/NKiBe1
6. http://www.codinghorror.com/blog/archives/001101.html

당신의 팀은 엘리베이터 테스트를 통과할 수 있는가?

소프트웨어 개발자들은 코딩을 사랑한다[1]. 하지만 내 경험에 의하면 그들 중에서 왜 코딩을 하는지 설명할 수 있는 사람은 많지 않다. 내 말을 믿을 수 없다면 팀 내의 동료에게 다음과 같은 실험을 해보기 바란다. 그들에게 일단 자신이 무슨 일을 하고 있는지 물어라. 그다음에 그것을 왜 하는지 물어라. 당신의 고객들조차 이해할 수 있는 대답이 나올 때까지 계속 물어라.

지금 무슨 일을 하고 있지?

데이터그리드에 있는 데이터 정렬 순서를 고치고 있어.

그걸 왜 하는데?

그게 버그 목록에 있으니까.

그게 왜 버그 목록에 있는데?

테스트한 사람이 버그를 보고했으니까.

그게 왜 버그로 보고되었는데?

테스터는 이 필드가 알파벳 순서가 아니라 숫자 값 순서로 정렬돼야 한다고 생각했기 때문이지.

테스터가 왜 그렇게 생각했는데?

2라는 항목이 19라는 항목보다 아래에 나타나고 있으니까 원하는 항목을 찾는 것이 힘들기 때문이지.

이러한 대화가 이상하게 들린다면 아마 당신은 아직 경험이 풍부하지 않은 개발자일 것이다. 막대 사탕을 다 먹을 때까지 몇 번을 핥아야 하는가[2] 같은 문제가 그런 것처럼 당신의 고객이 이해할 수 있는 내용이 나올 때까지 "왜"라는 질문을 얼마나 많이 던져야 하는지 알고 나면 놀라지 않을 수 없다.

여기에는 뭔가 큰 괴리가 존재한다.

소프트웨어 개발자들은 자기가 하는 일이 코드를 작성하는 것이라고 생각한다. 하지만 그렇지 않다. 그들이 하는 일은 고객의 문제를 해결하는 것이다. 물론 우리가 선호하는 해결책은 소프트웨어이고, 그것은 코드를 작성하는 것을 포함한다. 하지만 이것을 어떤 문맥에 넣어서 이해해 보자.

코드를 작성하는 것은 어떤 해결책을 전달하기 위해 해야만 하는 일이다. 그 자체로 해결책의 전부이거나 해결책의 끝이 될 수 없다.

소프트웨어 개발자로서 우리는 너무나 많은 시간을 매우 세밀한 내용이라는 진흙 속에서 뒹굴면서 보내기 때문에 코드 자체를 위한 코드를 작성하는 함정에 빠지기 쉽다. 명확한 초점과 중심을 잡아주는 기둥이 없으면 우리는 코드를 둘러싸고 있는 문맥을 놓칠 수밖에 없다. 바로 이런 이유로 팀원들이 시금석으로 삼을 수 있는 프로젝트의 비전을 명확하게 밝히는 것이 중요하다[3]. 일단 그런 비전을 잘 밝혀 놓았다면 팀 내부의 직원들이 낯선 사람들과 더불어 "엘리베이터 테스트"를 수행했을 때 모두 그 테스트를 통과할 수 있을 것이다. 즉, 낯선 사람에게 자기가 무슨 일을 하고 있고, 자신이 하는 일이 어떤 사람에게 왜 중요한지 등을 60초 안에 설명할 수 있을 것이다.

우연히 마주친 사람에게 자신의 일을 의미 있는 방식으로 전달하지 못한다면 스스로 어떻게 생각하고 있는지 여부와 상관없이 뭔가 문제가 있는 것이다. 짐 하이스미스[Jim Highsmith]는 바로 이러한 부분과 관련해서 도움을 줄 수 있다. 그는 프로젝트 비전 모델을 구축하기 위한 빠른 공식[4]을 이렇게 설명한다.

> 프로젝트 비전 모델은 팀원들이 엘리베이터 테스트를 통과할 수 있게 도움을 준다. 이것은 자신의 프로젝트를 누군가에게 2분 이내에 설명할 수 있는 능력을 의미한다. 이 테스트는 제프리 무어[Geoffrey Moore]의 책 『캐즘 마케팅[Crossing the Chasm]』[5]에서 등장한 것이다. 테스트는 다음 형태로 구성돼 있다.

(핵심 고객을) 위해

누구 (필요성 혹은 기회에 대한 설명)

(제품명)은 (제품 카테고리)에 속한다

그것(핵심 이익, 구입해야 하는 설득력 있는 이유)

(주요 경쟁 업체와) 다른 점

우리의 제품(핵심적인 차이에 대한 설명)

제품에 대한 비전을 설명하는 것은 세세한 내용이 빠르게 변화하는 상황에서도 팀원들이 제품과 관련한 주요한 측면에 초점을 유지할 수 있게 해준다. 2~4주 정도의 개발 기간에 일어나는 단기 이슈에 주목하다 보면 제품과 관련된 전체적인 비전을 잃어버리는 경우가 많다.

공식이라는 것은 대개 지나치게, 음, 공식적이기 때문에 나는 그런 것을 별로 좋아하지 않는다. 하지만 공식은 훌륭한 출발점이다. 단어 게임인 매드립스Mad Libs[6]를 하면서 혹시 마음속에 어떤 멋진 말이 떠오르는지 확인해보라. 그런 방법을 써서라도 뭔가 비전을 설명해 줄 수 있는 말을 찾아내는 것은, 비전을 위한 단어를 아예 가지고 있지 않거나 혹은 아무런 영감도 없고, 산만하고, 즉흥적으로 떠올린 거짓말을 이용해 억지로 비전을 설명하는 것보다 낫다. 내가 보기에 비전을 설명해 주는 말을 찾으라는 짐의 두 번째 제안은 그럴듯해 보인다.

심지어 IT 조직 안에서조차 프로젝트라는 것은 일단 뭔가 고객을 위한 "제품"을 생산하는 것으로 간주될 필요가 있다. 해당 프로젝트가 내부적인 회계 시스템을 개선하는 것이든 아니면 새로운 전자상거래 사이트를 만드는 것이든 제품을 중심으로 사고하는 것에는 일정한 장점이 따른다.

팀원들이 제품이라는 관점에 대해 생각하도록 만드는 데 효과적인 방법 가운데 상자 디자인하기Design-the-Box라는 훈련이 있다. 이 훈련은 프로젝트를 처음 시작할 때 밟을 수 있는 매우 훌륭한 절차다. 이 훈련에서 팀은 제품이 압축포장지로 꽁꽁 싸인 상자에 담겨서 판매된다고 가정한다. 그들이 해야 하는 일은 제품 상자의 앞면과 뒷면을 디자인하는 것이다. 이러한 디자인은 제품의 이름과 이미지를 결정하고, 제품이 잘 팔리도록 상자에 적어 넣을 핵심적인 문구 몇 개를 작성하고, 상자의 뒷면에 제품의 기능을 자세하게 설명하는 내용과 사용법을 적어 넣는 것을 의미한다.

제품과 관련해서 15개 혹은 20개 정도의 기능을 떠올리기는 별로 어렵지 않다. 하지만 그 중에서 어떤 서너 개의 기능이 구매자로 하여금 제품을 구입하게 만들지 판단하기란 쉽지 않다. 이런 과정에서 흔히 일어나는 뜨거운 논쟁 중 하나는 도대체 제품을 구입하는 고객이 어떤 사람들인가에 대한 것이다.

상자 디자인하기는 비전과 관련된 설명을 공식화하는 데 이용할 수 있는 환상적인 방법이다. 이 방법은 구체적이라서 대부분의 사람들이 쉽게 이해할 수 있는 현실의 개념을 기초로 한다. 허공에 둥둥 떠다니는 뜬구름을 잡는 것 따위는 잊어버리기 바란다. 자, 우리의 (가상의) 제품 상자는 어떤 모습이어야 하는가?

우리는 모두 소비자다. 제품 상자를 위한 디자인의 목표는 그것을 눈에 잘 띄는 보편적인 방식으로 만드는 것이다. 엘리베이터 테스트의 방식으로 제품 상자를 설명해보면 그것은 다음과 같은 속성을 지녀야 한다.

- 우리의 제품을 가장 간단한 방식으로 설명해야 한다.
- 잠재적인 고객이 이 제품을 왜 구입해야만 하는지를 티끌 한 점 없이 명확하게 드러내야 한다.
- 선반 위에 놓인 다른 제품들 사이에서 독특한 모습으로 눈에 띄어야 한다.

불운했던 마이크로소프트 밥[Microsoft Bob][7] 상자를 생각해보라. 고객들이 마이크로소프트 밥을 구매해야 하는 이유를 도대체 어떻게 설명할 것인가? 심지어 마이크로소프트 밥이 무엇인지 어떻게 설명할 것인가?

자신의 주변에서 매우 효과적인 방식으로 디자인돼 있는 상자와 그렇지 않은 상자를 살펴보는 것은 도움이 된다. 그런 방식을 통해 우리는 최소한 우리의 상자가 어떤 방식으로 디자인되면 안 되는지[8] 정도는 알 수 있다.

프로젝트 비전에 대한 설명을 가장 우선적으로 확보해야 한다[9]. 그렇지 않다면 그러한 설명을 찾는 방법에 대한 짐의 탁월한 제안을 이용하기 바란다. 초점이 분명한 비전 설명이 없다면 얼마나 많은 팀이 엘리베이터 테스트에서 실패할 것인지 생각하기조차 두렵다. 비전이 없는 사람들은 자기가 무슨 일을 하고 있는지, 그 일이 왜 의미가 있는지 설명하지 못한다. 그런 식의 잘못을 저지르지 말라. 자신의 팀원들이 자기 일과 연결 지을 수 있는 그럴듯한 비전 설명이 언제나 존재해야 한다. 자신의 팀원들이 엘리베이터 테스트를 무난히 통과할 수 있게 만들어야 하는 것이다.

> 제프 앳우드@codinghorror
>
> "코드 중독자들은 수정이 필요할 때 그저 몇 개의 새로운 줄을 추가할 뿐이다."
>
> 오전 3:26 – 2012년 5월 15일
>
> * 빌리 홀리스의 소프트웨어 중독에 대한 탁월한 15분짜리 연설에서 훔쳤다.

1. http://www.codinghorror.com/blog/archives/000878.html
2. http://www.youtube.com/results?search_query=tootsie+pop+owl
3. http://www.codinghorror.com/blog/archives/000351.html
4. http://www.joelonsoftware.com/articles/JimHighsmithonProductVisi.html
5. http://www.amazon.com/exec/obidos/ASIN/0066620023/codihorr-20
6. http://en.wikipedia.org/wiki/Mad_Libs
7. http://en.wikipedia.org/wiki/Microsoft_Bob
8. http://www.youtube.com/results?search_query=microsoft+ipod
9. http://www.codinghorror.com/blog/archives/000351.html

성능은 기능이다

우리는 스택 오버플로우와 스택 익스체인지[1]에서 언제나 성능에 대해 강조한다. 우리가 성능을 먹고사는 벌레이기 때문이 아니라 속도는 경쟁에서 유리한 무기라고 생각하기 때문이다. 웹사이트가 로드되고 화면에 나타나는 속도가 느릴수록 더 적은 사람들이 방문한다는 사실을 증명하는 자료는 도처에 널려있다[2].

> 구글이 발견한 바에 의하면 10개의 결과를 담은 페이지가 만들어지는 데 0.4초가 걸린다. 30개의 결과를 담은 페이지는 0.9초가 걸린다. 0.5초가 더 느려질 때마다 20%의 방문이 줄어든다. 0.5초의 지연이 사용자의 만족도를 끝장내는 것이다.
>
> A/B 테스트에서 아마존은 페이지를 나타내는 속도를 100밀리초 간격으로 점차 늘려가는 실험을 통해 아주 적은 지연조차 기업의 수익에 실질적인 악영향을 미친다는 점을 발견했다.

나는 이런 자료의 내용을 거꾸로 뒤집어도 사실일 거라고 생각한다. 즉, 웹사이트가 빠를수록 더 많은 사람들이 방문하는 것이다. 정보 탐식가[3]의 관점에서 생각해보면 이런 주장이 논리적이라는 사실을 알 수 있다. 페이지가 로드되는 속도가 빠를수록 사람들은 그 페이지에 자신이 원하는 내용이 담겨 있는지 빨리 판별할 수 있다. 따라서 언제나 더 빠른 웹사이트를 선호하게 된다. 인터넷 사이트를 한 곳에서 다른 곳으로 옮겨가는 데 따르는 비용은 실질적으로 영에 가깝고, 당신이 찾는 것이 무엇이든 그와 비슷한 경험을 제공하는 웹사이트는 다른 곳에 얼마든지 많이 있다. 그렇다면 당신의 웹사이트가 어떻게 눈에 띄게 할 수 있는가? 다른 것은 필요 없다. 무엇보다도 우선 빨라야 한다.

당신도 속도에 대한 필요성을 느끼고 있는가?[4] 만약 그렇다면 세 가지 조언을 들려주고 싶다.

1. 야후!의 가이드라인을 경건한 마음으로 따르라

빠른 웹사이트를 만드는 비법은 야후!가 2007년에 발표한 '당신의 웹 사이트를 빠르게 하는 13가지 간단한 방법'[5] 안에 담겨 있다. 하지만 주의할 점이 있기는 하다.

그 방법 안에는 경청할 만한 조언이 여럿 담겨 있는데, 특별히 하루에 수백만 건의 방문이 이뤄지는 대형 웹사이트에만 해당하는 조언도 더러 섞여 있다. 당신의 웹사이트가 그 정도의 규모인가? 그 정도 규모의 웹사이트를 운영하고 있는데도 자신의 개인 제트기에 아리따운 부인을 태우고 버뮤다로 휴가를 떠나지 않고 이런 고리타분한 책을 읽고 있단 말인가?

그런데... 앞에서 농담 같은 말을 적고 나서 4년이 흐른 지금 나에게 정말 우스운 일이 일어났다. 나는 공공 커뮤니티가 주도하는 Q&A 웹사이트[6]를 운영하고 있는데, 그 사이트가 실제로 수백만 명이 방문하는 대형 사이트가 돼버린 것이다. (나는 제트기와 아리따운 부인을 기다리고 있는 중이다.) 실제적인 부분은 해당 사이트의 규모에 따라 조금씩 달라지겠지만 공공 웹사이트를 운영하고 있는 사람이라면 어쨌든 야후!의 점검목록[7]을 들여다보고 모든 내용을 꼼꼼하게 숙지할 필요가 있다. 혹은 다음과 같은 도구를 이용해도 좋다.

- 야후! YSlow[8]
- 구글 페이지 스피드[9]
- 핑돔 툴즈 Pingdom Tools[10]

우리는 야후!의 점검목록에 있는 13가지 항목을 모두 오래전에 구현했다. 하나만 빼고. 그런데 우리가 빼놓은 그 하나가 사실은 매우 중요하다. 우리가 생략한 그 내용은 바로 콘텐츠 전달 네트워크[11]를 사용하는 것이다.

사용자가 해당 웹사이트로부터 얼마나 떨어져 있는가는 응답 속도에 영향을 준다. 따라서 콘텐츠를 지리적으로 분산돼 있는 서버에 전개하는 것은 사용자의 관점에서 봤을 때 응답 속도가 빠른 것처럼 보이게 하는 장점이 있다. 하지만 이렇게 전개하려면 어디서부터 시작해야 할까?

지리적으로 분산된 콘텐츠를 구현하려는 목적 때문에 자신의 웹 애플리케이션이 분산 아키텍처에서 작동할 수 있게 처음부터 새롭게 설계하려는 시도는 피해야 한다. 애플리케이션에 따라 다르긴 하지만 그렇게 새로운 설계를 하는 것은 세션의 상태를 동기화하거나 데이터베이스 트랜색션이 여러 곳에 있는 서버 사이에서 복제되게 만드는 것처럼 복잡한 업무를 수반하기 때문이다. 사용자와 당신의 콘텐츠 사이에 존재하는 거리를 좁히는 노력은 이와 같은 복잡한 아키텍처 업무 때문에 지연되거나 중단돼서는 안 된다.

최종 사용자가 경험하는 응답 속도의 80~90%는 페이지에 담겨 있는 컴포넌트를 모두 다운로드하는 데 걸리는 시간이라는 사실을 기억할 필요가 있다. 그런 컴포넌트는 이미지, 스타일시트, 스크립트, 플래시 같은 것들이다. 이것이야말로 성능과 관련된 핵심 규칙이다. 어려운 과제를 해결하려고 욕심을 부리거나 애플리케이션 아키텍처를 새로 설계하는 노력을 기울이는 대신 이와 같은 정적인 콘텐츠를 우선적으로 분산시키는 것이 현명한 방법이다. 이렇게 하는 것만으로도 응답 속도를 크게 줄일 수 있을 뿐만 아니라 콘텐츠 전달 네트워크를 사용하면 이런 작업을 하는 것이 매우 용이하기도 하다.

우리는 최적화의 마지막 단계로 정적인 콘텐츠를 다루는 CDN^{Content Delivery Network}을 사용했다[12]. 결과는 매우 긍정적이었다. 우리 사이트의 기반은 뉴욕

시에 있는 데이터센터에 있으므로 다음 도표의 결과는 "해당 지역에 있는 사
용자가 해당 웹사이트를 이용하는 속도가 얼마나 빨라졌는가."와 같은 식으
로 읽어야 한다.

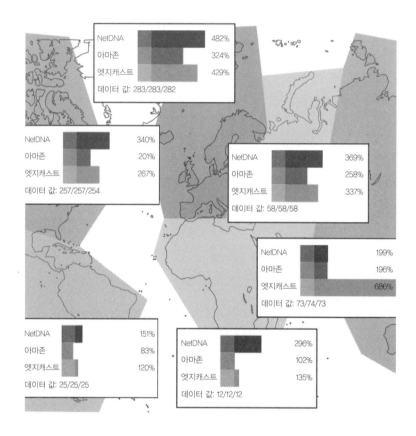

기술적인 정확성을 위해 말해두자면 정적인 콘텐츠가 성능과 관련된 모든
것을 의미하는 것은 아니다. 어느 지역에서 접근하든 우리 웹사이트를 사용
하려면 뉴욕에 있는 서버에서 동적으로 생성되는 내용을 전달받아야 한다.
그 내용이 우리 웹사이트 내용의 핵심을 이루는 부분이다. 하지만 우리 웹사
이트에 방문하는 사람의 90%가 익명이고, 모든 트래픽의 36%가 미국에서
발생한다. 야후!의 연구 결과는 매일 방문하는 사람의 40%에서 60%는 브라
우저 캐시가 텅 비어 있는 상태에서 접근한다[13]는 사실을 보여주었다. 그렇

다면 이렇게 비어 있는 캐시의 성능을 향상시키는 것은 전 세계적으로 커다
란 이익을 안겨줄 것이다.

자, 그렇지만 나는 여러분에게 곧장 CDN으로 달려가라고 조언하지는 않을
것이다. 야후!의 점검목록에는 돈이 들지 않으면서 쉽게 수행할 수 있는 최
적화 방법이 여럿 있으므로 CDN을 활용하는 것은 맨 나중으로 미루라고 말
하고 싶다. 그렇기는 하지만 CDN을 이용하는 데 따르는 비용은 아마존[14],
NetDNA[15], 캐쉬플라이Cache Fly[16] 같은 회사들이 서로 경쟁하게 되면서 2007
년 이래로 엄청나게 저렴해진 것도 사실이다. 따라서 야후!의 점검목록에 있
는 조언을 모두 따르고 난 이후에 때가 무르익으면 CDN을 그때 고려하기
바란다.

2. 익명 사용자와 등록된 사용자들을 사랑하라(그리고 그들을 위 한 최적화를 수행하라)

우리의 Q&A 사이트는 인터넷을 더 나은 곳으로 만들려는 목표를 가지고 있
다. 바로 그렇기 때문에 우리는 사이트에 제공된 모든 콘텐츠를 크리에이티
브 커먼스Creative Commons 라이선스 하에[17] 커뮤니티에게 되돌려 주고 있으며,
모든 내용이 로그인과 상관없이 누구에게나 보이게 하고 있다. 나는 담장이
쳐진 정원을 경멸한다[18]. Q&A에 참여하기 위해 반드시 로그인을 해야 하는
것도 아니다. 모든 것이 열려있다!

우리 사이트를 방문하는 사람들은 주로 검색 엔진 등을 통해 들어오는 익명
의 사용자들[19]이다. 이것은 "한 번 쓰고 – 가끔 수정도 하고[20] – 백만 번 읽
는" 시스템의 고전적 모습이다. 하지만 우리는 확실히 로그인하는 커뮤니티
내부의 활발한 회원들을 위해 사이트를 더 풍부하고 동적인 곳으로 만들기
위한 노력도 기울이고 있다. 우리는 계속해서 기능을 더하고 있다. 즉 더 많
은 자바스크립트와 HTML 코드를 작성한다는 이야기다. 바로 이 부분에서
사이트에 매일 방문하는 사용자들이 내려받아야 할 데이터의 양과 한 달에

한 번이나 일 년에 한 번씩 어쩌다 방문하는 사용자들을 위한 데이터의 양 사이에서 긴장이 발생한다.

두 경우 모두 중요하지만, 각 경우는 서로 다른 필요성을 지니고 있다. 익명의 사용자들은 빠른 브라우징을 필요로 하는 탐욕스러운 소비자들인 반면, 활발한 커뮤니티 회원들은 네트워크를 활성화하는 훌륭한 콘텐츠의 원천이다. 이런 두 종류의 사나이들(그리고 숙녀들)은 서로를 필요로 하고 있으며, 모두 특별한 취급을 받을 자격이 있다. 그래서 우리는 이렇게 익명의 사용자와 로그인한 사용자라는 두 종류의 사용자들 모두를 위해서 디자인하고 최적화를 수행한다. 임의로 고른 고급 사용자Super User의 질문에 대한 구글 크롬의 네트워크 패널 자료를 살펴보기 바란다.

	요청	전달된 데이터	DOMContentLoaded	onload
로그인(내 계정으로)	29	233.31KB	1.17초	1.31초
익명	22	111.40KB	768밀리초	1.28초

우리는 익명 사용자들이 더 빠른 페이지를 경험하도록 HTML, CSS 그리고 자바스크립트의 분량을 줄인다. 우리는 사용자가 답변을 입력하기 위한 영역에 마우스를 올려놓는 것 같은 동작을 취할 때 동적으로 "텍스트 박스의 크기가 조절되는" 기능처럼 매우 기본적인 기능을 위한 코드만 로드한다. 로그인하는 사용자를 위해서는 이러한 분량이 더 늘어날 필요가 있다. 그렇지만 우리는 이러한 분리 정책 때문에 무언의 다수에 해당하는 익명 사용자의 경험을 저해하지 않으면서 커뮤니티 회원들을 위한 기능을 마음대로 더할 수 있다.

3. 성능을 (공적인) 자랑거리로 삼아라

성능에 대한 야후!의 가이드라인을 살펴봤고 우리가 익명의 사용자들을 위해 절대적으로 필요한 최소한의 기능만 제공하고 있다는 사실도 알아봤다.

그렇다면 이제 성능과 관련된 것으로 무엇을 더 살펴봐야 할까? 물론 우리의 코드를 살펴보는 것이 남아있다.

웹사이트의 성능에 대해 말할 때는 우주의 근본적인 법칙을 우회하는 방법이 없다. 웹페이지를 그것이 서버 자체에서 렌더링되는 것보다 더 빠르게 제공할 수는 없는 것이다. 물론 이것은 누구나 알고 있는 사실이다. 하지만 1년이나 혹은 그 이상 걸리는 지루한 개발 과정에서 개발자들이 여기저기에 존재하는 수백 밀리초의 지연을 무시하고 지나가는 일은 흔히 있는 일이다. 그러다가 어느 날 그 웹페이지가 서버에서 렌더링되는 시간만 따져도 무려 꽉 찬 1초씩이나 걸린다는 사실을 발견하게 되는 경우도 있다. 네트워크 전선에 첫 번째 바이트를 보내기까지 1초라는 시간을 거의 온전히 기다려야 한다는 사실은 감당하기 어렵다!

바로 그렇기 때문에 개발자로서의 당신은 모든 페이지의 성능이 바로 자신의 눈앞에서 정상적인 속도를 유지하도록 애써야 한다. 우리가 오픈소스로 제공하는 MVC 미니 프로파일러[21]를 이용해서 한 일이 바로 이것이다. 우리가 제공하는 모든 페이지의 오른쪽 위 구석에 해당 페이지가 렌더링되는 데 걸린 시간을 표시하게 한 것은 우리가 성능과 관련해서 놓쳤거나 빠뜨린 것들을 하나씩 제 위치에 돌려놓게 하는 효과를 낳았다.

Questions/Show	NY-WEB09 on Mon, 20 Jun 2011 23:04:50 GMT	263 ms			
	duration (ms)	from start (ms)		query time (ms)	
http://superuser.com:80/questions/231273/what...	8.8	+0			
InitCurrentUser	4.3	+5	2 sql	1.2	
Check redirects	56	+11.3	1 sql	1.2	
Get sorter	7	+67.5	1 sql	6.3	
Get Answers with Owner	3	+77.2	1 sql	2.1	
GetLinkedQuestions	2.4	+80.3	1 sql	0.6	
SqlFetch	7.2	+82.7	1 sql	4	
VotesCastJson	5.3	+90	1 sql	4.2	
Preload deletion info	17.6	+98.7	2 sql	15.1	
Check SuggestedEdits	2.1	+116.3	1 sql	0.9	
mainbar	2.5	+119.2	1 sql	1	
Body	3.5	+121.5	! 2 sql	1.2	
SpecialStatus	9.8	+125.4	! 5 sql	2.5	
Answer loop	115.3	+135.4	! 54 sql	28.6	
share		show trivial	show time with children	27.7 % in sql	

13 revs 8 users 32%

Visit Meta

(위에 있는 SQL 링크를 눌러서 실제로 어떤 내용이 실행되고 있고, 그것이 각각 얼마나 걸리는지 볼 수 있음을 눈여겨보자. 그리고 어떤 특정한 문제를 진단하고 있을 때 share라고 써 있는 링크를 눌러서 이 프로파일러 데이터를 동료와 공유함으로써 그들을 부끄럽게 만들 수도 있다. 이것은 다수의 AJAX 요청에 대해서도 잘 동작한다. 우리의 오픈소스 MVC 미니 프로파일러가 완전히 대박이라는 사실을 앞에서 이미 말했던가? .NET 스택에서 작업하고 있는 사람이라면 이러한 기능을 반드시 확인해 볼 필요가 있다[22].)

개발팀에 있는 사람들이 모두 페이지 상단 구석에 있는 렌더링 시간을 볼 수 있게 만든 것은 좋은 성능이 자랑거리가 되도록 만드는 효과를 낳기도 했다. 약간의 게으름과 약간의 실수 때문에 페이지가 렌더링되는 속도가 조금씩 저하되도록 만드는 곳은 너무나 많았다. 하지만 일단 그러한 부분이 존재한다는 사실을 알게 되면 해당 부분을 수정하는 것은 매우 손쉬운 일이고, 따라서 거창한 아키텍처를 새로 세우는 일 없이 모든 사용자에게 더 빠르고 더 간단한 웹페이지를 제공할 수 있었다.

제대로 동작하는가? ILAsm[23]을 통해 그것이 제대로 동작했음을 확인할 수 있다.

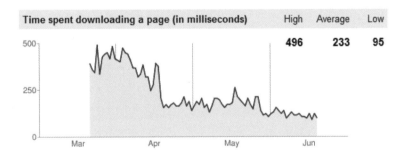

이것은 구글의 크롤러가 페이지를 내려받는 데 걸리는 시간이다. 해당 페이지는 구글의 사이트 성능 페이지[24]로 웹브라우저가 페이지를 완전히 로드하는 데 걸리는 시간을 나타내기 때문에 만약 성능이 향상됐다면 향상된 부분을 확실하게 보여준다.

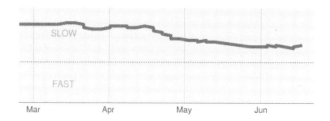

서버에서 페이지가 렌더링되는 데 걸리는 시간은 전체의 일부에 불과하지만, 그것이 출발점이다. 나는 페이지가 렌더링되는 데 걸리는 시간을 단축시키는 간단한 노력이 우리에게 얼마나 큰 도움이 됐고 우리의 개발팀이 동적이고 빠른 사이트를 구축하는 데 얼마나 유용했는지 이루 다 말할 수 없을 정도다. 우리 사이트는 언제나 상대적으로 빠른 편이었는데, 우리 사이트처럼 남다르게 "빠른" 사이트조차 이렇게 간단한 노력을 통해 엄청난 성능의 향상을 경험할 수 있었다.

거짓말하지는 않겠다. 성능은 쉬운 문제가 아니다. 우리는 우리가 현재 누리고 있는 위치에 도달하기까지 길고도 어려운 과정을 겪어야만 했다. 그리고 우리가 정말로 뛰어난 하드웨어[25]를 구입하는 데 수많은 자금을 투자한 것도 사실이다. 그렇다고 해서 우리가 아주 터무니없이 비싼 하드웨어를 사용하는 것은 아니다. 그렇게 성능을 향상시키는 과정에서 우리는 지금까지 설명한 조언[26]을 충실하게 따랐을 뿐이다.

나는 내가 2000년 무렵에 알타비스타에서 구글로 갈아탔던 것을, 구글의 속도가 엄청나게 빨랐기 때문이었음을 아직까지 잘 기억하고 있다. 내 생각에 성능은 기능이다. 느린 웹사이트보다 빠른 웹사이트를 사용하는 것이 더 즐거우며, 따라서 나는 내가 스스로 사용하고 싶을 정도로 뛰어난 웹사이트를 만들고자 한다. 하지만 공공 인터넷상에서 벌어지는 경쟁이라는 구도 속에서 우리가 반드시 배워야 할 교훈이 하나 있다. 바로 인터넷에는 두 가지 종류의 웹사이트가 존재한다는 사실이다. 하나는 빠른 웹사이트고 다른 하나는 죽은 웹사이트다.

자, 당신의 사이트는 둘 중 어느 쪽인가?

1. http://stackexchange.com/

2. http://www.codinghorror.com/blog/2006/11/speed-still-matters.html

3. http://www.codinghorror.com/blog/2007/06/designing-for-informavores-or-why-users-behave-like-animals-online.html

4. http://www.youtube.com/watch?v=OlkInNZ7xis

5. http://www.codinghorror.com/blog/2007/08/yslow-yahoos-problems-are-not-your-problems.html

6. http://stackexchange.com/sites

7. http://developer.yahoo.com/performance/rules.html

8. http://developer.yahoo.com/yslow/

9. http://code.google.com/speed/page-speed/

10. http://tools.pingdom.com/

11. http://developer.yahoo.com/performance/rules.html#cdn

12. http://blog.stackoverflow.com/2011/05/the-speed-of-light-sucks/

13. http://yuiblog.com/blog/2007/01/04/performance-research-part-2/

14. http://aws.amazon.com/cloudfront/

15. http://www.netdna.com/

16. http://www.cachefly.com/

17. http://blog.stackoverflow.com/category/cc-wiki-dump/

18. http://www.codinghorror.com/blog/2007/06/avoiding-walled-gardens-on-the-internet.html

19. http://www.codinghorror.com/blog/2011/01/trouble-in-the-house-of-google.html

20. http://blog.stackoverflow.com/2011/02/suggested-edits-and-edit-review/

21. http://code.google.com/p/mvc-mini-profiler/

22. http://code.google.com/p/mvc-mini-profiler/

23. http://msdn.microsoft.com/en-us/library/496e4ekx.aspx

24. http://www.google.com/support/webmasters/bin/answer.py?answer=158541

25. http://blog.serverfault.com/post/1432571770/

26. http://www.codinghorror.com/blog/2008/12/hardware-is-cheap-programmers-are-expensive.html

프로그래머를
제대로
채용하는 법

프로그래머가 어째서 프로그래밍을 못하는 걸까?

아래와 같은 레지놀드 브레이스웨이트^{Reginald Braithwaite}의 글[1]을 읽고 나는 믿을 수가 없었다.

이 책의 저자는 내가 그랬던 것처럼 어느 프로그래머 자리에 지원하는 지원자 200명 중에서 199명[2]은 코드를 전혀 작성할 줄 모르는 사람이라는 사실을 믿지 못했다. 반복한다. 199명은 어떤 종류의 코드든 전혀 작성할 줄 모르는 사람들이었다.

여기서 그가 가리키는 저자란 임란^{Imran}을 의미한다. 그는 간단한 프로그램조차 작성하지 못하는 프로그래머들을 대다수 거절한 것으로 보인다[3].

몇 번의 시행착오를 거친 끝에 나는 코딩을 제대로 하지 못하는 사람들은 큰 문제만 해결하지 못하는 것이 아니라(연결 리스트를 구현하는 것 같은) 작은 문제조차 제대로 해결하지 못한다는 사실을 발견했다. 그들은 아주 작은 문제조차 다루지 못하는 것이다.

그래서 나는 이러한 종류의 개발자들을 구별할 수 있는 질문을 연구하기 시작했고 마침내 내가 영국의 학교에서 아이들이 즐기는(혹은 하라고 요구되는) 게임을 본 따서 "피즈버즈FizzBuzz 질문"이라는 질문서를 완성했다. 다음은 피즈버즈 질문의 한 예다.

1에서 100까지의 수를 출력하는 프로그램을 작성하라. 하지만 3의 배수는 해당 숫자 대신 "Fizz"를 출력하고, 5의 배수는 "Buzz"를 출력한다. 3과 5의 배수에 모두 해당하는 수는 "FizzBuzz"를 출력한다.

대부분의 훌륭한 프로그래머들은 이러한 프로그램을 대략 2분 내에 종이 위에 적을 수 있다. 무서운 이야기를 들어 볼 텐가? 컴퓨터 사이언스 학과를 졸업한 사람의 대다수가 이러한 프로그램을 적지 못한다. 자기 자신을 선임 프로그래머라고 주장하는 사람이 이 프로그램을 만드는 데 10분이나 15분이 걸리는 것도 본 적이 있다.

댄 케겔Dan Kegel은 초보 수준의 프로그래머를 고용할 때 이와 비슷한 경험을 한 적이 있다[4].

놀라울 정도로 많은 수의 지원자들이, 심지어 컴퓨터 사이언스를 공부해서 석사나 박사를 받은 사람인 경우조차 인터뷰 도중에 간단한 프로그래밍 질문을 던지면 그것을 제대로 하지 못했다. 예를 들어 나는 "1에서 10까지의 수를 세는 루프를 작성하라" 혹은 "16진수에서 F 다음에 오는 수는 무엇인가"와 같은 질문에 답변하지 못하는 졸업생들을 만난 적이 있다. 이보다 덜 쉬운 문제로 재귀를 이용해 문제를 해결하지 못하는 지원자들을 무수히 만났다. 이러한 것은 기초에 해당한다. 이러한 질문조차 해결하지 못하는 사람이라면 프로그래밍을 거의 해보지 않은 것이 틀림없을 것이다.

새로운 직장에 지원하는 사람들을 인터뷰하는 소프트웨어 엔지니어를 대표해서 한마디 하자면, 우리는 최소한의 프로그래밍조차 하지 못하는 후보자들과 인터뷰를 수행하는 일에 너무 지쳤다고 할 수 있다. 만약 당신이 이력서에 적어놓은 언어를 이용해 1에서 10까지 세는 프로그램을 작성할 수 있고, 계산기 없이 간단한 산수를 수행할 수 있으며, 실제 문제를 해결하는 데 재귀를 활용할 수 있다면 수많은 사람들보다 앞서 있다고 말할 수 있다!

레지날드, 댄, 그리고 임란의 이야기를 듣다보면 정말 걱정이 생긴다. 나는 학교를 막 졸업했거나 프로그래밍 일을 막 시작하려는 사람을 소프트웨어 개발자로 채용하는 데 주저함이 없다. 누구든지 출발점이라는 것이 있기 마련이기 때문이다. 하지만 소위 프로그래머라고 하는 사람들이 이렇게 간단한 프로그램조차 만들지 못하면서 프로그래밍 직장에 지원하는 것을 보면 속이 울렁거리고 얼굴이 하얘진다. 그런 사람들의 행동은 프로그래밍으로 먹고사는 사람들의 얼굴에 침을 뱉는 것이다.

프로그래밍을 할 줄 아는 사람과 할 줄 모르는 사람을 나누는 큰 기준[5]은 잘 알려져 있다. 나는 프로그래밍 일에 지원하는 사람이라면 최소한 이러한 기준의 벽은 넘어선 사람일 것이라고 간주한다. 하지만 이러한 가정이 꼭 맞는 것은 아닌가 보다. 인터뷰를 수행하는 사람들이 프로그래밍을 아예 할 줄 모르는 사람들 때문에 시간을 허비하는 일을 막으려면 피즈버즈와 같은 종류의 걸러냄이 꼭 필요한 것처럼 보인다.

피즈버즈 테스트가 지나치게 쉽다고 생각하는 사람이 있으면 안 되므로(그것은 일부러 그렇게 쉽게 만들어진 것이다) 임란의 글에 대한 댓글 중에서 이 테스트가 가진 효험에 대해 말하는 내용을 인용한다.

> 나는 피즈버즈 테스트가 너무 쉽다고 생각하고 관심을 갖지 않는 사람을 좋아하지 않습니다. 내 경험에 의하면 입이 벌어질 정도로 많은 지원자가 이렇게 가장 간단한 테스트조차 제대로 수행하지 못했기 때문입니다.

어쩌면 그들이 작성한 코드를 보지 않은 채 인터뷰를 수행하는 것 자체가 바보 같은 일일지도 모른다. 버티고Vertigo에서는 전화로 인터뷰를 하기도 전에 코드 샘플을 보내라고 요구한다. 그리고 회사 내에서 진행되는 인터뷰에는 간단한 코딩 테스트가 포함돼 있다. 그렇게 어려운 것은 아니고 다만 작은 애플리케이션을 구축해 나가는 과정을 한 시간 정도에 걸쳐 살펴보는 정도다. 한두 번의 실패는 있었지만 이러한 전략은 대개 성공을 거둬왔다. 이렇게 하면 우리는 짜증나는 퍼즐 질문[6]에 기대지 않고 실제 소프트웨어 엔지니어링과 관련된 질문에 집중할 수 있었기 때문이다.

실제로 프로그래밍을 수행할 수 있는 프로그래머를 상대로 인터뷰를 수행하기 위해 그렇게 많은 거르기가 필요하다는 사실은 부끄러운 일이다. 이런 거르기 과정이 그렇게 우울하지 않았더라면 그것은 그저 우스운 일이 됐을 것이다. 나는 자격증에 별로 관심이 없다[7]. 하지만 스티브 맥코넬이 소프트웨어 엔지니어링이라는 진짜 직업을 만드는 것[8]에 대한 연설에서 밝힌 내용을 정말 실천에 옮기고 있는지 여부가 가끔은 궁금해지기도 한다.

1.   http://weblog.raganwald.com/2007/01/dont-overthink-fizzbuzz.html
2.   http://www.joelonsoftware.com/items/2005/01/27.html
3.   http://tickletux.wordpress.com/2007/01/24/using-fizzbuzz-to-find-developers-who-grok-coding/
4.   http://www.kegel.com/academy/getting-hired.html
5.   http://www.codinghorror.com/blog/archives/000635.html
6.   http://www.codeslate.com/2007/01/you-dont-bury-survivors.html
7.   http://www.codinghorror.com/blog/archives/000771.html
8.   http://www.amazon.com/exec/obidos/ASIN/0321193679/codihorr-20

프로그래머를
채용하는 방법

프로그래머를 채용하는 데 마술 같은 비법은 존재하지 않는다. 하지만 내가 보기에 쓸모가 있는 조언을 몇 가지 나누고자 한다. 이것들은 내가 수년간 실제로 사용했던 방법들이다.

1. 우선 몇 가지 간단한 "헬로 월드^{Hello World}" 온라인 테스트를 수행한다

믿기지 않겠지만 스스로를 프로그래머라고 칭하는 사람 중에서 프로그래밍을 하지 못하는 사람도 있다. 나는 우리가 상상할 수 있는 가장 간단한 프로그래밍 테스트조차 통과하지 못하는 사람들[1]을 인터뷰한 적이 있다고 말하는 사람을 아직도 만나곤 한다.

그렇기 때문에 굉장히 단순한 프로그래밍 테스트를 정상적인 인터뷰 과정에서 가장 먼저 해야 한다[2]. 이러한 테스트는 온라인에서 수행돼야 하며, 테스트의 목적은 지원자가 천재적인 프로그래머라는 사실을 증명하는 것이 아니고 다만 프로그래밍이 도대체 무엇인지 알고 있는지를 검사하는 데 있다. 이런 식의 테스트가 필요하다는 사실이 우울한 일이라는 점은 나도 인정한다. 하지만 이런 테스트도 하지 않으면 나중에 진짜 우울한 일을 겪게 된다.

온라인에서 코딩 검증을 대행하는 서비스도 있다. (이 밖에 더 많은 서비스가 있을 거라는 점을 확신하지만 내가 아는 것은) 인터뷰 젠^{Interview Zen}[3]과 코딜리티^{codility}[4]다.

2. 포트폴리오를 보여 달라고 한다

기본적인 실력을 갖춘 프로그래머는 그들이 작성한 코드를 모은 포트폴리오를 가지고 있다[5]. 너무 멋진 것일 필요는 없다. 당신이 인터넷에서 다른 사람을 돕기 위해 남겨놓은 훌륭한 흔적의 자취를 보고 싶은 것이다. 당신이 어떤 식으로 의사소통하고, 문제를 어떻게 해결하는 사람인지 볼 수 있게 스택오버플로우의 프로필을 알려 달라. 당신이 작성한 오픈소스 코드로 연결돼 있는 링크를 보내라. 전문적인 블로그를 가지고 있는가? 텀블러[tumblr] 계정이 있는가? 트위터는? 내가 들어본 적이 없는 뭔가가 있는가? 훌륭하다. 자, 내가 그것들을 볼 수 있게 하라. 당신이 디자인한 애플리케이션이나 웹사이트를 보여 달라. 그 중에서 당신이 만든 부분이 어디인지 설명하라.

그 사람이 어떤 종류의 일을 수행했는지 살펴보는 것, 그리고 온라인에서 어떤 종류의 흔적을 남겼는지 확인하는 것은 그들이 어떤 사람이고, 어떤 일에 능숙하지(그리고 어떤 일에 서툰지) 확인하는 매우 훌륭한 방법이다.

3. 문화적으로 어울리는 사람을 고용하라

깃허브[GitHub]에서 하는 것처럼[6], 한 사람이 문화적인 측면에서 기존의 팀과 잘 어울리는지 살펴보는 것은 미치광이 같은 프로그래밍 장광설에 비해 앞으로의 성공 여부를 더 잘 예측하게 만드는 도구일 때가 많다.

> 우리는 인터뷰 과정에서 철학에 대해 논의한다. 우리는 이러한 대화를 매우 진지하게 여긴다. 우리는 잠재적인 직원[GibHubber]이 스스로 어떤 환경으로 들어오고 있는지, 그리고 자신이 거기에 잘 어울리는지 잘 생각해보기를 원한다. 그렇게 하기 위한 일환으로 함께 저녁 식사를 하면서 문화, 철학, 자신이 저지른 실수, 계획 등에 대해 편하게 대화를 나눈다.

초창기 시절에 우리는 그 사람이 우리의 문화적 환경에 어울리는지 여부를 따지지 않고 기술적인 측면만 보고 고용하기도 했다. 그런 식의 고용은 오래 가지 않아서 실패로 드러날 때가 많았다. 그래서 새로운 직원의 기술적인 수준도 주의 깊게 살펴보지만, 과연 그가 우리와 "어울리는지" 여부도 신중하게 살펴보게 됐다.

모든 업계가 자신을 둘러싸고 있는 사용자 커뮤니티를 가지고 있지 않다는 사실은 나도 안다. 하지만 주변에 커뮤니티가 있다면 최대한 그 커뮤니티 안에서 채용하려고 노력하는 것이 옳다. 커뮤니티 안에 있는 사람이라면 이미 당신의 회사가 발산하는 중력장 안으로 혼자 알아서 걸어들어 왔을 정도로 회사의 문화나 분위기에 잘 어울리는 사람이기 때문이다. 이런 사람들이 제대로 적응할 확률은 믿기 어려울 정도로 높다. 그리고 당신이 원하는 것은 바로 그것이다!

당신의 커뮤니티에 속한 사람들 가운데 당신이 만든 게임을 대상으로 어떤 멋진 모드mod를 만든 사람이 있는가?[7] 눈에 잘 보이지 않는 보안 허점을 발견하고 알려온 사람이 있는가?[8] 그런 사람이 있다면 당장 그를 고용하라!

4. 자세하고, 구조적인 전화 인터뷰를 통해 걸러내는 과정을 밟아라

위에서 논의한 과정을 모두 수행했다면 드디어 지원자에게 전화를 걸 시간이다. 전화 인터뷰가 잡담을 위한 것이 아니라는 점을 명심하라. 이것은 지원자를 걸러내는 과정이다. 전화내용은 전적으로 기술적이고 체계적이어야 하며, 지원자가 적당한 사람이 아닌 것으로 판단되면 곧바로 대화를 마쳐야 한다. 스티브 예그Steve Yegge의 조언[9]에는 전화 인터뷰를 올바르게 수행하기 위한 기본적인 내용이 담겨 있는데, 아래는 그 내용을 정리한 것이다.

1. 그 자리에서 곧바로 코딩을 하는 질문 약간. 예를 들어 "배열 안에 있는 정수 값 중에서 가장 큰 값을 찾아라."
2. 간단한 설계 약간. "HTML을 모델링하기 위한 표현 방식을 설계해 보라."
3. 스크립트 작성과 정규 표현식. "디렉터리 내에서 특정 형식의 전화번호가 저장된 텍스트 파일의 목록을 만들어보라."

4.자료구조. "어떤 경우에 배열 대신 해시테이블을 사용할 것인가?"

5.비트와 바이트. "프로그래머에게 10월 31일$^{Oct\ 31}$과 12월 25일$^{Dec\ 25}$이 같은지 묻는 것이 왜 우스운 일인가?"

이런 질문을 할 때 반드시 완벽한 대답을 기대하는 것은 아니지만 지원자가 문제를 해결해 나가는 과정을 지켜보는 것이 중요하며, 그가 이러한 것들을 어느 정도$^{10\%\ 내외}$ 알고 있는지 알아보려는 것이다. 이 과정의 목표는 이 단계를 통과한 지원자와 정식으로 인터뷰를 하는 것이 모두의 시간을 낭비하는 것이 아닐 거라는 사실을 확인하는 것이다. 따라서 지나치게 많은 경고음이 들려올 때는 냉정하게 전화통화를 중단하는 것을 망설이지 말아야 한다. (전화로 지원자를 걸러내는 과정과 관련한 더 자세한 내용은 다음 절을 참고한다.)

5. 오디션 프로젝트를 제공하라

자, 지금까지 이 지원자는 헬로우 월드 테스트를 통과하고, 훌륭한 포트폴리오를 가지고 있으며, 문화적으로 잘 어울리며, 전화 인터뷰도 성공적으로 통과했다. 그렇다면 이제 얼굴을 마주보고 진행하는 인터뷰를 할 차례인가? 아직 아니다. 너무 성급하게 굴면 안 된다.

나는 이러한 모든 과정을 무난히 통과하고 나서 회사에 들어온 다음 실제로 업무를 수행하는 과정에서 비참하게 실패하는 사람을 본 적이 있다. 프로그래머를 고용하는 것이 어려운 과정이라는 말을 앞에서 이미 했던가?

이 사람을 채용하는 것이 정말 성공적인 일이 될지에 대해 티끌만 한 의심의 여지도 남겨두고 싶지 않다면, 오디션 프로젝트를 활용해보라. 나는 일반적이고 추상적인 프로그래밍 문제를 말하는 것이 아니다. 나는 현실 세계에서 당신이 참여하고 있는 실제 프로젝트에서 당장 해결해야 하는 문제에 대해 말하고 있는 것이다. 즉, 현재 팀원 중에서 그렇게 바쁘지 않은 사람이 있다면 실제로 그 사람에게 맡길 만한 일감에 대해 말하고 있는 것이다.

이러한 일은 시간 당 수당을 지급하는 정상적인 컨설팅 업무로 수행할 수 있을 정도로 일의 대상과 범위가 명확하게 정의돼 있는 것이어야 한다. 며칠 정도의 시간 내에, 어쩌면 최대 1~2주 정도의 시간 내에 할 수 있는 작은 프로젝트를 선택하는 것이 좋다. 지원자가 사무실에 와도 되고 아니면 원격지에서 작업해도 좋다. 물론 모든 업무가 이렇게 회사 외부의 사람에게 할당할 수 있을 정도로 독립적인 단위의 일감을 가지고 있는 것은 아니다. 하지만 만약 이러한 종류의 오디션을 위한 미니 프로젝트를 떠올릴 수 없다면 아마도 팀 내부의 직원들에게도 잘 정의된 일을 맡기고 있지 않을 확률이 높다.

이러한 오디션 프로젝트가 성공적으로 수행됐다면 최상의 결과다. 이런 후보자는 아마도 실제 업무도 제대로 수행해낼 수 있는 능력을 갖춘 사람일 것이다. 그리고 실제로 필요한 일감도 잘 마무리됐다. 지금까지 나는 오디션 프로젝트를 성공적으로 마무리하고 나서 실제 업무에서 실패한 사람을 본 적이 없다. 그래서 나는 오디션 프로젝트의 결과를 매우 비중 있게 다룬다. 이것은 해당 후보를 실제로 고용하지 않으면서도 실제 업무 능력을 가장 정확하게 파악할 수 있는 방법이기 때문이다. 설령 오디션 프로젝트가 성공적으로 끝나지 않았더라도 그에 따르는 컨설팅 비용을 팀 내부의 직원들 4, 5명이 인터뷰 절차를 밟기 위해 허비해야 하는 시간을 대신해서 지불한 값싼 비용이라고 생각하면 그만이다. 최악의 경우에는 그 오디션 프로젝트를 실력이 더 뛰어난 다른 후보에게 맡기면 된다.

(수습기간을 두고 조건부로 고용하는 방법도 있다. 개념적으로 이것은 비슷한 방법이다. 6~8주 정도의 기간을 두고 고용한 다음 "고용관계를 계속 진행할 것인지" 여부를 정하기로 미리 약속하는 방법이다.)

6. 한 방에 들어간 다음 말하는 것을 들어보라

최종적으로 어느 시점이 되면 후보자들을 직접 만나봐야 한다. 이 과정은 피할 수 없다. 하지만 지금까지 앞에서 살펴본 단계를 밟으면서 이 후보자가 인터뷰 방에 들어오기 전에 이미 훌륭한 직원이 될 가능성이 높다는 사실을 거의 95% 정도는 확인해 뒀기 때문에 큰 상관은 없다.

나는 사람을 직접 만나서 수행하는 인터뷰의 전문가는 아니지만, 완곡하게 말하자면[10] 퍼즐 같은 것을 묻는 것을 좋아하는 편이 아니다[11].

대신 나는 프로그래머와 인터뷰를 어떤 식으로 수행해야 하는지에 대한 나만의 이론이 있다. 후보자에게 15분 정도 자신이 정통한 분야에 대해 말을 하도록 시키는 것이다. 나는 이러한 방법이 전통적인 인터뷰 방식보다 훨씬 더 성공을 거둘 확률이 높다고 생각한다. 다음과 같은 사실을 쉽게 확인할 수 있기 때문이다.

- 이 사람은 자신이 하는 일에 열정을 가지고 있는가?
- 작은 규모의 그룹에서 효과적으로 의사소통을 수행할 수 있는가?
- 자신의 전문분야에 대한 지식이 실제로 있는가?
- 이 사람과 함께 일하는 것을 팀원들이 좋아하겠는가?

스티브 예그Steve Yegge에 의하면 모든 프로그래머는 자기 자신을, 자신의 코드를, 그리고 자신의 프로젝트를 마케팅하는 방법을 알고 있어야 한다[12]. 나는 이 말에 전적으로 동의한다. 나에게 마케팅 연설을 해보라!

7. 하지만 보장된 것은 아무것도 없다

지금까지 살펴본 목록은 그 자체로 참고사항일 뿐이다. 이러한 조언들이 실제로 도움이 되는 경우를 많이 봤지만 경우에 따라서는 도움이 되지 않는 경우도 있었다. 이러한 조언을 자기가 처한 환경에 맞게 적용하고 자기가 필요하다고 생각되는 부분을 활용하고, (비록 어떤 경우에도 1단계의 조언을 생략하는 경우는 없어야 할 거라고 믿지만) 필요 없는 부분은 과감하게 생략하라. 최상의 환경에서조차 다른 사람을 고용하는 것은 쉬운 일이 아니다. 최종적인 성공 여부는 누구의 손에도 달려 있는 것이 아니다. 사람이라는 존재는 참으로 복잡다단하기 때문이다.

일이라는 것을 하나의 인간관계로 본다면, 혹은 평생에 걸쳐 매주 40시간 (혹은 그 이상) 동안 삶의 일부를 바쳐야 하는 것으로 본다면 일을 선택하고 누군가를 고용하는 것은 "애인을 고르는 것"과 비슷하다고 볼 수 있다. 회사

와 후보자는 과연 상대방이 자신과 잘 어울리는지 여부를 성심성의껏 살펴
봐야 한다. 당신의 목적은 그저 일자리를 구하거나 누군가를 고용하는 것이
아니다. 관계를 즐기며[13] 서로 사랑하는 관계를 창출하려는[14] 것이다. 양쪽이
모두 바로 이 사람이야, 라는 느낌을 갖는 상황이 아니면 결정을 서두르지
말아야 한다.

(참고로 프로그래머를 끌어당기는 방법을 알고 싶다면 사무엘 뮬렌[Samuel
Mullen]의 탁월한 조언[15]을 들을 필요가 있다.)

●

1. http://www.codinghorror.com/blog/2007/02/why-cant-programmers-program.html
2. http://www.codinghorror.com/blog/2010/02/the-nonprogramming-programmer.html
3. http://www.interviewzen.com/
4. http://codility.com/
5. http://www.codinghorror.com/blog/2004/10/a-programmers-portfolio.html
6. http://37signals.com/svn/posts/2486-bootstrapped-profitable-proud-github
7. http://www.mojang.com/2012/02/minecraft-team-strengthened/
8. http://arstechnica.com/business/news/2012/03/hacker-commandeers-github-to-prove-vuln-in-ruby.ars?clicked=related_right
9. http://www.codinghorror.com/blog/2008/01/getting-the-interview-phone-screen-right.html
10. http://www.codinghorror.com/blog/2006/05/snappy-answers-to-stupid-programming-questions.html
11. http://www.codinghorror.com/blog/2009/03/the-hardest-interview-puzzle-question-ever.html
12. http://www.codinghorror.com/blog/2008/10/the-one-thing-every-software-engineer-should-know.html
13. http://www.codinghorror.com/blog/2007/10/remember-this-stuff-is-supposed-to-be-fun.html
14. http://www.codinghorror.com/blog/2008/12/programming-love-it-or-leave-it.html
15. http://samuelmullen.com/2012/02/advice-on-attracting-good-developers/

전화 인터뷰로 걸러내는 과정을 올바로 수행하기

전화 인터뷰를 제대로 수행하지 못하는 데 따르는 비용은 엄청나다. 인터뷰에 연관된 모든 사람들의 시간을 완전히 허비하게 되기 때문이다.

전화 인터뷰와 관련해서 현존하는 문건 중 최고는 스티브 예그의 '전화 인터뷰의 다섯 가지 핵심 질문'[1]이다. 이것은 스티브가 우리에게 제공하는 또 하나의 선물이다.

스티브는 우선 전화 인터뷰를 수행하는 사람이 반드시 피해야 할 두 가지 전형적인 잘못에 대해 말하는 것으로 이야기를 시작한다.

1. 후보자가 대화를 진행하도록 내버려 두지 말라. 인터뷰를 수행하는 사람이 대부분의 말을 해야 한다. 후보자가 질문에 대한 제대로 된 답변을 할 때까지(아니면 포기할 때까지) 가이드를 제공하는 식의 대화를 나눠야 한다.

2. 하나만 아는 사람을 조심하라. 오직 하나의 프로그래밍 언어와 환경만 알고 다른 종류의 지식이 없는 후보자는 심각한 경보음을 울리는 사람이다.

전화 인터뷰의 핵심은 후보자로 하여금 자신이 한 일에 대해 청승맞은 목소리로 구구절절 이야기하게 하는 데 있지 않다. 인터뷰를 수행하는 사람은 후보자가 전에 본 적이 없거나 해본 적이 없는 미지의 영역으로 대화를 끌고 들어가서 약간의 압박을 가할 필요가 있다. 그가 당신의 코드 기반처럼 뭔가 본 적이 없는 새로운 대상을 만났을 때 어떤 반응을 보이는지 확인할 수 있으면 더 이상적이다.

전화 인터뷰를 수행하는 사람들의 업무를 간소화하기 위해 소프트웨어 개발자로 채용하기에 적합한 사람을 가려내는 절차를 수행할 때 반드시 던져야 할 다섯 가지 기본적인 질문을 정리했다. 이러한 질문을 무사히 통과한다고 해서 그가 훌륭한 프로그래머일 거라는 보장은 없지만 적어도 이러한 질문은 이런 과정조차 제대로 통과하지 못하는 엄청난 수의 수준 미달 후보자들을 걸러내는 효과는 가지고 있다.

1. 코딩. 후보자는 C, C++, 혹은 자바를 이용해 정확한 문법으로 간단한 프로그램을 작성해야 한다.

2. 객체지향 설계. 후보자는 기본적인 객체지향 개념을 설명하고, 간단한 문제를 해결하기 위한 클래스를 만들어야 한다.

3. 스크립트 작성과 정규 표현식. 후보자는 50,000개의 HTML 페이지에서 전화번호를 추출해 내야 한다.

4. 자료구조. 후보자는 기본적인 자료구조에 대한 지식을 드러내야 한다.

5. 비트와 바이트. 후보자는 비트, 바이트, 이진수에 대한 간단한 질문에 답해야 한다.

이 다섯 가지 중에서 적어도 하나에 대해서만큼은 거의 완벽한 대답을 하는 것을 기대한다. 약간 헤매다가 답을 찾는 것은 상관없다. 약간의 힌트나 도움을 필요로 해도 상관없다. 대답이 좀 굼뜨거나 느려도 상관없다. 여기서 주의 깊게 봐야 하는 것은 후보자가 질문을 완전히 못 알아듣거나, 끔찍할 정도로 혼란스러워 하는지 여부다.

물론 자신이 처한 환경에 맞춰 이러한 질문을 약간 변경해도 좋다. 그런 경우에는 전체 글[2]을 읽어보길 권장한다. 스티브는 출발점으로 삼을 만한 질문을 아래와 같이 정리해 놓았다.

코딩

문자열의 순서를 뒤집는 함수를 작성하라.

N번째 피보나치 수를 계산하는 함수를 작성하라.

구구단 표를 12*12까지 출력해보라.

한 줄에 하나의 정수가 적혀 있는 텍스트 파일을 읽어 그것들을 모두 더하는 함수를 작성하라.

1에서 99 사이에 존재하는 홀수를 모두 출력하는 함수를 작성하라.

정수형 배열에서 가장 큰 값을 찾아라.

(세 개의 1바이트 수로 이뤄진) RGB 값을 6개의 수로 이뤄진 16진수 문자열로 표현하라.

이런 식의 코딩 질문은 후보자의 기본적인 자질을 검증할 수 있도록 간단하고, 기본적인 루프나 반복문을 사용하고, 일정한 방식으로 정렬된 문자열을 출력하거나 I/O를 사용하는 간단한 문제여야 한다. 우리가 여기서 검증하고자 하는 것은 후보자가 과연 프로그래밍이라는 것을 할 줄 아는가에 국한된다. 스티브가 먼저 이러한 글을 적은 바 있긴 하지만 프로그래머가 어째서 프로그래밍을 못하는 걸까?[3]를 여기서 언급하지 않으면 안 될 것 같다. 피즈버즈 문제가 보여주는 것처럼 인터뷰에 응한 지원자가 프로그래밍을 하지 못한다는 사실을 깨닫는 일은 언제나 매우 충격적이다. 그것은 마치 트럭운 전사 자리에 지원한 사람이 속도를 내는 페달이나 변속기어를 찾지 못하는 것만큼 이해하기 어려운 일이기 때문이다.

객체지향 프로그래밍

여러 가지 카드 게임 애플리케이션에 사용할 수 있는 카드 한 벌을 설계해 보라.

가상 동물원 프로그램에서 사용할 수 있게 동물의 왕국을 클래스 시스템으로 모델링하라.

파일시스템을 나타내는 클래스를 설계하라.

HTML을 모델링하는 객체지향 표기법을 설계하라.

우리는 객체지향 설계와 관련된 장점과 단점에 대해 말하거나, 아주 깊은 수준의 객체지향 설계에 대해 말하는 것이 아니다. 이러한 질문들은 다만 후보자가 기본적인 객체지향 원리에 대해 알고 있는지, 더 중요하게는 후보자가 어느 정도 합리적인 수준의 객체지향 해법을 만들어낼 수 있는지 확인하려는 것이다. 우리는 모노폴리 인터뷰[4]에서 묘사된 것과 같은 기본적인 원리를 이해하고 있는지 확인하고자 한다.

스크립트 작성과 정규 표현식

> 지난 해에 우리 팀은 50,000개에 달하는 아마존 웹페이지 템플릿에서 전화번호를 없애야 했다. 대부분의 전화번호가 더는 사용되지 않기 때문이다. 그리고 우리는 모든 사용자 연락처 정보가 하나의 페이지를 통해 관리되도록 만들고자 했다.
>
> 당신이 우리 팀의 일원이라고 가정하자. 우리는 미국 전화번호를 담고 있는 것으로 보이는 웹페이지를 모두 확인했다. 문제를 단순하게 만들기 위해 "/website"라는 유닉스 디렉터리 트리 안에 50,000개의 HTML 페이지가 있다고 하자. 편집실 직원들에게 파일 경로를 담은 목록을 전해주기까지 이틀의 시간이 있다. 당신은 이 디렉터리 트리 안에 있는 모든 .html 파일 중에서 (xxx) xxx-xxxx 혹은 xxx-xxx-xxxx라는 형태의 전화번호를 담고 있는 것처럼 보이는 파일의 목록을 나에게 제출해야 한다.
>
> 이 문제를 어떻게 해결하겠는가? 주어진 시간이 이틀밖에 되지 않는다는 점을 명심하라.

이것은 흥미로운 문제다. 스티브는 25에서 35퍼센트 정도의 후보자가 이 문제를 전혀 풀지 못한다고 말한다. 한 시간의 인터뷰 시간 내내 많은 힌트를 줘도 말이다. 우리가 주목하는 부분은 이미 존재하는 기능을 처음부터 새로 코딩하는가와 스크립트 언어나 정규 표현식에 얼마나 익숙한가다. 내가 보기에 이 문제는 해당 개발자가 간단한 웹 검색이나 이미 존재하는 코드를 살펴봄으로써 쉽게 피해갈 수 있는 일을 스스로 다시 코딩하기 위해 시간을 허비할지 여부를 알려주는 측면이 있다.

자료구조

예를 들어 java.util 같은 데 포함돼 있는 아주 흔한 자료구조는 무엇인가?

언제 연결 리스트를 사용하고 언제 벡터를 사용할 것인가?

트리를 이용해 맵을 구현할 수 있는가? 리스트도 구현할 수 있는가?

트리에 저장돼 있는 노드를 각 레벨순으로 출력하려면 어떻게 해야 하는가? (즉, 첫 번째 레벨의 노드를 모두 출력하고, 그다음에 두 번째 레벨, 그다음에 세 번째 레벨과 같은 식으로 진행하는 것이다.)

해시테이블에 데이터를 추가할 때 최악의 경우에 해당하는 성능은 무엇인가? 이진 트리의 경우는?

우선순위 큐를 구현하기 위한 방법으로는 어떤 것들이 있는가?

후보자는 모든 기본적인 자료구조에 대해 어느 정도 이해하고 있음을 증명해야 한다. 특히 배열, 벡터, 연결 리스트, 해시테이블, 트리와 그래프처럼 핵심적인 구조는 잘 알고 있어야 한다. 그리고 "빅-오$^{Big-O}$"로 표현되는 알고리즘 복잡성에 대한 기본적인 지식도 갖추고 있어야 한다. 상수^{constant}, 로그^{logarithmic}, 선형^{linear}, 다항^{polynomial}, 지수적^{exponential}, 그리고 팩토리얼^{factorial} 등의 복잡성을 알아야 한다. 만약 이런 지식을 갖추고 있지 않다면 그것은 커다란 경고음이다.

비트와 바이트

바이트 안에 존재하는 최상위 비트의 값이 설정돼 있는지 검사하는 방법을 말하라.

정수 안에 존재하는 모든 비트의 수를 세는 함수를 작성하라. 이 함수의 시그너처는 다음과 같다. int countBits(int x)

정수를 받아들여 그 수의 비트 패턴이 해당 패턴을 거꾸로 했을 때와 동일하면(회문 형태라는 뜻이다) 참^{true}을 반환하는 함수를 작성하라. 시그너처는 이렇다. boolean isPalindrome(int x)

스티브가 말한 대로 "컴퓨터는 열 개의 손가락을 가지고 있지 않고, 하나만 가지고 있다. 따라서 사람들은 이러한 것들을 알아야 한다." 후보자에게 2의 16승이 무엇이냐고 물었을 때 불편한 침묵이 답변으로 돌아오는 경우는 없어야 한다. 그 정도는 다들 알고 있어야 한다. 이와 마찬가지로 그들은 AND, OR, NOT, 그리고 XOR과 같은 기본적인 연산도 알아야 한다. 그리고 비트 연산에서의 AND와 논리적 AND가 어떻게 다른지도 알아야 한다. 부호가 붙은signed 값과 부호가 없는unsigned 값의 차이에 대해서조차 물어야 할지도 모른다. 비트 시프트 연산이 왜 중요한지도 알아야 한다. 그들은 오래된 농담인 "프로그래머에게 10월 31일Oct 31과 12월 25일Dec 25이 같은 이유가 무엇인가"라는 질문이 왜 우스운지도 알아야 한다. (옮긴이 _ Oct는 8진수, Dec은 10진수를 의미한다는 점에 착안하면 농담의 의미를 이해할 수 있을 것이다.)

철저하고 자세한 전화 인터뷰를 수행하는 데는 많은 노력이 든다. 하지만 그럴 만한 가치는 있다. 전화 인터뷰를 통해 어떤 후보자를 제거했다면 그가 다음 단계에 진입했을 때 허비했을 8 사람-당-시간8 man hour을 절약한 셈이다. 자격이 없는 후보자가 다음 단계까지 도달했다면 스스로에게 물어볼 필요가 있다. 어떻게 해야 이 후보자를 전화 인터뷰 단계에서 걸러낼 수 있었을까?

1. http://steve.yegge.googlepages.com/five-essential-phone-screen-questions
2. http://steve.yegge.googlepages.com/five-essential-phone-screen-questions
3. http://www.codinghorror.com/blog/archives/000781.html
4. http://www.codinghorror.com/blog/archives/000628.html

몇 년이나 경험했는가, 라는 질문에 담긴 미신

인터뷰 과정에 훌륭한 전화 인터뷰가 포함돼 있을 때조차 인터뷰 과정은 종종 엉뚱한 방향으로 흐르기 쉽다. 호주에 위치한 플랫 레이트 리쿠르트먼트 Flat Rate Recruitment[1]라는 회사에서는 이러한 상황을 나보다 더 잘 설명해주는 이메일을 보내온 적이 있다.

고급 보안 애플리케이션을 제작하는 고객이 있던 적이 있습니다. 후보자를 여러 명 보냈지만 그들은 계속 거부되어 되돌아왔습니다. 이유는 언제나 "후보자가 저수준 코딩 경험이 부족하다"는 것이었습니다. 우리가 보낸 후보자들은 운영체제, 고급 메모리 관리, 혹은 매우 정교한 다른 애플리케이션을 설계하고 구현하는 사람들이었습니다. 하지만 저희 고객은 이런 사람들에게 관심이 없었습니다. 그들은 후보자가 특정 분야에 대한 저수준 코딩 경험을 가지고 있을 것을 요구했습니다. 그러다가 우리는 혼자 힘으로 탁월한 컴퓨터 에뮬레이터를 만들어냈을 정도로 실력이 뛰어난 소프트웨어 엔지니어를 발견했습니다. 하지만 그는 고객이 요구하는 분야에 대한 저수준 코딩 경험을 가지고 있지 않았습니다.

저는 고객에게 "저수준 코딩 경험은 없지만 정말 실력이 뛰어난 사람이 있어요. 이런 사람이라면 채용해야 합니다."라고 했습니다. 그들은 매우 회의적이었습니다. 저는 인터뷰가 시작되도록 밀어붙였습니다. "보세요, 물론 이 친구는 고객께서 요구하는 분야에 대한 저수준 프로그래밍 경험이 없습니다. 하지만 이런 사람은 일단 채용이 되면 3~6개월 내에 필요한 분야의 프로그래밍 경험을 획득할 수 있습니다."

그들은 인터뷰를 시작했고 마침내 그를 채용했습니다. 불과 몇 주 만에 그가 회사 내에서 가장 똑똑한 프로그래머라는 사실이 밝혀졌습니다. 그는 원래부터 요구되던 저수준 코딩 기술을 습득했을 뿐 아니라 회사 내에 있던 다른 프로그래머들의 실력을 앞질러 나가기 시작한 것입니다. 그 이후로 제가 이 고객과 대화를 나눌 때면 그들은 항상 이 프로그래머에 대해서 열변을 토합니다. 그가 자기 회사의 기술적 중심이라고 자랑하는 것입니다. 이제 이 회사는 프로그래머를 채용할 때 더는 자기들이 요구하는 기술을 정확하게 보유하고 있는 사람을 찾으려고 하지 않습니다. 대신 그들은 가장 영리하고 가장 열정적인 엔지니어를 찾으려고 합니다.

비생산적일뿐더러 중독성도 강한 저 경험의 햇수라는 미신은 내가 알고 있는 한 모든 소프트웨어 업계에 침투해 있다. 자기들이 요구하는 기술을 지루하게 나열한 목록에 어울리는 사람을 찾으려는 헛된 노력 때문에 많은 회사들이 정말로 똑똑한 엔지니어를 얼마나 자주 놓치고 있는지 생각해보라.

어찌된 일인지 사람들은 소프트웨어 개발자가 가장 잘하는 일이 뭔가 새로운 것을 배우는 일이라는 사실을 종종 잊는다. 회사는 특정 언어에 상관없이 제대로 된 코드를 작성할 수 있는 능력을 갖춘 열정적이고, 근면하고, 유연하고, 스스로 배워나가는 사람을 채용하려고 노력해야 한다. 그런 사람을 채용해서 그들이 흥미를 가지고 일할 수 있는 프로젝트를 제공해주면 충분하기 때문이다.

프로그래밍 기술과 경험의 햇수 사이에 아무런 상관관계가 없다는 사실은 이미 여러 차례에 걸쳐 설명한 바 있다[2, 3]. 어느 특정 기술적 내용이라도 그것을 이용해 12개월 정도 일을 하고 나면 그것에 정통하거나 아니면 영원히 정통할 수 없거나[4] 둘 중 하나다. 프로그래머가 어느 특정 기술을 얼마나 오랫동안 경험했더라도 그가 그 기술에 대해 아무것도 모르고 있을 확률에는 변함이 없다. 그렇기 때문에 프로그래머들은 종종 자신의 동료를 염세적이고 회의적인 시각으로 바라보는 것이다[5]. 소프트웨어 공학이라는 분야에 이렇게 경험과 기술 사이에 심연이 존재한다면 아마도 이러한 회의적인 태도야말로 유일하게 이성적인 태도일지도 모른다.

자, 이러한 사실을 모두 확인한 이후에도 당신은 프로그래머를 채용할 때 경험의 햇수라는 미신을 신봉하는 회사에 입사해서 일하고 싶을까? 아마도 아닐 것이다[6].

이제 요점에 대해 말할 수 있게 됐다. 채용 공고에 Y라는 플랫폼에서 X년 동안의 경험을 가지고 있어야 한다는 식으로 요구하는 것은 진정 무식한 일이다. 후보자가 6개월에서 1년 정도의 경험을 가지고 있다면 일단 다른 사람과 기본적인 비교가 가능하다고 봐야 한다. 이러한 숫자 대신 더 중요한 다른 것에 초점을 맞춰라. 플랫폼 경험이라는 것은 단지 기본적인 사항에 불과하며, 진짜 중요한 것을 파악하게 해주는 요소가 아니다.

한편 회사에 응시하는 후보자로서의 당신은 "이 기술을 3~5년 사용했을 것을 요구함"과 같은 내용이 포함돼 있는 것을 보고 해당 회사의 채용 과정이 얼마나 개념이 없는지를 판단할 수 있다. 어느 특정한 기술을 사용한 기간에 대한 요구가 길면 길수록 그 회사는 후보자의 엉뚱한 부분에 초점을 맞추고 있을 가능성이 높다. 곧 그 회사의 다른 팀원들은 실제 업무와 별 상관이 없는 엉뚱한 이유로 채용된 사람들일 가능성이 높다는 뜻이다.

소프트웨어 개발에서 경험이 중요하지 않다는 말을 하는 것이 아니다. 경험은 중요하다. 하지만 어느 개발자의 경험 전체를 놓고 평가해야 한다는 말을 하고 싶은 것이다. 투자한 시간이 자동적으로 실력의 수준을 나타내는 것이 아니기 때문이다[7]. 이러한 사실을 망각한다면 단지 협소한 기술적 요구사항이 요구하는 "n년의 경험"이라는 항목 때문에 부끄럽게도 매우 탁월한 소프트웨어 엔지니어를 거절하는 일이 생길지도 모른다.

●

1. http://flatraterecruitment.com.au/
2. http://www.codinghorror.com/blog/archives/000072.html
3. http://www.codinghorror.com/blog/archives/000354.html
4. http://www.codinghorror.com/blog/archives/000543.html
5. http://www.codinghorror.com/blog/archives/000824.html
6. http://www.37signals.com/svn/posts/833-years-of-irrelevance
7. http://www.codinghorror.com/blog/archives/000524.html

프로그래머를 대상으로 인터뷰하기

실력 있는 소프트웨어 개발자를 30분 안에 어떻게 인터뷰할 수 있을까? 아티마 개발자Artima Developer에 가면 유명한 개발자들이 내놓은 아이디어를 담고 있는 일련의 글[1]이 있다.

- 그가 경험한 분야를 살펴보라
- 뭔가를 비평해 달라고 요청해보라
- 어떤 문제를 풀어보게 하라(하지만 퍼즐문제는 피하라)
- 그들이 작성한 코드를 보라
- 그들이 어떤 책을 읽었는지 확인하라
- 다른 사람과의 관계를 어떻게 다루는지 확인해보라
- 임시로 일을 시켜보고 최종적인 채용 여부를 결정하라

개발자를 인터뷰하는 것과 관련해서 조엘 스폴스키는 몇 가지 의견을 가지고 있다[2]. 그는 그것을 영리하게/업무를 수행하기Smart/Gets Things Done라는 원리로 요약한다.

1. 소개
2. 최근 프로젝트에 대한 질문
3. 푸는 것이 불가능한 문제에 대한 질문
4. C 함수를 작성
5. 그 코드에 만족하는가?
6. 설계에 대한 질문
7. 도전
8. 질문이 있는가?

이러한 조엘의 말 중에서 나는 몇 가지 항목에 동의할 수 없다. 특히 낮은 수준의 C 함수를 작성해보라고 묻는 질문이 그렇다. 이런 질문은 아마 조엘이 1997년에 채용하던 엑셀 개발자들에게는 어울릴지 모르지만, 지금은 아니다. 또한 "시애틀에 검안사가 몇 명이나 존재하는가?"라는 식의 추상적이고 정답도 없는 질문을 던지는 것을 나는 좋아하지 않는다. 그렇지만 이런 질문은 단지 취향의 차이일 것이라고 생각한다. 이런 식의 질문을 꼭 던져야 한다면 최소한 실제 고객들이 마주칠지도 모르는 종류의 질문을 던지는 것이 좋다. 우리가 풀어야 할 실제 문제가 너무나 많기 때문에 완전히 임의로 만들어낸 문제에 대해 열정을 품기란 쉬운 일이 아니다.

조엘은 '우리는 상위 0.5%만을 고용한다'[3]는 식의 오해에 대해 역으로 질문을 던지는 글을 올렸다.

> 어떤 자리에 지원한 사람 중에서 0.5%에 속하는 사람을 뽑는 것이 모든 소프트웨어 개발자 중에서 상위 0.5%에 속하는 사람을 뽑는 것이 아니라는 사실은 자명하다. 실제로는 상위 10% 혹은 50% 혹은 심지어 99%에 속하는 사람을 뽑으면서도 마치 1명을 뽑기 위해 199명을 떨어뜨리는 것처럼 보이는 것이 가능하기 때문이다.
>
> 그런데 정말 뛰어난 사람들은 채용시장에 나오는 일이 거의 없다는 현상 때문에 우리는 여름 인턴을 뽑는 데 공을 들인다. 실력이 뛰어난 이 청년들이 채용시장에 나오는 것은 이것이 마지막일지도 모르기 때문이다. 사실 우리는 컴퓨터 공학을 전공한 학생들을 개별적으로 찾아가서 부디 우리와 함께 여름 인턴을 보내달라고 부탁한다. 그들이 알아서 우리에게 이력서를 보내기를 기다리고 있으면 이미 늦기 때문이다.

나도 동의한다. 나도 놀라울 정도의 실력을 가진 인턴과 일한 적이 있다. 이것은 마치 카지노의 슬롯머신과 비슷하다. 잭팟을 터뜨리면 크게 버는 것이다. 당신의 회사에서 여름 인턴 제도를 시행하지 않고 있다면 당장 시작하라고 말하고 싶다.

크리스 셸스[Chris Sells]는 인터뷰 질문과 인터뷰에 대한 글로 채워진 미니 블로 그[4]를 운영한다. 꼭 방문해서 읽어보기 바란다. 마이크로소프트가 이제 더 이상 인터뷰 과정에서 바보 같은 퍼즐 문제를 묻지 않는다는 사실은 다행스 럽다. 그런 질문을 통해 누굴 채용하려는 것이란 말인가? 윌 쇼츠[Will Shortz][5]? (옮긴이 _ 윌 쇼츠는 미국의 유명한 퍼즐 설계자다.)

개발자를 인터뷰하는 방법에 대해 나도 나름의 생각을 가지고 있다. 후보자 가 당신의 팀원들 앞에서 자신의 전문 분야에 대한 프레젠테이션을 20분 정 도 하라고 시켜보라는 것이다. 내가 보기에는 이런 방법은 다음과 같은 판단 을 가능하게 만들어주기 때문에 전통적인 인터뷰에 비해 훨씬 효과적일 거 라고 생각한다.

- 이 사람은 자신이 수행하고 있는 일에 대해 열정을 가지고 있는가?
- 이 사람은 소규모 그룹 내에서 효율적인 의사소통을 수행할 수 있는가?
- 자신의 전문분야에 대해 잘 알고 있는가?
- 당신의 팀원들은 이 사람과 즐거운 마음으로 일할 수 있겠는가?

직업이라는 것은 왔다갔다 하면서 변하지만 내가 변함없이 기억하는 것은 바로 함께 일했던 사람들이다.

1. http://www.artima.com/wbc/interprog.html
2. http://www.joelonsoftware.com/articles/fog0000000073.html
3. http://www.joelonsoftware.com/items/2005/01/27.html
4. http://www.sellsbrothers.com/fun/msiview/
5. http://www.crosswordtournament.com/articles/ct0398.htm

인터뷰 역사상 가장 어려운 질문

프로그래머를 채용하는 인터뷰 과정에서 퍼즐 문제를 접한 경험이 있는가? 나는 있다. 내가 받았던 질문은 다음과 같다.

> 당신이 가장 좋아하는 음료수 상품은 이 주^{state}에서 얼마나 소비되고 있습니까?

이런 질문에 대한 대답이 그런 것을 알아서 어디에 쓰려고 하는데요, 뭐 이런 식이면 곤란하다. 적어도 그 일자리를 얻고 싶다면 말이다. 당시에 나는 알지 못했지만 이런 식의 질문은 페르미 질문$^{Fermi\ Questions}$이라는 것이다.

퍼즐을 풀라는 질문은 90년대와 2000년대 초반까지만 해도 프로그래밍 인터뷰에서 흔히 사용됐다. 이러한 종류의 질문은 마이크로소프트의 채용 과정에 대한 중점적인 설명과 함께 『후지산을 어떻게 옮길까?』[1]라는 제목의 책에 집대성돼 있다.

HOW WOULD YOU MOVE MOUNT FUJI?

Microsoft's Cult of the Puzzle

HOW THE WORLD'S SMARTEST COMPANIES
SELECT THE MOST CREATIVE THINKERS

WILLIAM POUNDSTONE   AUTHOR OF BIG SECRETS

이런 종류의 질문을 던지는 회사에 입사하려는 상황이라면 흔히 등장하는 퍼즐 문제[2]를 미리 공부해 두는 것이 현명하다. 자신이 이러한 퍼즐 문제에 매우 능하다고 자신한다면 당신의 튼튼한 두뇌를 인터뷰 역사상 가장 어려운 질문[3]이라는 사이트에 부딪혀 보라고 권하고 싶다.

> 100명의 죄수들이 각각 3명의 해적들과 함께 각자의 방에 갇혀있다. 죄수들 중에서 한 명은 아침에 교수대 위에 올라갈 것이다. 각 죄수는 10병의 포도주를 가지고 있는데, 그 중 한 병은 독약이 들어 있다. 각 해적은 12개의 동전을 가지고 있는데, 그 중 하나는 가짜라서 진짜 동전보다 무게가 더 나가거나 덜 나간다. 각 방에는 죄수가 누르거나 누르지 않을 수 있는 스위치가 하나 달려있다. 각자의 방으로 들어가기 전에 죄수들은 빨간 모자나 파란 모자를 쓰게 된다. 그들은 다른 모든 죄수의 머리에 쓰인 모자를 볼 수 있지만 자기 자신의 모자는 볼 수 없다. 한편 6개의 수로 이뤄진 소수만큼의 원숭이들이 해당 수를 이루고 있는 숫자들이 거꾸로 뒤집힐 때까지 곱해지고, 그들은 모두 한 번에 두 마리까지의 원숭이를 태울 수 있는 카누를 이용해 강을 건너야 한다. 그런데 원숭이의 절반은 언제나 거짓말을 하고, 나머지 절반은 사실만을 말한다. 자, N번째 죄수가 원숭이 중에서 한 마리가 어느 해적이 N+1번째 죄수가 어느 포도주에 독이 들었는지 그리고 자기 머리에 쓰인 모자의 색이 무엇인지 결정한 다음에 방 안의 스위치를 눌렀는지 여부를 알지 못하면 그가 1과 100사이에 있는 두 수의 곱이 무엇인지 알지 못한다는 사실을 안다고 했을 때 이 퍼즐의 해답은 무엇인가?

다시 말해서 나는 이러한 퍼즐 질문을 아주 싫어한다[4](그렇지만 나는 이러한 퍼즐 스타일을 열정적으로 사랑하는 사람들은 여기에 언급돼 있는 고전적인 문제들을 모두 나열할 수 있으리라고 기대한다). 그때 나는 해당 인터뷰에서 실패했다. 그것은 상당히 매력적인 자리였기 때문에 실망스러운 결과였다.

프로그래머를 인터뷰하는 방법에 대한 나의 제안[5]이 더 낫다고 생각하기는 하지만 그렇다고 해서 그것이 더 인기가 있다는 뜻은 아니다.

앞에서 나는 개발자를 인터뷰하는 이상적인 방법에 대한 나의 이론을 밝힌 바 있다. 후보자로 하여금 팀원들 앞에서 자기가 일했던 내용에 대해 10분 정도 간략한 프레젠테이션을 하도록 시켜보라는 것이다. 후보자가 엉터리가 아니라는 사실을 보증하기 위해 이러한 과정을 실제 코드를 다루는 인터뷰와 함께 병행하면 더 좋다. 그렇지만 어떤 사람이 자기가 말하고 있는 내용을 확실히 알지 못하는 상태에서 당신의 팀원들을 속일 수 있을 가능성은 거의 없다. (만약 그럴 수 있는 사람이라면 지금쯤 이미 자기 회사의 CEO가 돼 있어야 마땅하다.)

여기서 내가 최대한 활용하려고 애쓰고 있는 대상은 의사소통 능력이다. 일단 피즈버즈 수준의 단계[6])를 통과한 프로그래머라면 대부분 어느 정도 실력을 갖춘 사람이다. 하지만 코딩 실력만으로는 불충분하다. 괜찮음에서 훌륭함으로 나아가려면 팀의 동료들과, 매니저와, 사용자와, 그리고 궁극적으로 세상 전체와 효과적으로 의사소통할 수 있는 사람이어야 한다.

내 아내와 나는 최근에 첫 아기의 출산[7]과 관련해서 5일 동안 병원신세를 졌다. 병원에 있는 동안 우리는 여러 명의 간호사, 적어도 하루에 두 명의 서로 다른 간호사에게서 도움을 받았다. 우리가 병원의 다른 영역으로 옮겨가거나 일일 스케줄이 달라지면서 더 많은 간호사의 도움을 받은 날도 있었다. 이 병원이 제공한 서비스의 수준은 상당히 높은 수준이었지만, 우리는 가장 훌륭한 간호사와 최악인 간호사 사이에 존재하는 서비스 수준의 차이 때문에 몹시 당황스러워 했다. 며칠이 지난 후에 나는 어떤 특징을 포착할 수 있었다. 최악의 간호사들은 언제나 최악의 의사소통을 수행하는 사람이었던 것이다! 최악에 속하는 부류의 간호사가 우리와 제대로 된 의사소통을 하지 못하는 부분은 다음과 같은 것이 있다.

- 그들이 왜 그 일을 해야 하는가
- 선택 가능한 옵션으로는 어떤 것이 있는가
- 조언
- 문제 해결

이러한 의사소통의 부재는 그들이 우리에게 관심이 없거나 언제나 상급자의 권위에만 호소하는 매우 융통성이 없고 딱딱한 사람인 것처럼 보이게 만들었다. 물론 사실이 아닐 것이다. 그들도 역시 훌륭한 자격을 갖춘 간호사라는 데 의심의 여지는 없다. 하지만 적절한 의사소통이 부재할 때는 그런 식의 이미지가 생겨난다. 공정함을 위해 말해두자면 이런 부류의 간호사는 거의 대부분 (늘 그렇지는 않지만!) 영어를 모국어로 사용하는 사람들이 아니었다.

채용이라는 것은 쉬운 일이 아니다. 그렇지만 퍼즐 문제에 지나치게 의존하는 인터뷰 과정은 위험하다. 그런 과정을 통해 정말 어려운 퍼즐 문제를 풀어내는(혹은 단순히 정답을 기억하는) 사람을 채용할 수도 있다. 하지만 그러한 해결책을 나머지 팀원들에게 효과적으로 설명하는 기술도 중요하지 않을까? 대다수의 프로그래머들에게는 바로 그것이 가장 어려운 기술인 경우가 많다.

1. http://www.amazon.com/dp/0316919160/?tag=codihorr-20
2. http://www.techinterview.org/
3. http://www.cartalk.com/content/read-on/2008/08.23.2.html
4. http://www.codinghorror.com/blog/archives/000226.html
5. http://www.codinghorror.com/blog/archives/000226.html
6. http://www.codinghorror.com/blog/archives/000781.html
7. http://www.codinghorror.com/blog/archives/001242.html

팀이
함께 일하도록
만들기

그들이 어떤 말을 하든 그것은 결국 사람과 관련된 문제다

브루스 에켈은 소프트웨어 개발과 관련된 모든 문제의 원인[1]을 절묘하게 분석했다.

우리는 이제 막 시작된 비즈니스[2] 안에 놓여있다. 정말이지 아직은 원시적인 비즈니스 말이다. 우리는 무엇이 제대로 작동하는지 모르는 상태임에도 너무나 자주 모든 문제를 해결할 수 있는 만병통치약을 찾았다고 착각한다. 바로 이러한 착각의 결과로 우리는 새로운 아이디어가 등장하고, 주목을 받고, 우리의 통제를 벗어나고, 그러다가 마침내 김이 빠지는 주기에 맞춰서 수년 동안에 걸친 호황과 파국의 주기를 반복한다. 그렇지만 어떤 아이디어는 그와 같은 주기를 벗어나 자생력을 가지고 있는 것처럼 보이기도 한다. 예를 들어 애자일 방법론과 관련된 아이디어들은 생산성과 품질에 실제 영향을 미쳤다. 그것은 이러한 방법론이 기술적인 내용보다는 결국 사람들이 어떻게 협력해서 일을 할 수 있는지에 더 많은 관심을 기울였기 때문이다.

나에게 많은 가르침을 준 제랄드 와인버그^{Gerald Weinberg}는 자신의 처음 두 책을 프로그래밍과 관련된 기술에 대해 썼다. 그러고 나서 그는 주제를 바꿔서 프로그래밍의 절차에 대해 50여권의 책을 쓰거나 공저했다. 그가 한 말 중에서 가장 유명한 말은 이것이다. "그들이 어떤 말을 하든 그것은 결국 사람과 관련된 문제다."

> 어떤 프로젝트를 성공하게 하거나 실패하게 하는 것은 언제나 절차와
> 사람에 관련된 문제다. 매일 수행하는 일의 절차 말이다. 아키텍트가
> 어떤 사람들이고, 관리자가 어떤 사람들이며, 프로그래밍 팀에서 어
> 떤 사람들과 함께 일하는가를 비롯해 의사소통을 어떻게 하고, 그리
> 고 가장 중요하게는 절차나 사람과 관련된 문제가 발생했을 때 그것
> 을 어떻게 해결하는가가 가장 중요하다. 모든 것이 결국 기술의 문제
> 이고 나머지 다른 것들은 어떻게 해서든 대충 해결할 수 있을 거라고
> 생각하는 것은 모든 문제의 원천이다. 나머지 다른 것들이라고 생각
> 하는 것이야말로 바로 당신을 꽁꽁 얼어붙게 만들 수 있는 것이기 때
> 문이다.

브루스는 인용하는 말[3]을 잘못 기억했다. 정확한 인용은 "문제가 무엇이든,
그것은 결국 사람과 관련된 문제다."이다. 하지만 브루스의 변형된 인용은
그 자체로 엄청난 진실을 포함하고 있어 제럴드 와인버그의 책[4]이 나타내
는 정신에 잘 어울린다.

당신의 프로젝트가 성공할지 여부[5]를 판단해야 한다고 해보자. 다음 질문에
대한 답변이 존재하면 나는 프로젝트가 성공할지 여부를 거의 확실하게 말
할 수 있다.

1. 당신의 팀이 얼마나 많은 줄의 코드[6]를 작성할 것인가?
2. 어떤 종류의 소프트웨어[7]를 만드는가?
3. 동료 프로그래머들을 좋아하는가?

마지막 질문은 농담이 아니다. 나는 농담 같은 것은 하지 않는다. 당신은 동
료 팀원들을 거의 개인적인 수준에서 좋아하고 있는가? 당신의 동료들을 직
업적인 관점에서 존중하고 있는가? 만약 다른 회사로 자리를 옮긴다면 현재
의 동료들을 그곳으로 불러들이고 싶은가? 서로의 영감이 자극되는 토의를
하는가, 아니면 서로 옥신각신하며 의사 진행을 방해하는 데만 열중하는 논
쟁을 벌이는가? 할 수만 있다면 구명보트에서 떨어뜨리고 싶은 팀원이 있는
가?

실제 업무나 그런 업무에서 사용되는 기술과 같은 구체적인 것들에 비하면 함께 일하는 사람에 대해 이야기하는 것은 왠지 하찮은 일처럼 생각될 수도 있다. 하지만 전혀 그렇지 않다. 나는 함께 일을 하는 사람들이야말로 자신의 직업 만족도에 대한 가장 정확한 척도 역할을 한다는 사실을 발견했다. 그리고 지금까지 나 자신의 경험에 비춰봤을 때 직업 만족도는 거의 완벽하게 성공 여부와 연관된다. 행복하고, 건강하고, 손발이 척척 맞고, 사회적 기능이 원활하게 돌아가는 소프트웨어 개발팀이 실패하는 경우를 나는 본 적이 없다. 그런 팀이 별로 많지 않다는 사실은 아쉬운 일이다.

와인버그가 말한 것처럼 그것은 언제나 사람과 관련된 문제다. 자기가 좋아하거나, 존중하거나, 영감을 불어넣어 주는 종류의 사람과 일을 하고 있는 것이 아니라면, 그렇게 해보는 것이 어떤가? 무엇이 당신을 막고 있는가?

●

1. http://www.artima.com/weblogs/viewpost.jsp?thread=221622
2. http://www.codinghorror.com/blog/archives/000686.html
3. http://www.softwarequotes.com/ShowQuotes.asp?ID=605&Name=Weinberg,_Gerald_M.&Type=Q
4. http://www.amazon.com/gp/search/ref=sr_adv_b/?search-alias=stripbooks&unfiltered=1&field-author=gerald+weinberg&sort=relevancerank
5. http://www.codinghorror.com/blog/archives/000917.html
6. http://www.codinghorror.com/blog/archives/000637.html
7. http://www.joelonsoftware.com/articles/FiveWorlds.html

예를 통해
리드하기

개발팀이 현대 소프트웨어 공학 관습[1]의 혜택을 얻으려면 약간의 훈련이 필요하다. 당신의 팀에 필요한 공학적 규율이 없다면 어떤 도구나 절차를 사용하는가는 아무 의미가 없다. 나는 '규율이 더 강한 개발자를 만든다'[2]는 글의 취지에 전적으로 동감한다.

하지만 팀 내부에 공학적 규율을 강제하는 엄격한 규율반장[3]이 있어야 한다는 아이디어에 대한 일부의 염려는 일리가 있다.

이 녀석아! 네 이름을 기억했어! 혼날 줄 알아! 웃지마. 울지도 마. 숫자를 세는 것부터 배우게 될 거야. 내가 제대로 가르쳐 주겠어.

동료들이 어떤 규칙을 지키게 만들기 위해 다그치고 혼내는 것은 적어도 내경험에 의하면 소프트웨어 개발자들에게 효과적으로 동기를 부여하는 방법이 아니다. 팀이 한 단계 높은 수준의 공학적 절차를 따르게 하려면 규율반장이 아니라 리더가 필요하다. 우리의 목적은 사람들의 생각을 개조하려는것이 아니라 모두가 믿고 따를 수 있는 평범한 표준을 정하는 데 있기 때문이다.

데니스 포브스Dennis Forbes는 '소프트웨어 개발팀 안으로 효과적으로 통합되기'[4]라는 글에서 효과적인 리더십 전략을 탁월하게 정리했다. 그는 규율반장으로 인식되는 데 따르는 위험을 설명하기 위한 가상의 (내가 데니스를 이해하기로는 아마도 자신의 자전적 경험에 기초한) 이메일로 글을 시작한다.

나는 약간의 웹 애플리케이션을 개발하면서 어떤 소프트웨어 팀이 제품을 출시하는 데 도움을 주는 역할을 맡게 됐다. 나는 그들로부터 신뢰와 존경을 받는 유용한 사람이 되기 위해 팀 안에 효과적으로 스며들기 위한 노력을 기울였다.

나는 조엘 온 소프트웨어[5]의 다양한 글을 모두에게 전송하고, 코드 컴플릿[6], 피플웨어[7], 그리고 맨 먼스 미신[8] 등의 내용을 권장했다. 그리고 내가 업무 개선을 위해 생각해낼 수 있는 모든 내용을 공유했다. 나는 다른 사람들의 업무 방식을 개선할 만한 방법을 찾기 위해 정기적으로 소스코드가 저장된 곳을 둘러보며 시간을 보냈다.

다른 개발자가 나에게 도움을 요청했을 때 나는 그들이 소프트웨어를 개발하는 방법, 코드를 작성하는 방법을 개선하는 법, 변수의 이름을 정하는 법, 코드를 작성할 때 사용할 수 있는 더 좋은 도구들, 그리고 스토어드 프로시저stored procedure나 SQL과 관련된 여러 논쟁에 대한 나의 최종적인 판단 등을 알려주기 위해 내 도움이 미치는 범위를 최대한 넓히려고 노력했다.

이러한 모든 노력에도 나는 언제나 저항에 직면했고, 팀원들이 나를 별로 좋아하지 않는다는 느낌을 받게 됐다. 내가 제안한 내용들은 거의 대부분 무시당했고, 그들 중 일부는 나의 지적이 악의적인 냉소처럼 보인다고까지 말했다.

뭐가 잘못된 걸까?

이런 종류의 사람과 함께 일한 경험을 누구나 가지고 있을 것이다. 어쩌면 우리 자신이 바로 그런 사람일지도 모른다. 아무리 의도가 좋고, 도서 목록에 들어있는 책들[9]을 두루 섭렵했더라도 결국 당신은 팀원들이 보기 싫어하는 규율반장처럼 인식될 가능성이 높다.

데니스는 글의 마지막 부분에서 '자신의 팀원들에게 총을 맞고 쓰러지는 일을 피하기 위한 방법'[10]을 잘 정리해 놓았다.

> 겸손하라. 언제나 일단 자기가 잘못됐다고 가정하라. 개발자들은 실수를 저지르지만, 그리고 새로 들어온 당신은 다른 개발자가 저지른 실수를 발견하고 수정할 수 있게 도와야 하지만 당신이 발견한 사실을 자부심을 가지고 발표하기 전에 그것이 정말로 확실한지 여부를 거듭 확인해야 한다. 잘못 발견한 내용을 가지고 떠들거나 하면 당신의 신뢰도에는 회복할 수 없는 결정타가 가해지기 때문이다.
>
> 건설적인 비판에 집중하며 끝까지 신중하라. 청취자의 범위를 넓히는 것은 방어논리나 보복을 야기할 가능성을 높인다. 팀은 언제나 당신의 동기가 무엇인지 주목하고 있으며, 만약 당신이 자신의 업적을 과시하기 위해 다른 사람들의 업적을 훼손하면 곧바로 발각되어 추방될 것이다.
>
> 신뢰와 존경을 얻는 최선의 방법은 엄청난 노력과 실질적인 결과를 보여주는 것뿐이다. 모든 사람에게 좋은 개발 방법론을 이메일로 전송하거나, 어떤 기술을 이용하면 훌륭한 결과를 낳을 거라는 식의 조언을 보내는 식의 값싸고 피상적인 대체물은 동일한 결과를 낳지 못하며, 설령 그렇다고 해도 효과가 지속되지 못한다.
>
> 행동은 말보다 설득력이 있다. 팀블로그나 위키, 새로운 소스코드 관리 메커니즘, 혹은 새로운 기술에 대해 말하는 것은 값싼 일이다. 누군가 힘든 노력을 통해 그런 것들을 실제로 구현했을 때 당신은 그저 그 아이디어에 대한 소유권을 주장하려고 하고 있을 뿐이라는 사실을 다른 사람들은 이미 잘 알고 있다. 뭔가를 제안하고자 한다면 제안을 뒷받침하는 노력을 실제로 기울여야 한다. 예를 들어 초보적인 사용자 가이드라인이나 팀블로그에서 사용되는 기술에 대한 실제 데모를 통해 팀블로그의 기초적인 작업이 무엇인지 보여줘야 한다. 이러한 노력이 곧 당신의 아이디어가 채택될 것임을 보장하지는 않는다. 이런

> 노력이 수포로 돌아갈 수도 있다. 그렇지만 팀은 당신이 손쉽게 신뢰를 얻으려고 하는 것이 아니라 실제 동기를 가지고 있다는 것을 보게 된다.
>
> 모든 상황에 들어맞는 조언은 없다. 모든 애플리케이션이 수많은 방문자를 자랑하는 전자상거래 사이트인 것은 아니다. 어떤 방법이 단지 널리 사용된다고 해서 당신이 들어가려는 그룹에게도 잘 맞는 설계 철학이라고 할 수는 없다.

내가 데니스의 조언에서 좋아하는 부분은 그것이 실천과 결과에 온전히 초점을 맞추고 있다는 점이다. 그의 의견은 내가 실제로 관찰한 내용과 깊은 관련이 있다. 기술적인 리더십의 가장 효과적인 모습은 예를 통해 리드하는 것이다. 개발과 관련된 리더 중에서 규율을 강제하기 위한 시간과 권위를 가지고 있는 사람은 거의 없다. 따라서 실제 행위만이 유일한 방법[11]이다.

하지만 행위만으로는 종종 불충분하다. 리드하는 방법을 평생 배우고도 제대로 리드하지 못하는 경우도 있다. 제랄드 와인버그의 책 『테크니컬 리더 : 혁신, 동기부여, 조직화를 통한 문제 해결 리더십Becoming a Technical Leader: an Organic Problem-Solving Approach』[12]에서는 소프트웨어 엔지니어라는 직업과 관련한 구체적인 리더십에 대한 더 깊은 분석 내용을 확인할 수 있다.

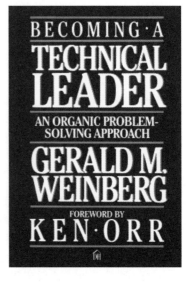

처음 몇 개의 장에서 와인버그는 규율반장과 데니스 포브스의 가상 이메일에 등장한 동기부여 기법을 등장시켜 문제의 핵심으로 파고들어 간다.

> 우리는 어떤 방식으로 도움을 얻길 원하는가? 나는 동정을 받는 듯이 도움을 받을 마음이 없다. 어떤 이기적인 동기에 의해 도움을 받고 싶은 마음도 없다. 이러한 상황에서 도움을 주는 사람은 하나의 인간으로서 나에게 아무런 관심이 없기 때문이다. 내가 다른 사람이 나에게 가졌으면 하고 바라는 태도는 나를 사랑하는 것이다. 물론 로맨틱한 사랑을 말하는 것이 아니라, 다른 인간에 대한 보편적인 사랑을 의미하는 것이다.
>
> 따라서 다른 사람에게 직접적으로 혹은 도움이 되는 환경을 만듦으로써 동기를 부여하고자 한다면 첫째로 당신이 그들을 진심으로 염려하고 있다는 사실을 확신시켜야 한다. 가짜 염려가 통할 수도 있지만 오래 가지는 못한다. 그렇기 때문에 황금률에서 말하기를 "네 이웃을 사랑하는 척을 하라"가 아니라 "네 이웃을 사랑하라"고 말하는 것이다. 자신을 속이지 말라. 자기가 리드하는 사람을 진심으로 염려하고 있지 않다면 당신은 그들을 리드하는 과업에서 결코 성공할 수 없다.

와인버그의 『테크니컬 리더』[13]는 정말이지 고전이다. 이것은 아주 간단하게 말하면 사고력이 풍부한 컴퓨터광들이 친구를 사귀고 영향력을 행사하는 방법[14]에 대한 책이다. 리더십에 대한 놀랄 정도로 많은 부분이 사실은 다른 사람에게 진심을 전하는 것에 달려있다. 이것은 프로그래머들이 취약한 부분이기도 하다. 우리는 컴퓨터와 코드를 사랑하지만[15] 우리의 동료들은 컴퓨터보다 훨씬 더 복잡한 존재이기 때문이다.

> 🐦 제프 앳우드@codinghorror
>
> "야후!가 준 교훈은 바로 리더십이 허약한 회사는 망할 수밖에 없다는 사실이다. "방 안에 한 무리의 엔지니어가 있는 것"은 리더십과 아무 상관이 없다."
>
> 오후 12:17 – 2012년 5월 23일

1. http://www.codinghorror.com/blog/archives/000643.html
2. http://www.codinghorror.com/blog/archives/000931.html
3. http://www.youtube.com/results?search_query=gunnery sergeant hartman&search=Search
4. http://www.yafla.com/dennisforbes/Effectively-Integrating-Into-Software-Development-Teams/Effectively-Integrating-Into-Software-Development-Teams.html
5. http://www.joelonsoftware.com/
6. http://www.amazon.com/exec/obidos/ASIN/0735619670/codihorr-20
7. http://www.amazon.com/exec/obidos/ASIN/0932633439/codihorr-20
8. http://www.amazon.com/exec/obidos/ASIN/0201835959/codihorr-20
9. http://www.codinghorror.com/blog/archives/000020.html
10. http://www.yafla.com/dennisforbes/Effectively-Integrating-Into-Software-Development-Teams/Effectively-Integrating-Into-Software-Development-Teams.html
11. http://www.codinghorror.com/blog/archives/000689.html
12. http://www.amazon.com/exec/obidos/ASIN/0932633021/codihorr-20
13. http://www.amazon.com/exec/obidos/ASIN/0932633021/codihorr-20
14. http://www.amazon.com/exec/obidos/ASIN/0671723650/codihorr-20
15. http://www.codinghorror.com/blog/archives/000761.html

뱀파이어 프로그래머
대
베어울프 시스템 관리자

시스템 관리자인 카일 브란트[Kyle Brandt]는 개발자가 운영 시스템에 접근할 수 있어야 하는가?[1]라는 질문을 던졌다.

> 다음 질문은 웹 개발 회사에게 끊임없이 나오는 질문이다[2, 3].
>
> "개발자가 운영 시스템에 접근할 수 있어야 하는가? 만약 그렇다면 어느 정도까지 접근할 필요가 있는가?"
>
> 내가 보기로 개발자들은 운영 시스템에 제한된 접근 권한만을 가져야 한다. 이러한 주장에 대한 이야기를 덧붙이기 전에 한마디 하자면 이러한 주장은 결코 개발자들의 실력이나 태도 때문에 제기되는 것이 아니다. 따라서 이 주장을 그런 맥락에서 이해하지 않길 바란다.

이 질문은 아무래도 나 자신이 개발자이기 때문에 다루기 좀 곤란한 질문이다. 더 자세하게 말하자면 나는 카일이 말하고 있는 개발자 중 한명이다. 내가 그것을 어떻게 아느냐고? 왜냐하면 카일은 우리 회사인 스택 오버플로우에서 근무하기 때문이다. 카일은 훌륭한 시스템 관리자다. 내가 그것을 어떻게 아느냐고? 바로 두 가지 이유에서다.

1. 그는 서버 폴트[Server Fault][4]의 최상위 사용자 중 한 명이다.
2. 그는 서버 폴트 블로그에 이러한 글을 남길 정도로 담대하다.

내가 보기에 이러한 주장의 핵심은 결국 우리가 무엇을 하고 있는가에 대해 논의하는 것이다. 물론 어떤 일을 완수하는 것은 중요하다[5]. 하지만 우리는 때로 손을 멈추고 우리가 무슨 일을 하고 있는지, 어떻게 하고 있는지, 그리고 심지어 왜 그것을 하는지에 대해 우리의 모든 의혹과 염려를 망라해서 총체적으로 생각해볼 필요가 있다. 그렇게 하지 않는 것은 우리 자신을 속이는 것이다. 우리 내면 깊숙한 곳에서 말이다. 그렇다. 우리가 무슨 일을 하고 있는지에 대해 커뮤니티에 설명하는 것은 우리가 초점을 잃지 않게 하는 데 도움이 된다. 우리의 동료들이 우리에게 피드백을 제공해줄 기회를 허락하기 때문이다. 하지만 가장 중요한 것은 이러한 논의가 사람들로 하여금 우리가 저지른 아주 많은 실수로부터, 그리고 믿기 어렵겠지만 우리가 거둔 성공으로부터 뭔가를 배울 수 있는 기회를 제공한다는 사실이다.

바로 그것이 스택 익스체인지 Q&A 네트워크[6]의 배후에 놓인 철학이기도 하다. 이 모든 것을 공적인 영역에서 논의하자. 그래서 우리가 사랑하는 일을 더 잘 할 수 있는 방법을 서로에게로부터 배울 수 있게 하자. 바로 그것이 우리의 철학이다.

시스템 관리자와 프로그래머 사이에서 일어나는 무용담은 낯선 것이 아니다. 두 부류의 사람들이 서로 끊임없이 다투지 않는 회사에서 근무한 경험은 기억할 수 없을 정도다. 그것은 거의 서사적인 규모의 투쟁이지만 그것을 제대로 이해하려면 우선 시스템 관리자와 프로그래머가 서로 다른, 어쩌면 서로 보완하는, 초자연적인 힘을 가지고 있는 사람들이라는 사실을 이해할 필요가 있다.

프로그래머들은 뱀파이어와 같다. 그들은 종종 밤에 깨어있고, 죽음보다 창백한 얼굴을 가지고 있으며, 일반적으로 햇볕에 노출되는 것을 두려워한다[7]. 그리고 그들은 자기 자신이(적어도 자기가 작성한 코드가) 영원히 죽지 않을 거라고 생각하는 경향이 있다.

이에 비해 시스템 관리자는 베어울프와 같다. 겉으로 보기에 그들은 평범하지만, 믿을 수 없을 정도로 힘이 세고, 보통 사람들을 쉽게 죽일 만한 일들 앞에서 멀쩡하다. 그리고 "사건"이 터지는 달밤에 몸에 기묘한 변화가 일어나는 일을 겪는다.

카일이 프로그래머를 존중하는 것과 마찬가지로 나 역시 시스템 관리자들을 깊이 존중한다는 사실[8]을 분명히 밝혀두고자 한다.

> 간혹 경계가 불분명해지는 경우도 있긴 하지만 우리는 대체로 프로그래밍 커뮤니티와 IT/시스템 관리자 커뮤니티가 서로 다른 종류의 괴물이라고 생각한다. 당신이 뛰어난 프로그래머라고 해서 네트워킹과 서버 구성에 정통한 것은 아니다. 그리고 나는 내 코드 주변에 자신의 스크립트를 칭칭 감는 시스템 관리자와 만난 적이 여러 번 있었다. 바로 그렇기 때문에 서버 폴트는 자체적인 도메인과, 사용자 프로파일과, 평판 시스템을 갖추고 있는 것이다.

그럼, 서로 다른 종류의 "괴물"이고말고.

어쨌든 프로그래머가 현장 시스템에 대해 어느 정도의 접근 권한을 가져야 하는지에 대해 절대적인 답변을 찾고자 한다면 미안하지만 그런 대답은 해줄 수가 없다. 회사는 저마다 다르고, 팀도 저마다 다르다. 형편없는 대답이라는 사실은 알지만 정답은 그때그때 다르다.

하지만 트루 블러드[9](혹은 세상에, 트와일라잇 이클립스[10] 영화)를 본 사람이라면 알겠지만 뱀파이어와 베어울프가 서로 협동하는 방법도 있다. 건강한 팀이라면 모든 사람들이 자신의 능력이 쓸모없이 탕진되는 것이 아니라 뭔가를 위해 사용된다고 느낄 것이다.

우리 팀에서는 모두가 어느 정도 쓸모 있는 수준의 시스템 관리자다. 하지만 해야 하는 일이 너무나 많기 때문에 전문적인 시스템 관리자를 갖는다는 것은 그가 네트워킹이나 하드웨어와 관련된 업무를 적절히 처리하고 훨씬 더 훌륭한 절차를 밟는 동안 나머지 우리는 프로그래밍에 집중할 수 있다는 사실을 의미한다. 우리는 우리가 더 잘하는 일에 행복한 마음으로 집중할 수 있고, 카일은 그가 잘 할 수 있는 일에 집중할 수 있다. 그렇다면 개발자들은 현장 시스템에 대한 완전한 접근 권한이 필요하지 않다. 시간이 지남에 따라 그러한 접근의 필요성은 차츰 희박해지고, 가끔 드물게 현장에서 심각한 문제가 발생했을 때가 아니라면 완전한 접근은 의미가 없어진다. 서로가 행복해질 수 있는 균형점을 찾을 수 있는 것이다.

내가 보기에 뱀파이어와 베어울프를 관리하는 기술의 핵심은 그들이 서로 싸우는 데 힘을 소모하는 것이 아니라 서로 힘을 합치지 않으면 달성할 수 없는 목표를 달성하기 위해 각자가 가진 초자연적인 힘을 사용하도록 만드는 데 있다. 내 경험에 의하면 프로그래머와 시스템 관리자가 싸우는 것은 그들이 심심하기 때문이다. 그들이 서로의 고유한 기술을 발휘하면서 힘을 합쳐야 할 만큼 어려운 일을 맡기지 않은 것이다.

문제는 뱀파이어 대 베어울프가 아니다. 그것은 뱀파이어와 베어울프다.

1. http://blog.serverfault.com/post/893001713/should-developers-have-access-to-production
2. http://serverfault.com/questions/62885/sysadmin-developer-responsibilities
3. http://serverfault.com/questions/7907/access-to-the-production-systems-for-non-sys-admins
4. http://serverfault.com/
5. http://www.codinghorror.com/blog/2007/07/yes-but-what-have-you-done.html
6. http://stackexchange.com/
7. http://www.codinghorror.com/blog/2007/10/geek-diet-and-exercise-programs.html
8. http://www.codinghorror.com/blog/2009/05/server-fault-calling-all-lusers.html
9. http://en.wikipedia.org/wiki/True_Blood
10. http://www.imdb.com/title/tt1325004/

짝 프로그래밍 대 코드 리뷰

톰 더밋[Tom Dommett]은 짝 프로그래밍[1]과 관련된 그의 유익한 경험을 글로 올려서 공유했다.

핵심은 두 개발자가 하나의 컴퓨터상에서 일을 하는 데 있다. 둘 다 키보드와 마우스를 가진다. 어느 특정 시점에서 한 사람은 운전을 하고 다른 한 사람은 길을 알려준다. 이러한 역할은 한 시간마다, 혹은 어떤 식으로든 정해진 시간마다 바뀐다. 운전사는 코드를 입력하고, 내비게이터는 해결해야 할 문제와 다음에 작성해야 할 코드의 내용을 고민하면서 동시에 운전사가 입력한 코드를 읽고, 확인하고, 철자 검사도 하고, 코드의 에러 여부를 검사한다. 운전사가 실수를 저지르면 문제를 해결할 수 있는 사람이 두 명이나 존재하고, 특히 그 중에서 한 명은 좋은 해결책을 가지고 있는 경우가 대부분이다.

두 사람이 각자 서로 다른 전문분야를 가지고 있을 거라는 장점 이외에도, 이러한 과정은 서로의 기술이 서로에게 전달되게 하는 장점도 있다. 한 사람이 다른 사람에게 어떤 기법을 전하거나 문제를 임시적으로 해결하는 기술을 눈앞에서 보여줌으로써 특별한 교육효과를 갖게 되는 것이다.

이런 과정을 밟으면 어떤 코드의 내용을 완전히 숙지하고, 그것이 왜 그런 식으로 작성됐는지 제대로 이해하는 사람이 팀 안에 두 명이나 존재하게 된다. 이러한 코드는 다른 사람이 바로 옆에서 지켜보고 있는 동안 작성됐기 때문에 한 사람이 작성한 코드에 비해 더 좋은 품질을 가지고 있을 가능성도 높다. 또한 이런 코드는 나중에 유지보수와 관련된 문제를 일으키는 버그나 임시변통의 코드를 포함하고 있을 가능성 역시 매우 낮다.

규모가 큰 팀에서는 매 주마다 짝을 바꿔서 다른 사람과 짝을 이루게 하는 것이 가능하다. 이런 과정은 개발자들이 서로의 생각을 공통의 언어인 코드를 통해 논의하게 만들기 때문에 엄청난 장점이 있다.

우리는 이런 식으로 일하는 것이 혼자서 개별적으로 코딩하는 것보다 느리지 않다는 사실도 발견했다. 짝 프로그래밍을 통해 코드는 빠르게 작성되고 일단 작성된 다음에는 누가 다시 살펴보지 않아도 된다. 그리고 설령 코드에 변경이 필요한 순간이 오더라도 코드를 변경할 수 있는 사람이 두 명이나 있다.

바람직한 결과다. 나는 팀의 의사소통을 돕는 것이라면 무엇이든 환영한다.

나는 짝 프로그래밍이라는 개념으로부터 좋은 영감을 얻긴 하지만 결코 짝 프로그래밍을 해본 적은 없다. 그렇지만 다른 개발자와 가깝게 일하는 것은 좋아한다. 동료 프로그래머와 나란히 앉아서 일을 할 때마다 나는 그들이 펼치는 초식과 기술을 흡수한다. 이것은 양쪽 모두가 새로운 기술을 익히는 최선의 방법이다. 하지만 나는 이런 방법을 조금만 활용할 뿐이다. 나에게 주어진 8시간 내내 동료와 이야기하는 것은 조금 그렇다. 다른 동료와 짝을 이룰 때 필요한 행운이 따르지 않는다면[2] 그 동료와 나누는 지나친 대화와 협력은 오래지 않아서 우리를 피곤하게 만들 것이다.

나는 코드 리뷰의 효과에 대한 글[3]을 쓴 적이 있다. 나의 개인적인 경험에 기초한 글이었다. 코드 리뷰에 대해 나는 조건 없는 지지를 보내고 싶은 마음이다. 그런 맥락에서 나는 짝 프로그래밍이라는 것이 스테로이드를 먹어서 기능이 강화된 코드 리뷰에 불과한 것이 아닌가, 라는 생각을 멈추기 어렵다. 어느 하나가 다른 하나를 대체할 수 있다는 말이 아니다. 두 가지 방법을 모두 실행하는 것도 가능할 것이다. 그렇지만 짝 프로그래밍이 가지고 있는 대부분의 장점은 코드 리뷰[4]를 제대로 수행했을 때도 성취할 수 있으리라 생각한다.

하지만 마티 프라이드Marty Fried가 지적한 것처럼[5] 코드 리뷰 또한 만병통치약은 될 수 없다.

코드 리뷰와 관련한 나의 경험은 다소 복합적이다. 아주 간단한 코드가 아니라면 자기가 작성하지 않은 새로운 코드를 완전히 이해하기 위해 기꺼이 시간을 투자하는 사람이 거의 없기 때문에 프로그래머들이 코드 리뷰를 통해 지적하는 내용은 매우 일반적인 수준에서 그칠 뿐이다. 나중에 누군가가 그 코드에 있는 버그를 수정하거나 새로운 기능을 더해야 할 때가 되면 그때서야 비로소 해당 코드의 깊숙한 내용을 지적하게 된다. 하지만 이때는 이미 늦은 경우가 대부분이다. 해당 코드를 작성한 프로그래머는 아예 회사에 남아 있지 않을 수도 있다. 코드 리뷰를 하는 것이 하지 않는 것보다 나을 거라고 생각하긴 하는데, 아무래도 프로그래머가 자기 상관에게 다른 동료 프로그래머의 실력이 형편없다고 말하기는 어려운 법이다.

짝 프로그래밍의 장점은 그것이 갖는 효과가 즉각적이라는 점이다. 동료 프로그래머가 바로 옆에 앉아 있는 경우에는 그를 무시하는 것이 불가능하다. 선택의 여지가 있다면 사람들은 번거로운 절차를 생략하려고 할 것이다. 하지만 짝 프로그래밍을 하면 그런 생략이 불가능하다. 짝의 양 축을 이루는 사람들이 똑같은 코드를, 그 자리에서 적혀 나가는 순간 이해해야만 하기 때문이다. 짝을 이루는 행위가 다소 강제적이긴 하지만 이렇게 하는 것은 다른 상황에서는 이뤄지기 힘든, 깊은 수준의 의사소통을 가능하게 만들기도 한다.

이에 비해 코드 리뷰는 두 사람이 물리적으로 같은 공간에 있어야 하는 짝 프로그래밍보다 훨씬 도입하기가 수월하다. 와인WINE 프로젝트[6]에 참여하는 동안 마카다미언Macadamian이 코드 리뷰를 통해 경험한 내용[7]을 살펴보기 바란다.

와인 프로젝트에는 우리에게 별로 익숙하지 않은 두 가지 절차가 있었다. 하나는 새로운 코드나 패치 코드의 내용이 이메일 목록에 포함된 사람 모두에게 이메일로 전송되는 공개적인 코드 리뷰이고, 다른 하나는 프로젝트 리더가 그러한 코드 중에서 어느 것이 소스 트리에 제출되고 어느 것이 제출될 수 없는지를 정하는, 코드 수정을 단 한 명이 최종결정하는 절차였다.

우리는 1994년부터 와인 프로젝트의 핵심 개발자로 근무한 알렉산더 질라드Alexandre Julliard가 소스 트리에 제출되는 코드의 내용에 대해 대단히 까다롭게 군다는 사실을 알게 됐다. 우리 팀이 작성한 패치의 내용은 그가 상세하게 검토했고, 어느 것은 거절당하기도 했기 때문에 많은 사람이 끙끙 앓는 신음소리를 토했다. "내가 작성한 코드는 잘 동작한다고. 도대체 이 녀석은 누구야? 마감일이 당장 내일인데!" 하지만 프로젝트가 진행되면서 우리는 우리가 그 어느 때보다 더 나은 코드를 작성하기 위해 노력하고 있다는 사실을 깨닫게 됐다. 코드 리뷰의 첫 단계에 합격해서 소스 트리로 제출되는 깔끔하고 잘 설계된 코드를 작성하는 것은 차츰 자존심과 관련된 문제로 여겨졌다. 그 프로젝트는 규모가 방대하고 전 세계에 걸쳐 퍼져 있었음에도 이메일을 통해 코드가 수정되는 내용을 누구나 볼 수 있었기 때문에 우리는 프로젝트 전체가 어떤 식으로 진행되는지도 잘 알고 있었다. 이제 우리는 모든 프로젝트에서 코드 리뷰를 수행한다. 우리는 내부 이메일 목록을 작성하고 코드를 최종적으로 제출하는 사람을 한 명 지정한다. 당신의 회사에 이러한 코드 리뷰 절차를 도입하는 것은 고통스러운 일일 것이고, 불평을 토로하는 사람도 있을 것이다. 하지만 이러한 과정을 밟아나가다 보면 코드의 품질이 향상되거나 유지보수 비용이 절감되는 폭이 작지 않음을 깨닫게 될 것이다.

내가 보기에 두 기법은 모두 실질적인 장점을 가지고 있다. 하지만 각각 저마다의 장점과 단점이 있다. 그렇다면 어느 것이 더 효과적일까? 아니면 그냥 둘 다 수행하는 것이 좋을까?

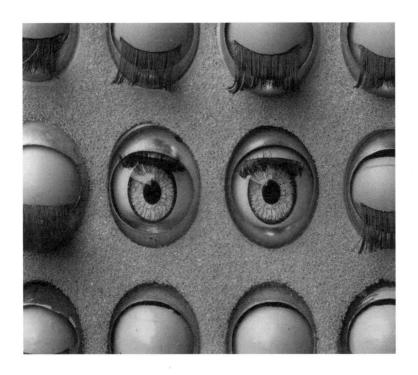

결국 당신이 작성한 코드를 또 다른 한 쌍의 눈이 어떤 식으로든 보도록 만들기만 하면 두 기법 중에서 어느 것을 선택하는가는 그다지 중요하지 않다. 다른 사람이 당신이 작성한 코드를 검토한다는 원칙만 지켜지면 그 사람이 바로 옆에 앉아있는가 아니면 1000마일 정도 떨어져 있는가와 상관없이 당신은 더 좋은 소프트웨어를 만들 수 있다. 그것 하나는 내가 확실하게 장담할 수 있다.

1. http://en.wikipedia.org/wiki/Pair_programming
2. http://geekswithblogs.net/dlussier/archive/2007/08/10/114551.aspx
3. http://www.codinghorror.com/blog/archives/000495.html
4. http://www.processimpact.com/pubs.shtml#pr
5. http://jcooney.net/archive/2004/01/31/355.aspx
6. http://en.wikipedia.org/wiki/Wine_%28software%29
7. http://www.macadamian.com/index.php?option=com_techarticle&task=view&id=1

회의:
일이 죽으러 가는
장소

오늘 회사에서 회의를 몇 번이나 했는가? 이번 주에는? 이번 달에는?

이제 그러한 회의 중에서 정말 가치가 있는 것은 어느 것이었는지, 그 시간에 다른 일을 했으면 성취했을 만한 일들과 비교해서 한 번 생각해보라.

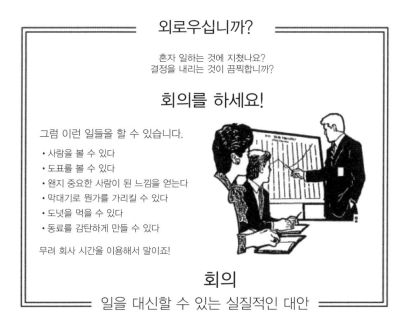

외로우십니까?

혼자 일하는 것에 지쳤나요?
결정을 내리는 것이 끔찍합니까?

회의를 하세요!

그럼 이런 일들을 할 수 있습니다.

- 사람을 볼 수 있다
- 도표를 볼 수 있다
- 왠지 중요한 사람이 된 느낌을 얻는다
- 막대기로 뭔가를 가리킬 수 있다
- 도넛을 먹을 수 있다
- 동료를 감탄하게 만들 수 있다

무려 회사 시간을 이용해서 말이죠!

회의
일을 대신할 수 있는 실질적인 대안

회의라는 것이 아예 필요한 것인지[1] 의심하는 사람도 있을 것이다.

> 깃허브에서는 회의를 하지 않는다. 우리는 근무시간이나 심지어 근무를 해야 하는 날조차 따로 정하지 않는다. 우리는 휴가나 병가를 일일이 세지 않는다. 매니저나 회사조직도 같은 것도 없다. 어떤 복장을 입어야 한다는 규칙도 없다. 회사 비용 처리를 위한 계좌를 감사하거나 전담하는 인사부서도 없다.

톰이 깃허브에 회의가 없다고 말하는 것은 틀림없이 사실이 아닐 것이다. 왜냐하면 내가 그곳에 강연[2]을 하러 그들의 사무실을 방문했을 때 나는 분명히 회의실이라고 적힌 방을 봤기 때문이다. 물론 그들이 회의실 안에 그저 잡동사니를 보관하고 있는 것인지도 모르지만.

어떤 회의는 피할 수 없고 심지어 필요하기도 하지만 톰이 여기서 주장하고 있는 원리는 중요하다. 회의라는 것은 언제나 일단 생산성에 위험을 초래하는 부정적인 것으로 간주해야 한다는 사실이다. 우리는 회의가 꼭 필요하기 때문에 어쩔 수 없이 하는 것이라고 생각하지만 너무나 많은 경우에 회의는 실질적인 일들이 죽음을 맞이하러 가는 장소로 전락해 버린다. 그래서 나는 회의를 최소한 의미 있는 것으로 만들기 위한 몇 가지 원칙을 가지고 있다.

1. 어떤 회의라도 한 시간을 넘기면 안 된다. 넘기면 사형이다

어떤 회의에 대한 가장 우선적이고 중요한 제약은 회사가 가질 수 있는 가장 소중한 자산, 즉 시간이다. 회의를 한 시간 내에 마칠 수 없다면 뭔가 완전히 잘못된 것이므로 그 자리에서 수정해야 한다. 그런 일이 일어나는 것은 너무 많은 사람이 관련돼 있거나, 회의에서 다루는 범위가 지나치게 넓거나, 회의의 초점을 유지시킬 만한 동력이 결핍돼 있기 때문이다. 몇 시간에 걸친 회의를 통해 뭔가 조금이라도 유용한 결정을 내린 적이 있는지 솔직하게 생각해보라. 그런 기억이 떠오르지 않는다면 회의 시간을 당장 짧게 조정하라!

2. 모든 회의에는 명확하게 정의된 목표가 있어야 한다

당신이 주재하는 회의의 목표는 무엇인가? 그것을 하나의 간결한 문장으로 요약할 수 있는가? 나는 보통 "안건" 혹은 "안건 목록"과 같은 것을 사용하라고 권하지 않는다. 안건이라는 표현은 그 회의에서 다루는 일들이 짜증을 야기할 정도로 기다란 목록으로 이뤄져 있음을 뜻하기 때문이다. 회의의 목표가 모두에게 명확하게 전달되게 하는 것이 중요하다. 그것이 이뤄지면 나머지는 저절로 해결될 것이다.

3. 회의에 참석하기 전에 회의에서 필요한 일을 하라

회의는 명확한 목표를 가지고 있으므로 회의에 참석하는 사람들은 모두 회의에 참석하기 전에 자신이 어떤 말을 해야 하는지, 어떤 정보를 공유해야 하는지 등에 대해 준비를 완전히 끝마쳐야 한다. 그렇지 않은가? 그렇게 함으로써 우리는 회의 시간을 한 시간 이내로 조절할 수 있다. 해야 할 준비가 돼 있지 않은 사람은 회의에 참석하지 말아야 한다. 미리 준비한 사람이 아무도 없으면 회의는 당연히 취소해야 한다.

4. 회의에 참석하는 것을 선택사항으로 만들어라

회의가 "의무적"이라고 말하는 것은 핑계에 불과하다. 회의에 참석한 사람들은 모두 스스로 그 자리에 있고 싶어서 왔거나 아니면 꼭 참석할 필요가 있기 때문에 참석한 사람들이어야 한다. 회의를 열 때 회의에 참석하는 사람들에게 책임감을 부여하는 방법 중 하나는 그들에게 회의에 참석하는 것이 선택사항이라고 말하는 것이다. 회의에 참석한 사람들이 모두 정말 스스로 원해서 온, 그런 회의를 상상해보라. 그러니까 회의라는 것이 정말… 유용하다고 생각해서 말이다. 혹은 그저 회의에서 다루는 내용이 너무나 흥미로워서, 아니면 너무나 즐겁기 때문에 온, 회의를 하려면 그런 회의를 하라!

5. 회의를 마무리할 때 해야 할 일을 정리하라

당신이 회의를 주재하지 않았다면 어떤 다른 결과가 발생했을까? 이 질문에 대한 솔직한 대답이 사실은 별다른 일이 일어나지 않았을 것이라는 데 가깝다면 회의를 굳이 할 이유가 없는 것이다. 정말 생산적인 회의는 그 회의에서 결정된 내용으로 인해 뭔가 직접적인 일들이 발생하게 만든다. 회의에 참석한 책임 있는 주체로서의 당신은 당신이 해야 할 일을 스스로 확인할 의무가 있고, 회의에 참석한 다른 사람들도 서로의 이익을 위해 회의를 끝마치고 떠나기 전에 자기가 해야 할 일을 정리해서 밝히는 것이 좋다.

회의를 절대로 하면 안 된다는 말이 아니다. 다만 회의가 본질적으로 가지고 있는 위험을 인식하고, (희망하건대) 우리가 어쩔 수 없이 가져야 하는 소수의 회의를 최대한 생산적인 것으로 만들어야 한다는 이야기다. 회의에서 최대한 빨리 일하고, 쓸데없는 일들을 피하고, 잡담 없이 곧바로 본론으로 들어가는 것이다.

●

1.　http://tom.preston-werner.com/2010/10/18/optimize-for-happiness.html
2.　http://www.codinghorror.com/blog/2011/12/building-social-software-for-the-anti-social.html

썩은 사과를
다루는 방법

로버트 미젠Robert Miesen은 다음과 같은 프로젝트 병리학 이야기를 보내온 적이 있다.

저는 채용과 관련된 웹 기반 애플리케이션과 (고객이 말한 것처럼 일종의 직업 키오스크job kiosk 같은) 스크리닝 시스템을 개발하는 팀에서 일했습니다. 우리 팀과 고객은 이런 키오스크를 윈도, 아파치, PHP5, 그리고 젠드프레임워크ZendFramework를 이용해 개발하기로 계약했습니다. 그냥 조Joe라고 부를 팀원 한 명을 제외하고 말입니다. 조는 개발 과정 내내 자바스크립트를 사용해야 한다고 주장했습니다. 이미 고객이 이러한 키오스크 시스템이 서버 측 기술을 이용해서 개발되기를 바라고 모든 검증 절차가 서버 측에서 일어나기를 원한다고 명백하게 밝혔음에도 불구하고 말입니다.

그렇지만 고객이 이러한 방식을 원한다고 밝혔다는 사실은 조가 거슬리는 목소리로 자바스크립트를 써야 한다고 주장하는 데 조금도 영향을 주지 못했습니다. 프로젝트가 어떤 장애물을 만날 때마다 조는 자바스크립트를 사용했으면 상황이 얼마나 더 쉬웠을지에 대한 장광설을 늘어놓았습니다. 조는 우리가 자바스크립트를 사용하지 않는 것이 얼마나 잘못된 결정인지에 대한 잔소리를 끊임없이 늘어놓았고, 심지어 그는 우리가 사용하기로 한 기술을 배우려 하지도 않았으며, 팀 내부의 누군가가 그를 (대개 이메일을 이용해) 설득해서 변화시키려고 했을 때 조는 그 가엾은 사람에게 불같이 화를 내곤 했습니다. 자바스크립트에 대한 그의 편협한 신앙은 그가 종종 다음과 같은 말을 하게 만들었습니다. "글쎄, 우리가 자바스크립트를 사용했더라면 말이지." 어느 정도였는가 하면 팀 안의 다른 사람들이 그가 회사를 그만두기를(혹은 다른 부서에 배치되거나 해고되기를) 바라기 시작했을 정도였습니다.

이 이야기를 읽고 나서 나는 손으로 턱을 괴고 눈살을 찌푸리며 이렇게 묻고
싶은 충동을 억눌러야만 했다. 자바스크립트를 사용해봤는가?[1]

로버트는 이 이야기가 기술 종속에 대한 주의를 환기시키는 이야기라고 생
각하는 것처럼 보인다. 하지만 나는 이 이야기에서 완전히 다른 것을 본다.
문제를 일으키는 팀원. 고전적인 썩은 사과 문제가 그것이다.

"조"가 좋은 의도를 가지고 있었다는 점은 의심하지 않는다. 하지만 자신의
프로젝트에 반하는 캠페인을 벌이고, 팀원들에 저항하는 일을 일삼는 사람
은 프로젝트에 짐이 된다.

문제가 있는 사람 때문에 프로젝트가 감당해야 하는 비용은 스티브 맥코
넬이 쓴 책의 12장, 『Rapid Development : 프로젝트 쾌속 개발 전략[Rapid
Development : Taming Wild Software Schedules]』[2]에 잘 설명된 것처럼 엄청나다.

> 만약 다른 개발자들이 문제가 있다고 말하는 사람을 단 한 사람이라
> 도 용납하면 좋은 개발자들의 사기를 저하시키는 결과를 얻게 된다.
> 그러한 용납은 곧 당신의 팀원들이 평상시에 최선을 다해서 일하기를
> 기대할뿐더러 그들의 동료가 팀에 반하는 행동을 하는 상황에서조차
> 최선을 다해서 일하기를 기대한다는 신호를 보내기 때문이다.
>
> 라르손과 라파스토는 32개 관리팀의 사정을 검토한 결과, 팀원들이 가
> 장 일관성 있게, 그리고 가장 강하게 품고 있는 불만은 그들의 리더가
> 문제를 일으키는 팀원을 과감하게 마주보고 해결하려고 하지 않는다
> 는 사실이라는 점을 발견했다(라르손과 라파스토 1989). 그들은 이렇
> 게 보고했다. "팀의 리더십과 관련해서 가장 팀원들을 불편하게 만드
> 는 사실은 자신의 리더가 이기적이거나 팀에 도움이 되지 않는 사람을

직접적이고 효과적인 방식으로 처리하려고 노력하지 않는 것이었다." 관리자들은 거의 언제나 팀원들이 느끼는 것보다 팀이 더 잘 굴러가고 있다고 생각하는 경향이 있기 때문에 라르손과 라파스토는 이와 같은 팀원들의 불만이 관리자들이 간과하기 쉬운 매우 심각한 문제라고 지적했다.

문제가 있는 사람을 어떻게 식별할까? 생각보다 어려운 일은 아니다. 내 친구 한 사람은 언젠가 자신의 팀 안에 존재하는 문제아를 일컬어, 그의 표현을 그대로 옮기자면 "암"이라고 했다. 당신 자신이나 팀 안의 누군가가 다른 사람을 일컬어 암이라는 표현을 쓸 정도라면 해당 프로젝트는 매우 심각한 질병을 안고 있는 셈이다. 비록 그렇게 하는 것이 도움이 되긴 하지만[3] 그렇다고 해서 당신이 팀 내부의 사람들과 모두 친구가 돼야 할 이유는 없다. 팀이 정상적인 기능을 수행하기 위해 사람들 사이에 기본적인 인간관계와 전문가로서의 상호존중이 있어야 한다는 것은 당연하지만.

스티브는 팀 안에 썩은 사과가 있음을 나타내는 징후를 몇 가지로 정리했다.

1. 그들은 동료로부터 배우려고 노력하기보다 자신의 무지를 감추기 위해 노력한다. "내가 설계한 내용을 말로 설명할 수는 없어. 하지만 그것이 제대로 동작한다는 사실은 말할 수 있어." 혹은 "내 코드는 너무 복잡해서 테스트할 수가 없어." (이 둘은 모두 실제 발언된 내용을 인용한 것이다.)

2. 그들은 지나치게 프라이버시에 집착한다. "다른 사람이 내 코드를 검토할 필요는 없어."

3. 경계선을 긋기 좋아한다. "다른 사람이 내 코드에 있는 버그를 수정할 수 없어. 지금은 내가 너무 바빠서 수정할 수 없지만 다음 주 쯤에 내가 직접 버그를 수정하겠어."

4. 그들은 팀에서 내린 결정에 대해 투덜거리고, 오랜 시간이 지난 뒤에도 낡은 논의를 다시 꺼낸다. "우리가 지난 달에 논의하던 설계 말야, 내 생각으로는 다시 생각해 보는 것이 좋을 것 같아. 우리가 그때 내린 결정은 아무래도 잘못된 것 같아."

5. 팀원들이 동일한 한 사람에 대해 정기적으로 독설이나 불만을 토로한다. 소프트웨어 개발자들은 대개 직접적으로 불만을 표하는 경우가 잘 없으므로 그런 소리가 귀에 들려온다면 문제가 있는지 여부를 다른 사람들에게 물어봐야 한다.

6. 팀의 활동에 참여하지 않는다. 내가 일하던 프로젝트의 마감일이 이틀 앞으로 다가왔을 때 어느 개발자가 하루 휴가를 쓴다고 말한 적이 있다. 이유는? 가까운 근교에 있는 도시에서 진행되는 남성복 할인행사에 가보고 싶다고 했다. 이것은 그가 팀과 제대로 섞이지 못하고 있음을 나타내는 뚜렷한 증거에 해당한다.

한 가지 분명하게 말해야 할 부분이 있다. 팀의 리더나 관리자가 프로젝트 팀 내부에 존재하는 썩은 사과를 제대로 처리하지 않는다면 그는 자신의 책임을 이행하지 않는 것이다.

팀의 이익에 부합하지 않는 사람을 팀에서 제거하거나 혹은 심지어 해고하는 것을 두려워하지 말아야 한다. 기술은 개발할 수 있지만 긍정적인 태도는 개발할 수 없다. 한 프로젝트 내부에 이와 같이 문제를 야기하는 개인이 더 오래 머물수록, 그들이 낳은 부정적인 효과는 더 크게 퍼진다. 그런 사람들은 차츰 프로젝트 전체에 코드나 인간관계의 형태로 존재하는 독성을 퍼뜨린다.

누군가를 제거하는 것은 고통스러운 일이다. 그런 일은 어느 누구에게도 즐거운 일이 될 수 없다. 하지만 그를 6개월 전에 제거했어야 한다는 사실을 뒤늦게 깨닫는 것은 그보다 더 큰 고통을 안겨줄 것이다.

●

1. http://thedailywtf.com/Articles/Straight_Shooter_for_Upper_Management.aspx
2. http://www.amazon.com/dp/1556159005/?tag=codihorr-20
3. http://www.codinghorror.com/blog/archives/001033.html

썩은 사과:
그룹 전체의 독

아메리칸 라이프American Life[1]의 최근 에피소드는 썩은 사과의 효과가 놀랄 정도로 강력하다[2]는 사실을 보여주는 사회학적 실험을 수행한 윌 펠프스Will Felps 교수를 인터뷰했다.

4명의 대학생들로 구성된 그룹이 하나의 팀을 구성하고, 그들은 45분 내에 뭔가 기초적인 경영과 관련된 의사결정을 완수하라는 임무를 부여받았다. 동기부여를 위해 그들은 최고의 성적을 거둔 팀은 개인당 100달러의 상금을 받게 될 거라는 이야기를 들었다. 하지만 그들은 실험에 참가한 여러 팀 중에서 어느 팀은 학생이 아닌 사람을 한 명 포함하고 있다는 사실은 듣지 못했다. 그 한 명은 다음과 같은 성격 중 하나를 가지고 있는 것처럼 연기하는 배우였다.

1. 의기소침한 회의주의자는 그들이 하는 일이 상당히 즐겁지 않은 일이라고 불평한다. 그리고 자기 팀이 성공할지 여부에 대해 의심하는 발언을 한다.

2. 얼간이는 다른 사람들의 생각이 옳지 않다고 투덜거린다. 하지만 아무런 대안도 내놓지 않는다. 그는 "너희들은 전문가의 의견에 귀를 기울여야 해. 나 말이야."라고 말한다.

3. 게으름뱅이는 "될 대로 되라" 그리고 "난 신경 쓰지 않아."라고 말한다.

전통적인 지혜에 따르면 이러한 성격을 가지고 있는 사람들은 팀 전체에 거의 아무런 영향도 주지 않아야 한다. 그룹은 강하다. 그룹의 역동성도 강하다. 따라서 그룹은 개인을 지배한다. 개인이 그룹을 지배하는 것이 아니다. 개인들이 대체로 그룹의 가치와 평균적 사고에 순응한다는 사실을 보여주는 연구 결과는 수십 년 전 이래로 무수히 많이 있었다.

하지만 월은 정반대의 결과를 얻었다.

썩은 사과를 품고 있는 그룹은 모두 예외 없이 평균보다 나쁜 결과를 낳았다. 그룹에 포함된 사람들이 매우 재능이 있고, 영리하고, 인품이 좋은 경우에도 예외가 없었다. 펠프스는 썩은 사과의 행위가 매우 심오한 영향을, 즉 썩은 사과를 포함한 그룹이 그렇지 않은 다른 그룹에 비해 30에서 40퍼센트 정도 더 나쁜 성적을 거둔다는 사실을 발견했다. 썩은 사과를 포함한 그룹은 사람들이 서로 논쟁을 벌이고, 싸우고, 서로의 정보를 공유하지 않았으며, 의사소통의 양도 더 적었다.

더 나쁜 것은 다른 팀원들이 썩은 사과의 성격을 따라서 행동하기 시작했다는 점이다. 썩은 사과가 얼간이인 경우에는 다른 팀원들도 얼간이처럼 행동하기 시작했다. 썩은 사과가 게으름뱅이인 경우에는 다른 사람들도 게으름을 부리기 시작했다. 그들이 썩은 사과의 행동에 대한 반응으로 이렇게 행동한 것이 아니었다. 썩은 사과와 무관하게 서로에 대해 그러한 행동을 보이기 시작했다. 부작용이 걷잡을 수 없이 번지는 효과가 나타난 것이다.

간단히 말해서 그들이 실험을 통해 발견한 것은, 최악의 팀원을 살펴보는 것은 해당 팀이 어느 정도의 성적을 거둘 것인가에 대한 최고의 척도가 된다는 사실이다. 가장 능력이 뛰어난 팀원이나 그룹의 평균적인 팀원이 얼마나 훌륭한가는 별로 상관이 없는 것처럼 보인다. 모든 것은 결국 최악의 팀원이 어떤 사람인가에 달려 있기 때문이다. 최악의 팀원을 포함한 그룹은 언제나 최악의 성적을 거둔다.

관심이 있는 사람이 읽어볼 수 있도록 실제 연구 결과를 담은 텍스트[3]도 있다. 하지만 나는 아메리칸 라이프 방송의 처음 11분 분량[4]을 들어보길 적극 권장한다. 그것은 연구 결과에 대한 놀랍고, 매우 설득력 있는 요약본이다. 지금까지 나는 이 실험 내용을 요약하려고 했는데, 이 11분 분량의 내용을 여기에 그대로 옮겨 적지 않고 요약을 끝마칠 수는 없을 것 같다.

아메리칸 라이프의 진행자인 아이라 글래스Ira Glass는 펠프스의 연구 결과가 너무나 놀라워서 자신이 속한 팀의 팀워크에 의문을 갖기 시작했다.

썩은 사과가 얼마나 흔히 존재하는가에 대한 생각을 멈출 수 없네요. 정말이지 저는 윌 펠프스와 나눈 대화를 잊을 수 없어요. 그의 연구에 대해 듣고 나면 하나의 그룹 안에 독을 퍼뜨리는 것이 얼마나 쉬운 일인지 깨닫게 됩니다. 우리는 각자 이번 주에 우리 자신이 스스로 알지도 못하는 사이에 자기가 속한 그룹에서 썩은 사과에 해당하는 모습을 보이지 않았는지 생각해 보게 됩니다.

언제나 그렇듯이 스스로에 대한 자각은 모든 것의 첫걸음에 해당한다. 당신이 속한 그룹 안에서 누가 썩은 사과에 해당하는지 식별할 수 없다면 그것은 어쩌면 당신 자신일지도 모른다. 자기가 팀 안에서 어떻게 행동하고 있는지 생각해보라. 당신은 이러한 부정적인 썩은 사과의 행위를 아주 사소하게나마 보이지 않았을까?

그렇지만 이러한 연구 속에는 고독한 희망의 불빛이 가물거리기도 한다. 어느 특정한 그룹은 이러한 경향에 반하는 결과를 낳은 것이다.

썩은 사과를 포함하고 있음에도 매우 좋은 성적을 거둔 그룹도 있었다. 그 그룹에는 특별히 훌륭한 리더가 존재했던 것이다. 그는 팀원들에게 질문을 던지고, 모든 사람들을 참여시키고, 충돌을 완화시킨다. 나는 나중에 그가 어느 외교관의 아들이라는 사실을 알게 됐다. 그의 아버지는 남아메리카에 있는 어느 나라의 외교관이다. 그는 우리의 배우인 닉이 얼간이 같은 행동을 연기할 때 당연히 발생하게 되는 충돌을 완화하는 능력이 있었다.

이러한 결과는 윌로 하여금 그의 다음 연구 프로젝트를 가동하게 만들었다. 그룹의 리더는 사람들에게 번갈아가며 질문을 던지고[5], 모든 사람의 의견을 구하고, 모두가 자기 목소리를 내게 함으로써 그룹의 역학을 바꿔 그룹이 좋은 성적을 거두게 할 수 있는가?

그룹이 최악의 경향을 가지고 있는 한 사람에게 그토록 결정적인 영향을 받을 수 있다는 사실은 우울한 일이지만, 그와 동시에 한 명의 능력 있는 리더가, 그러니까 당신의 팀이 그런 리더를 가질 정도로 운이 따른다면 사태에 개입해서 상황을 통제할 수 있다는 사실은 감동적이기까지 하다.

하지만 이러한 문제의 근원을 처리하는 해결책은 명백하다. 그것은 바로 썩은 사과를 제거하라는 것이다.

심지어 썩은 사과가 당신 자신이라고 해도 말이다.

1. http://www.thisamericanlife.org/Radio_Episode.aspx?sched=1275
2. http://www.codinghorror.com/blog/archives/001154.html
3. http://liberalorder.typepad.com/the_liberal_order/files/bad_apples_rob.pdf
4. http://audio.thisamericanlife.org/player/CPRadio_player.php?podcast=http://www.thisamericanlife.org/xmlfeeds/370.xml&proxyloc=http://audio.thisamericanlife.org/player/customproxy.php
5. http://www.codinghorror.com/blog/archives/001226.html

원격근무에 대해

내가 처음으로 나 자신만의 모험을 선택[1]했을 때, 나는 집에서 원격근무를 수행하는 것이 어떤 것인지에 대해 잘 알지 못했다. 그러한 경험이 없었기 때문이다. 프로그래머의 기준으로 봤을 때 나는 상당히 사교적이다. 그렇지만 정상적인 사람의 기준으로 보면 나는 반사회성의 경계 위에 서 있는 편이다. 그래서 나는 일하는 삶과 집에서의 삶 사이에 구분이 없는 것이 나를 돌게 만들지는 않을지 염려했다.

글쎄, 적어도 아직 돌지는 않았다. 내 생각으로는. 그렇지만 스택 오버플로우를 만드는 과정에서 나는 적어도 프로그래밍에 관한 한 원격근무가 어떤 것인지 제대로 배웠다. 현재의 팀은 5명 정도의 프로그래머로 구성돼 있는데 그들은 뉴욕시를 비롯한 미국 전역에 흩어져 있다.

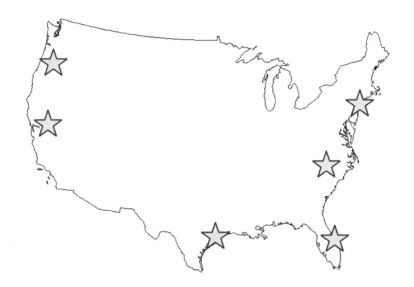

나의 첫 번째 실수는 프로그래밍을 혼자서 하려고[2] 했던 것이다. 나는 사업 파트너인 조엘 스폴스키[3]와 한 주에 한 번씩 전화통화를 했다. 그것은 우리가 함께 하려고 하는 일이 무엇인지 파악하는 데 큰 도움을 주는 상당히 생산적인 과정이었다. 하지만 그는 코드를 작성하지 않았다. 나는 혼자서 코드를 작성했다. 정말이지 완전히 혼자서. 철저히 혼자서 일하는 외로운 사내였던 것이다. 이것은 나에게 어울리는 방식이 아니었다. 나는 방황하기 시작했고, 방향을 잃었고, 분석 능력이 마비되는 고통을 겪었고, 몇 줄에 불과한 코드를 작성하는 것조차 힘들 정도로 의욕을 상실했다. 나는 곧 코딩 친구[4]가 없이 일하려는 끔찍한 실수를 저질렀다는 사실을 깨달았다.

하지만 얼마 지나지 않아서 내가 가장 좋아하는 코딩 친구 중 한 명이 나와 함께 일할 거라는 사실을 알게 되면서 상황은 나아졌다[5]. 제로드Jarrod는 노스 캐롤라이나에 있고 나는 캘리포니아에 있었지만 우리가 공유하는 소스코드는 우리를 하나로 묶고, 동기를 부여하고, 함께 전진하게 만드는 접착제 역할을 했다. 사실 우리는 이전에 함께 일했던 경험이 있기 때문에 다시 함께 일하는 것이 별로 어렵지 않았다. 하지만 어쨌든 이와 같이 누군가와 멀리 떨어진 상태에서 일을 하기 위한 최소한의 조건은 상대방이 자신 만큼이나 코딩을 사랑해야 한다는 점이다. 예전의 친분, 새로운 친분, 좋은 인간관계 등과 같은 부가적인 조건은 협업을 더욱 달콤하게 만들어주는 양념에 불과하다. 나는 오레곤에 사는 제프Geoff를 영입해서 팀을 더욱 확장했다. 그리고 내가 개인적으로 알지 못했지만 우리가 부탁을 하지도 않았는데 스스로 멋진 코드를 작성해서 우리에게 보여준 텍사스의 케빈Kevin도 팀에 넣었다. 그리고 역시 내가 개인적으로 알지 못했지만 우리 사이트에서 너무나 많은 시간을 함께 보내서 마치 우리 팀의 일원처럼 느끼고 있었던 플로리다의 로버트Robert도 팀에 합류시켰다.

돌이켜 생각해보면 우리처럼 멀리 떨어져 있는 사람들이 이렇게 모여서 원격근무를 하는 방식이 성공을 거둘 수 있었던 배경은 단지 코드에 대한 사랑이 아니었다. 그들이 제각각 모두 의심의 여지가 없는 훌륭한 프로그래머라는 사실도 중요한 이유였다. 그들이 완벽한 사람들이라는 말은 아니다. 완벽과는 거리가 멀겠지만, 적어도 우리는 당신이 어떤 척도로 측정해도 최고 수준의 프로그래머라고 판단할 만한 사람들을 선택한 것이다. 원격근무가 성공할 수 있었던 이유는 사실 거기에 있었다. 초보 프로그래 혹은 실력은 있지만 열정이 부족한 프로그래머는 원격근무를 하면서 성과를 내기가 어렵다. 적어도 전형적인 관리자나 투덜거리는 팀 리더가 그들의 목 뒤에 콧김을 내뿜지 않으면 말이다. 상처에서 피 대신 1과 0이라는 비트가 흘러내리지 않는 사람, 혹은 스스로 성과를 낼 수 있는 사람이라는 확실한 증거가 있는 사람이 아니라면 그런 사람과 원격근무를 통해 일할 생각은 하지 않는 것이 좋다.

스택 오버플로우가 궁극적으로 어떤 모습을 가져야 하는지에 대해 조엘이 많은 훌륭한 기여를 한 것은 사실이지만 나는 기껏해야 한 주에 한 번 정도만 그와 이야기했다. (우리가 나눈 이야기들은 주간 팟캐스트 방송의 뿌리가 되었다[6].) 나는 스택 오버플로우가 어떤 모습을 갖춰야 하는지, 어떤 식으로 작동해야 하는지에 대해 명확한 비전을 가지고 있었다. 기능이나 구현과 관련해서 질문이 있을 때마다 나의 팀원들은 내 주위에 모여들었고, 우리가 원하는 방식에 대해 집단적인 의사결정을 내렸고, 나의 비전이 이러한 방식에 자연스럽게 스며들었다. 그리고 나에 대해 한마디 하자면 나는 '아니'라고 말하는 것을 조금이라도 주저하는 사람이 아니다[7]. 그리하여 우리는 우리가 원하는 것을 정확히 우리가 원하는 방식으로 만들 수 있었다.

핵심은, 우리는 신에게서 부여된 임무를 수행[8]하고 있었다는 사실이다. 그리고 여전히 그렇다.

결국 원격근무를 통한 개발에는 지켜져야 할 기본적인 규칙이 몇 가지 있다. 적어도 내가 경험한 바에 의하면 그렇다.

- 원격으로 존재하는 팀은 최소한 두 명으로 이뤄져야 한다. 심지어 다른 한 명이 대륙의 끝에 있는 경우라도 프로그래머에게는 함께 코딩하는 친구가 반드시 있어야 한다.
- 원격근무 개발은 코딩을 완전히 사랑하는 백발이 성성한 베테랑만이 할 수 있는 일이다. 초보 개발자나 중급 실력 정도의 프로그래머를 도와가면서 일하는 것은 원격근무에서 가능하지 않다.

- 효과적으로 일하려면 원격으로 존재하는 팀이 자율적으로 움직여야 하고, 강력한 비전과 그 비전을 온전히 수행할 수 있는 힘을 가진 리더(혹은 PM)를 갖춰야 한다.

이러한 규칙은 우리가 스택 오버플로우를 개발할 때 그랬던 것처럼 팀의 크기가 세 명 정도일 때까지 잘 적용된다. 그리고 그들이 적어도 모두 같은 나라에 있을 때까지는 괜찮다. 그런데 이제 우리는 회사를 더 성장시킬 필요가 있다[9]. 나는 전 세계에 걸쳐 존재하는 탁월한 개발자들을, 주로 스택 오버플로우 안에서 만난 사람을 중심으로 더 많이 고용함으로써 팀을 확장시킬 필요가 있다.

하지만 원격 개발을 어떻게 확장하는가? 이와 관련해서 조엘은 많은 걱정을 했고, 나는 그의 근심을 덜기 위해 나의 영웅인 미구엘 델 카자Miguel de Icaza에게 조언을 구했다. 그는 최고의 스타들이 모여 있는 우리의 사외이사[10] 중 한 명인데, 그는 내 질문을 듣고 전 세계에 흩어져 있는 수십 명의 개발자들로 진행된 모노 프로젝트[11]를 통해 자신이 직접 경험한 바를 설명해 주면서 친절한 도움을 주었다.

2010년 5월 5일 수요일

오후 10:56:09
수요일

독일

오전 7:56
목요일

호주

오후 3:56
목요일

너무나 지나치게 단순화할 위험이 있음에도 나는 미구엘이 나에게 준 조언을 최선을 다해서 요약해 보겠다. 규모가 크면서도 정상적인 방식으로 잘 작동하는 원격 개발팀을 만들 계획이라면 다음과 같은 세 가지 도구가 반드시 필요할 것이다.

1. 실시간 채팅

팀원이 브라질에 살고 있으면 그의 책상에 다가가서 간단한 질문을 하거나 최근에 작성한 코드에 대해 잡담을 나누거나 하는 일은 할 수 없다. 절대로. 하지만 당신은 동료 팀원에게 일상적인 톤으로 말을 걸고, 그의 응답을 곧바로 확인할 모종의 방법이 필요하다. 이러한 도구는 모든 원격 개발자들의 곁에 항상 존재해야 한다. IM, IRC, 웹에 기초한 도구들, 레이저빔, 산꼭대기의 봉화, 비둘기 편지, 실로 연결된 두 개의 깡통. 어느 것이든 상관없다. 모든 팀원들이 그것을 사용하기만 하면 된다.

우리는 현재 캠프파이어Campfire[12]를 사용해 보고 있는데, 당신의 팀원들이 사용할 수 있는 것이라면 어떤 도구든 상관없다. 채팅은 원격근무를 할 때 가장 필수적이고 보편적인 형태의 의사소통이다. 따라서 프로젝트가 시작되기 전에 팀원들이 채팅 도구를 제대로 이용하게 만드는 것은 매우 중요하다.

2. 지속적인 메일링 리스트

당신의 팀원들은 자신이 참여 중인 프로젝트에 대해 당연히 잘 알고 있을 것이다. 하지만 다른 팀이 진행하는 프로젝트에 대해서는 어떤가? 다른 프로젝트에 대한 정보를 어떻게 입수하며 심지어 어떤 다른 프로젝트가 존재한다는 사실은 어떻게 알 수 있는가? 이런 상황에 대처하기 위해 가상의 게시판 같은 존재가 필요하다. 발표사항이나, 주간 팀 보고서, 회의에서 논의한 내용을 요약한 글 등이 이런 장소에 보존돼야 한다. 오래전부터 사용된 메일링 리스트와 같은 기능은 바로 이러한 목적에 유용하다.

우리는 구글 그룹스[13]를 이용하고 있는데, 낡은 방식처럼 보이긴 하지만 우리가 필요로 하는 목적에 상당히 충실하다. 메시지가 올라옴과 동시에 이메일을 전송받을 수 있고, 웹 인터페이스를 통해 저장돼 있는 메시지들을 볼 수도 있다. 하지만 주의할 것이 하나 있다. 메일링 리스트에서 보낸 메시지가 메일함에 전달됐을 때 메시지를 받은 당신은 진심으로 중요한 정보가 도착했다고 느껴야 한다. 메일링 리스트를 통해 전달된 메시지가 "지금은 바쁘니까 나중에 시간이 날 때 읽어야지"라는 식의 취급을 받거나, 그저 시끄러운 소음만 일으킨다든가, 혹은 업무를 방해하는 것처럼 생각된다면 메일링 리스트가 누군가에 의해 오용되면서 본질적인 유용성이 파괴되고 있는 셈이다. 이런 상황을 주의해야 한다. 시끄러운 소음, 논쟁적인 톤, 혹은 쓸모없는 글을 메일링 리스트에 올리는 사람은 엄벌로 다스려야 한다. 혹은 따끔한 꿀밤으로.

3. 음성 채팅과 영상 채팅

나는 ASCII를 사랑하지만, 때로는 아무런 표정이 없는 ASCII로부터 다른 사람의 의도와 감정을 충실히 읽기가 어려울 때가 있다. 수 킬로바이트에 달하는 ASCII를 주고받는 동안 뭔가 의사소통이 충분히 이뤄지지 않고 있다는 생각이 든다면 팀에 "목소리를 사용하는" 습관이 형성되게 할 필요가 있다.

다른 인간에게 목소리를 이용해 말하는 방법이 지닌 위력을 과소평가하지 말아야 한다. 물론 우리가 프로그래밍이라는 세상에 들어온 이유가 다른 사람에게 말을 걸어야 하는 귀찮은 상황을 가급적이면 피하고 싶어 했기 때문이라는 사실은 나도 잘 안다. 하지만 내 이야기를 들어보기 바란다. 6시간 동안 비행기를 타고 날아가지 않고서는 원격지에 있는 팀원과 얼굴을 마주 보고 대화를 나눌 수 없다. 그럴 시간을 가진 사람이 누가 있겠는가? 우리는 당장 여기서 해야 할 일이 있다! 글쎄, 이렇게 비행기를 타는 날아가는 것 다음으로 괜찮은 방법은 스카이프Skype[14]를 띄우고 간단한 음성 채팅을 하는 것이다. 쉽다 쉬워. 음성 채팅을 정기적으로 하게 되면 무표정한 ASCII 안에서 완전히 사라지고 보이지 않게 되는 사람 특유의 뉘앙스가(심지어 우리의 오랜 친구인 *〈:-)[15]조차도) 콸콸 쏟아져 나올 것이다. 적어도 일주일에 한 번 정도는 음성 채팅을 하는 것이 필요하다고 말하고 싶다. 너무 오래 이야기할 필요는 없다. 간단한 대화를 나누는 것만으로도 멋진 코드의 배후에 존재하는 사람의 존재를 더 잘 이해하게 되기 때문이다.

회의와 절차라는 관습적인 행위를 나보다 싫어하는 사람은 세상에 없을 것이다. 하지만 원격지에서 근무하는 팀과 개발자들을 하나로 묶어세우기 위해서는 어느 정도의 절차를 피할 수 없다.

4. 월요일에 열리는 팀 상태 보고

영화 Somebody's Got a Case of the Mondays[16]에서 나오는 것처럼 매주 월요일마다 각 팀은 간단하게나마 다음과 같은 상태를 확인하는 회의를 해야 한다.

- 지난 주에 무엇을 했는가
- 이번 주에 무엇을 할 것인가
- 우리의 일을 막는 장애물 혹은 우리가 염려하는 것은 무엇인가

이러한 회의는 긴 보고와 설명으로 이뤄질 필요가 없다. (그러면 안 된다.) 간단할수록 더 좋다. 하지만 유용한 핵심 정보는 포착하려고 노력해야 한다. 여기서 논의된 사항은 마치 시계처럼 매주 월요일마다 메일링 리스트에 올라간다. 이러한 리스트에 얼마나 "많은" 팀을 포함시키는가는 당신에게 달린 문제다. 이러한 회의는 개별적인 개발자 수준에서 이뤄질 필요가 없다고 생각하는데, 필요하다면 그렇게 해도 무방하다.

5. 회의 요약

다른 사람과 더불어 "회의"라고 불릴 만한 시간을 가졌다면 반드시 내용을 요약하라! 즉 논의한 사항을 항목별로 정리해서 해당 회의에 참석하지 못한 원격지의 개발자가 내용을 파악하도록, 혹은 최소한 무슨 내용이 논의됐는지 알 수 있게 하라.

이러한 요약도 길게 할 필요가 없다. 회의를 요약한 내용이 지나치게 길면 뭔가 잘못된 것이다. 요약은 간단한 항목만으로도 충분하다. 모든 내용을 자

세하게 다룰 필요는 없고, 큰 그림만 파악할 수 있으면 되는 것이다. 누가 참석했는가? 어떤 주제가 논의됐는가? 어떤 결정이 이뤄졌는가? 다음 단계는 무엇인가?

이러한 보고와 요약은 완성되는 즉시 메일링 리스트에 올려서 다른 사람들이 볼 수 있게 해야 한다. 잠깐, 앞에서 이미 메일링 리스트를 만들지 않았는가? 물론 그랬지!

지금 하고 있는 말이 골치 아프게 들린다면 그것은 원격근무라는 것 자체가 사실 쉬운 일이 아니기 때문이다. 원격근무가 제대로 돌아가게 만들려면 일정한 규율이 필요하다. 수많은 프로그래머를 길게 늘어선 책상에 앉게 하는 경우에 비하면 확실히 더 많은 규율이 필요하다. 하지만 프로그래밍과 비슷한 종류의 지적인 활동을 생각해 보면, 그러니까 단지 프로그래밍만이 아니라 주로 머리를 써서 수행하는 모든 작업들을 생각해보면, 지금으로부터 10년 뒤, 20년 뒤, 혹은 30년 뒤에 그런 작업을 수행하는 모습이 아무래도 지금 스택 오버플로우에서 벌어지고 있는 상황과 비슷할 거라는 생각이 들지 않는가? 그러니까 브라질에서 사는 프로그래머가 뉴저지에서 사는 프로그래머의 문제를 해결하는 데 도움을 주는, 그런 상황 말이다.

내가 스택 오버플로우를 통해 배운 것이 있다면, 프로그래밍이라는 세계가 정말로 전 세계적[17]이라는 점이다. 나는 전 세계 구석구석에 살고 있는 탁월한 프로그래머들과, 비록 조그만 웹사이트를 통해서이긴 하지만 서로 알게 되는 영광을 맛봤다. 앞으로 해외의 프로그래머를 스택 오버플로우 팀에 합류시킬 거라는 사실을 생각하면 흥분이 밀려온다. 비슷한 생각을 가진 프로그래머들이 모여서 국제적인 차원의 협업을 하는 것은, 정말이지 너무나 멋질 것이다. 나는 그럴 수만 있으면 여러분 모두를 고용하고 싶은 마음이다. 내가 좀 편견을 가지고 있다는 사실은 물론 인정한다. 하지만 내가 보기에 스택 오버플로우는 정말로 멋진 곳이다.

원격근무는 미래의 사람들이 근무하는 형태를 보여주는 것이라고 믿는다.
이러한 낯선 근무 방식이 어떻게 작동할 것인지 알기 위해 시간이 필요하다
면, 심지어 약간의 시행착오도 겪어야 한다면, 충분히 그럴만한 가치가 있
다. 내가 보기에 미래는 우리 앞에 이미 와 있다. 더 이상 기다릴 이유가 무
엇인가?

1. http://www.codinghorror.com/blog/2008/03/choosing-your-own-adventure.html
2. http://www.codinghorror.com/blog/2007/06/in-programming-one-is-the-loneliest-number.html
3. http://www.joelonsoftware.com/
4. http://www.codinghorror.com/blog/2009/02/whos-your-coding-buddy.html
5. http://www.codinghorror.com/blog/2010/01/cultivate-teams-not-ideas.html
6. http://itc.conversationsnetwork.org/series/stackoverflow.html
7. http://www.codinghorror.com/blog/2004/10/just-say-no.html
8. http://www.youtube.com/results?search_query=we%27re+on+a+mission+from+god
9. http://blog.stackoverflow.com/2010/05/announcing-our-series-a/
10. http://stackoverflow.com/about/management#advisors
11. http://www.mono-project.com/
12. http://campfirenow.com/
13. http://groups.google.com/
14. http://www.skype.com/
15. http://en.wikipedia.org/wiki/Emoticon
16. http://www.youtube.com/results?search_query=somebody%27s+got+a+case+of+the+mondays
17. http://www.codinghorror.com/blog/2009/03/the-ugly-american-programmer.html

당신의 박쥐 동굴: 프로그래머를 위한 효율적인 작업 공간

프로그래머
권리 장전

"프로그래머로서의 자기 권리를 주장하라! 그리고 기억하라. 당신은 회사를 바꾸거나 아니면 회사를 바꿀 수 있다는 사실을." (옮긴이 _ 앞의 "바꾸거나"는 다니는 회사를 다른 곳으로 옮긴다는 의미고, 뒤의 "바꿀"은 다니고 있는 회사에 변화를 도입한다는 의미다.)

회사가 프로그래머들에게 6만 달러에서 10만 달러에 달하는 연봉을 지급하면서 그들을 끔찍한 작업 공간에 구겨 넣고 초라한 컴퓨터를 사용하게 한다는 사실은 좀처럼 믿기 어렵다. 이렇게 하는 것은 비즈니스라는 측면에서 봐도 말이 되지 않는다. 그렇지만 이런 말이 되지 않는 일은 계속 일어난다. 소프트웨어 개발자들이 성공적인 업무를 수행하기 위해 반드시 필요로 하는 것들을 제공해주지 않는 회사가 여전히 많다는 사실은 충격적이기까지 하다.

그리하여 나는 프로그래머들이 업무를 성공적으로 수행하기 위한 기본적인 사항들을 요구할 때 회사가 그러한 요구를 거부하지 못하도록 강제함으로써 프로그래머의 권리를 보호하는 일종의 프로그래머의 권리 장전을 제안하고자 한다.

1. 모든 프로그래머는 두 대의 모니터[1]를 가져야 한다

LCD 모니터 가격의 폭락과 듀얼 출력 비디오 카드가 흔히 사용되고 있다는 사실을 고려할 때 자기 회사의 개발자가 모니터를 한 대만 이용하도록 제한하는 것은 정신 나간 짓이다. 데스크톱에서 두 대의 모니터를 이용할 때 생산성이 얼마나 향상되는지는 문서로 잘 정리돼 있다[2]. 개발자의 생산성을 극대화하고 싶다면 모든 개발자가 최소한 두 대의 모니터를 사용하게 해야 한다.

2. 모든 프로그래머는 빠른 PC[3]를 가져야 한다

개발자들은 필요한 업무를 수행하기 위해 여러 개의 소프트웨어를 실행해야 한다. 개발 환경, 데이터베이스 엔진, 웹서버, 가상 머신 등. 이러한 소프트웨어를 모두 실행하려면 충분한 메모리를 갖춘 빠른 PC가 필요하다. 개발자의 PC가 빠를수록, 그들은 더 빠르게 디버깅과 컴파일 사이클을 반복할 수 있다. 현재 나와 있는 기종 중에서 극단적으로 강력한 데스크톱을 구입하는 것은 어리석은 일이겠지만 적어도 최상위 기종에 근접한 제품을 구입하려고 노력해야 한다. 개발자들이 충분한 메모리를 갖춘 빠른 PC를 사용하게 해야 하는 것이다. 그들이 느리게 동작하는 PC 때문에 진행상황을 보여주는 막대 기를 응시하며 앉아 있어야 한다면 시간 낭비다.

3. 모든 프로그래머는 마우스[4]와 키보드[5]를 자기가 원하는 것으로 선택할 권리가 있다

대학 시절에 나는 그림을 그리는 사업을 한 적이 있다. 내가 고용한 화가는 모두 자신의 붓을 스스로 구입해야 했다. 이것은 내가 사업을 통해 처음 배운 사실이었다. 새로 들어온 화가에게 아무 붓이나 사용하라고 하면 결과가 좋지 않았다. "회사"의 붓은 다들 함부로 다루기 때문에 얼마 지나지 않아서 끔찍한 모습으로 변모했다. 하지만 자신의 붓을 스스로 구입한 화가는 붓을 정성껏 다뤘다. 자기 붓을 구입한 화가는 20달러짜리 전문적인 붓과 문방구에서 구입한 일회용 붓 사이에 존재하는 차이점을 의식했다. 자신의 붓을 갖는 것은 그들로 하여금 지속적인 책임의식과 장인정신을 갖게 만들었다. 프로그래머는 마우스와 키보드와 관련해서 이와 비슷한 생각을 한다. 이러한 도구는 필수적이기 때문에 우리도 매일 사용하는 그러한 도구를 일종의 장인 의식을 가지고 정성껏 다룰 필요가 있다.

4. 모든 프로그래머는 편안한 의자[6]를 가져야 한다

인정하자. 우리는 모두 엉덩이를 하루 8시간씩 의자에 성실하게 붙여놓음으로써 밥벌이를 한다. 그렇다면 그 8시간이라는 시간을 편안하게 잘 디자인된 의자에 앉아서 보내지 않아야 할 이유가 무엇인가? 개발자에게 하루에 8시간 동안 앉아있는 것이 그저 견딜 만한 것이 아니라 심지어 앉아 있는 것이 즐겁게 느껴질 정도로 좋은 의자를 제공하라. 개발자를 고용하는 것은 그들의 뇌를 보고 고용하는 것이지만, 신체를 구성하는 다른 부분에 대해 아예 고려하지 않는 것은 곤란하다.

5. 모든 프로그래머는 인터넷에 연결할 수 있어야 한다

훌륭한 프로그래머는 밖에서 훔칠 수 있는 코드를 스스로 작성하지 않는다[7]. 그리고 인터넷은 훔친 것을 전달해 주는 통로로 사용하기에는 사람이 발명한 것 중에서 단연 최고다. 나는 책읽기를 좋아하지만[8] 손가락 끝에서 이뤄지는 빠르고 즉각적인 인터넷 검색 없이 어떤 작업을 하는 것이 이제는 상상조차 하기 어렵다.

6. 모든 프로그래머는 조용한 작업 환경[9]을 가져야 한다

프로그래밍은 정신적인 집중을 요구한다. 프로그래머는 수시로 방해받는 환경에서는 효율적으로 일할 수 없다. 작업환경이 개발자의 몰입 상태[10]를 보호하게 해야 한다. 그렇지 않으면 그들은 방해를 일으키는 것들 사이에서 방황하다가 하루를 다 보내고 말 것이다.

여기에 적은 몇 가지 기본적인 권리는 어려운 것이 아니다. 특별히 과도한 요구도 아니다. 소프트웨어 개발자가 수행하는 작업의 질을 보장하기 위해 최소한으로 요구되는 기본적인 내용일 뿐이다. 만약 당신이 근무하고 있는 회사가 이 정도의 요구조차 제대로 보장해주지 않는다면 회사가 이러한 요구를 들어주는 데 따르는 비용이 그렇게 많지도 않고 요구를 들어주는 것이 어려운 일도 아니라는 사실을 명심하라. 프로그래머로서의 권리를 요구하라! 그리고 기억하라. 당신이 회사를 바꾸거나 아니면 회사를 바꿀 수 있다는 사실을.

●

1. http://www.codinghorror.com/blog/archives/000012.html
2. http://developers.slashdot.org/article.pl?sid=03/10/09/137232&mode=thread&tid=137&tid=196
3. http://www.codinghorror.com/blog/archives/000029.html
4. http://www.codinghorror.com/blog/archives/000286.html
5. http://www.codinghorror.com/blog/archives/000209.html
6. http://www.codinghorror.com/blog/archives/000240.html
7. http://www.codinghorror.com/blog/archives/000152.html
8. http://www.codinghorror.com/blog/archives/000020.html
9. http://www.codinghorror.com/blog/archives/000154.html
10. http://en.wikipedia.org/wiki/Flow_%28psychology%29

컴퓨터 워크스테이션 인체공학

나는 깨어있는 시간의 대부분을 컴퓨터 앞에서 보낸다. 나는 어쩌면 방 안에 있는 것만을 광적으로 좋아하는 사람일지도 모른다. 이렇게 오랜 시간을 컴퓨터와 함께 보내는 데도 아직 컴퓨터 사용과 관련한 질병을 경험한 적이 없는 것은 무척 다행스러운 일이다. 컴퓨터 사용에 따르는 질병은 실제로 많이 발생하는 전문적인 직업병의 하나다. 나도 가끔 손목이나 손이 저릴 때가 있다. 특히 지나치게 오래 컴퓨터를 사용한 것이 확실할 때가 그렇다. 하지만 그게 전부다. 아주 많은 동료들이 등이나 손에 발생하는 통증[1,2]을 호소한다. 신체를 이용한 운동[3]을 할 수도 있고(꼭 해야 한다) 손을 이용한 운동[4]을 할 수도 있는데, 이러한 공식에서 내가 그동안 무시해 왔던 변수가 또 하나 있다.

나는 지난 몇 년 동안 궁극의 컴퓨터 책상[5]을 찾는 노력을 기울여 왔다. 그리고 나는 사람들에게 좋은 의자에 돈을 투자하는 것[6]이 얼마나 현명한 일인지에 대해 역설해 왔다. 하지만 나는 과연 내가 사용하는 의자나 책상이 내 몸에 맞게 조절돼 있는지에 대해서는 관심을 기울이지 않았다. 내 컴퓨터 워크스테이션의 인체공학은 어떨까?

OSHA는 이런 논의를 하기에 좋은 출발점이 될 만한 컴퓨터 워크스테이션의 인체공학[7]에 대한 공식 페이지를 갖추고 있다. 하지만 모든 정부 문서가 그렇듯이, 여기에 있는 문서도 사람들이 실제로 필요로 하는 것보다 지나치게 자세한 내용을 담고 있다. 자, 다음 사진과 당신이 실제로 앉는 자세는 얼마나 비슷한가?

마이크로소프트의 특정 부서는 가끔 대단히 혁신적인 하드웨어를 내놓고 있지만 사람들은 그러한 마이크로소프트의 노력을 충분히 인정해주지 않는 것처럼 보인다. 해당 부서는 1993년에 나온 마우스 2.0과 뒤를 이어서 1994년에 나온 마이크로소프트 내추럴 키보드를 비롯해 처음으로 널리 사용되기 시작한 인체공학 컴퓨터 입력 장비[8]를 여러 개 발표했다. 이렇게 마이크로소프트가 하드웨어의 인체공학에 오랜 관심[9]을 기울여 왔다는 사실을 생각하면, 그들이 마련한 컴퓨터 건강 지침[10]이 내가 지금까지 컴퓨팅 인체공학과 관련해서 발견한 지침 중에서 가장 내용이 알차고 간결한 것이라는 사실이 크게 놀라운 일은 아니다.

내가 똑같은 말을 되풀이하고 있다는 것을 알긴 하지만 한 번만 다시 반복하자. 책상의 품질[11]과 의자의 품질[12]에 투자하는 것은 소프트웨어 개발자로서 당신이 할 수 있는 투자 중에서 단연 최고일 것이다. 책상과 의자는 10년 이상 자리를 지킬 것이고, 그들은 당신이 매일 경험하는 행복에 직접적인 영향을 미치기 때문이다.

자신의 신체적인 건강에 관심이 있는 사람이라면 책상과 의자에 돈을 아낄 이유가 없다. 나는 당신이 이미 높낮이를 적절하게 조절할 수 있고 값도 적당한 수준인 훌륭한 컴퓨터 책상과 의자에 투자해둔 상태이기를 희망한다. 필요하다면 의자만이 아니라 책상과 모니터의 높이도 적절히 조절할 필요가 있다.

1. 모니터의 끝이 눈의 높이와 비슷해야 한다. 그리고 바로 정면의 중심에 놓여 있 어야 한다. 그리고 팔이 닿는 정도의 거리에 위치해 있어야 한다.

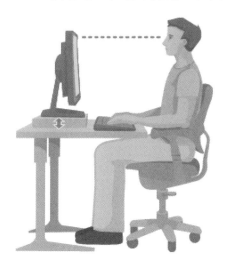

2. 책상의 윗면은 대충 배꼽의 높이와 비슷해야 한다. 책상 위에 팔을 놓았을 때 팔이 90도로 직각을 이뤄야 하고, 팔꿈치가 책상 표면 바로 아래 정도에 위치해야 한다. 의자의 팔걸이는 책상의 윗면과 높이가 비슷해야 한다.

3. 발바닥은 땅에 평평하게 닿아야 하고, 무릎은 90도로 직각을 이뤄야 한다. 의자가 무릎 쪽으로 압력을 가하지 않아야 한다. 필요하면 의자를 약간 앞쪽으로 기울여서 무릎으로 가는 압력을 덜어야 한다. 등과 어깨는 의자의 등받이와 곧게 붙어 있어야 한다.

4. 타이핑을 할 때 손목은 팔뚝과 나란해야 하며, 위나 아래 혹은 옆으로 꺾지 않아야 한다. 키보드는 몸의 정면 바로 앞에 놓여 있어야 한다. 자주 이용하는 다른 물건들도 팔 안에 들어오는 위치에 놓여있어야 한다.

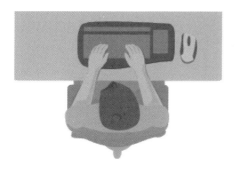

컴퓨터 워크스테이션의 인체공학에 대해 말하자면 이와 같은 사항들은 모두 기본적인 내용으로서, 내가 본 지침서에서 공통적으로 반복되는 내용이다. 인체공학이라는 것은 과학이라기보다 일반적인 조언에 가깝기 때문에 개인이 경험하는 결과는 조금씩 다를 수 있다. 하지만 내가 오랫동안 이러한 기본적인 지침을 전혀 생각조차 하지 않으면서 무시하고 지내왔다는 사실은 놀랍다. 그리하여 나는 내일 할 컴퓨터 사용을 조금이라도 더 즐겁게 만들기 위해 오늘 집에 있는 책상의 높이를 조절하련다.

1. http://www.hanselman.com/blog/CommentView.aspx?guid=f54ee04c-7732-454c-be36-c9f764cbe2ab
2. http://haacked.com/archive/2004/06/10/The-Real-Pain-Of-Software-Development-1.aspx
3. http://www.codinghorror.com/blog/2007/10/geek-diet-and-exercise-programs.html
4. http://www.codinghorror.com/blog/2006/06/programming-your-hands.html
5. http://www.codinghorror.com/blog/2006/03/the-ideal-computer-desk.html
6. http://www.codinghorror.com/blog/2008/07/investing-in-a-quality-programming-chair.html
7. http://www.osha.gov/SLTC/etools/computerworkstations/
8. http://www.e-radiography.net/computing/mouse.htm
9. http://www.microsoft.com/hardware/hcg/hcg_view.mspx
10. http://www.microsoft.com/hardware/hcg/default.html
11. http://www.codinghorror.com/blog/2006/03/the-ideal-computer-desk.html
12. http://www.codinghorror.com/blog/2008/07/investing-in-a-quality-programming-chair.html

하나 이상의 모니터를 사용하면 생산성이 향상되는가?

나는 윈도우 밀레니엄 버전[1]이 사용되던 암흑기에서부터 지금에 이르기까지 일관되게 여러 대의 모니터를 사용해야 한다고 주장해 온 사람이다. 나는 지난 4년 동안 여러 대의 모니터를 사용해서 하는 컴퓨터 작업이 얼마나 많은 즐거움을 내포하는지에 대한 글도 써왔다.

- 여러 대의 모니터와 생산성[2]
- 여러 대의 LCD[3]
- 고귀한 3개의 모니터 클럽에 가입하기[4]
- 커다란 디스플레이의 역설[5]
- LCD 모니터 무장[6]

나는 집과 일터에 각각 세 대씩 모니터를 마련해놓고 있다. 나는 진정한 믿음을 가지고 있는 사람인 것이다. 나는 언제나 주변의 동료 개발자들이 프로그래머 권리 장전[7]으로 보장돼 있는 두 번째(혹은 심지어 세 번째) 모니터를 실제로 갖고 있는지 여부를 꼼꼼하게 살펴본다.

그래서 나는 자연스럽게 유타 대학에서 여러 대의 모니터와 관련해서 수행한 새로운 연구 결과[8]를 읽으면서 상당한 흥미를 느꼈다.

유타 대학의 연구자들은 사람들이 문서를 편집하거나 스프레드시트에서 숫자를 복사하는 것과 같은 작업을 수행할 때 다음과 같은 세 개의 서로 다른 모니터 구성을 사용해서 얼마나 빠르게 작업하는지 측정했다.

1. 한 대의 18인치 모니터
2. 한 대의 24인치 모니터
3. 두 대의 20인치 모니터

그리고 그들은 다음과 같은 결과를 얻었다.

- 24인치 모니터를 사용한 사람들은 18인치 모니터를 사용한 사람들보다 작업을 52퍼센트 정도 더 빠르게 완료했다.
- 두 대의 20인치 모니터를 이용한 사람들은 18인치 모니터를 사용한 사람들보다 작업을 48퍼센트 정도 더 빠르게 완료했다.
- 26인치 모니터를 사용하자 생산성이 다시 떨어지기 시작했다.

나는 이곳저곳을 찾아보다가 위와 비슷한 결론을 담고 있는 실제 연구 결과[9]를 찾아보게 됐다. 내가 위에 요약한 내용보다 더 자세한 내용을 알고 싶은 사람은 직접 읽어보기 바란다. 유타 대학이 여러 대의 모니터를 사용하는 것에 대해 연구한 것이 이러한 연구 중에서 처음은 아니다. 이번에 나온 연구 결과는 NEC가 협찬해서 2003년에 수행된 여러 대의 모니터에 대한 설문조사[10]와 매우 흡사하다. 물론 디스플레이 장비를 생산하는 업체가 후원한 연구 결과를 인용하는 것이 조금 미심쩍다는 점은 인정한다. 그런 회사의 입장이라면 당연히 앗, 이것은 참으로 놀라운 결과로군. 더 크고 더 많은 모니터를 구입하는 것이 좋겠어, 라는 말을 좋아할 것이다. 하지만 연구 결과에는 사람들이 26인치 모니터를 사용하자 생산성이 다시 떨어지기 시작한다는 내용도 포함돼 있다는 사실에 주목해야 한다. 이런 발견은 내가 개인적으로 실제 경험한 바이기도 하다. 내 경험은 커다란 디스플레이의 역설[11]을 통해 정리해 뒀다. 이런 발견은 결코 디스플레이 장비 회사의 이익에 부합하는 것이 아니다.

패트릭 두브로이[Patrick Dubroy]는 여러 대의 모니터가 생산성을 증가시킨다는 주장을 의심스러운 눈으로 자세하게 살펴보고[12] 몇 가지 믿을 만한 정보를 발견했다. 그가 발견한 내용과 내가 가지고 있는 정보를 결합해서, 더 넓은 디스플레이 공간을 갖는 것이 실제로 생산성을 향상시킬 거라는 주장을 뒷받침하는 내용을 한꺼번에 제시해보고자 한다.

- 두 번째 모니터의 미덕[13]
- 모니터 한 대 혹은 두 대를 사용하는 것과 와이드스크린 모니터를 이용하는 것이 생산성에 미치는 영향 비교[14]
- 매우 커다란 디스플레이가 생산성이 미치는 이점에 대하여[15]
- 30인치 애플 시네마 HD 디스플레이의 생산성 벤치마킹[16]

패트릭은 그가 초기에 가졌던 의심에도 불구하고 결국 확신을 품게 됐다. 그는 원래 14인치 노트북 컴퓨터와 "초대형 LCD" 모니터 사이에 아무런 생산성 차이가 없다고 믿는 사람이었다.

나는 이러한 연구 결과를 살펴보고 나서 화면 공간이 더 넓으면 전보다 빠르게 수행할 수 있는 일들이 따로 있다고 말하는 것이 공평하다고 생각했다. 프로그래머들이 두 번째 모니터를 갖게 된다고 해서 그날부터 당장 생산성이 두 배로 뛰는 것도 아니다. 화면 크기 때문에 더 빠르게 진행될 수 있는 일들은 프로그래머의 생산성에서 실제로 병목에 해당하는 것들이 아니기 때문이다.

나는 패트릭이 이러한 연구로부터 무엇을 기대했었는지 잘 모른다. 한 가지 사실을 분명하게 짚고 넘어가자. 더 많은 것이 더 많은 것이다. 데스크톱 화면의 공간이 더 많아지면 윈도 창을 관리하는 데 들어가는 시간을 그만큼 덜 쓰게 된다. 대신 실제 업무에 더 많은 시간을 들일 수 있다. 더 큰 데스크톱 화면을 쓰면 정보를 보기 좋게 정렬하는 데 시간을 덜 쓸 수 있다. 대신 그러한 정보와 상호작용하면서 꼭 필요한 행위를 수행할 수 있다. 이런 향상이 얼마나 실질적인가는 당면 업무의 성격과 업무 스타일에 달린 문제다. 개인적인 생각을 말하자면 나는 보기 싫은 윈도 창들의 크기나 위치를 조절하는 데 내 삶의 소중한 시간을 허비하지 않아도 된다면 그보다 더 좋은 일이 없을 것 같다.

그것이 한 대의 모니터를 30인치로 업그레이드하는 것이든, 두 대의 24인치 모니터 디스플레이를 설치하는 것이든, 혹은 세 대의 20인치 옛날 모니터를 사용하는 것이든, 자기가 원하는 방식으로 자신의 기쁨을 추구해야 한다. 그러한 업그레이드를 통해 더 넓은 데스크톱 화면을 확보할 수 있다면 그것으로 충분히 좋다. 나는 위에서 주장된 내용을 모두 지지하며, 현존하는 여러 연구 결과도 그러한 사실을 입증하고 있다. 모니터 몇 대를 더 구입하는 데 드는 비용은 프로그래머나 지식 정보 노동자가 받는 월급에 비하면 그리 대단한 수준도 아니다. 생산성이 단지 2~3퍼센트에 정도만 향상되더라도 그렇게 하는 것은 충분히 가치가 있다.

누구나 커다란 모니터 한 대만 있으면 "충분하다"고 말하는 주장은 듣기 거북하다. 이것은 제로섬 게임이 아니다. 커다란 모니터 한 대가 존재할 수 있다면 두 대가 있을 수도 있고 세 대가 있을 수도 있다.

때로는 더 많은 것이 더 많은 것이다.

> **코딩 호러에 올라온 lomaxx의 댓글**
>
> 여러 대의 모니터가 가진 장점이 가장 잘 드러나는 경우는 내가 두 번째 모니터에 있는 데이터를 첫 번째 모니터에서 참조할 때입니다. 사람들이 두 개의 윈도우 창을 이용해 그렇게 참조할 필요가 있는 작업을 얼마나 자주 수행하는지 생각해보면 두 번째 모니터의 가치는 값으로 따질 수조차 없습니다.
>
> 2008년 8월 13일 3:42

1. http://en.wikipedia.org/wiki/Windows_Me
2. http://www.codinghorror.com/blog/archives/000012.html
3. http://www.codinghorror.com/blog/archives/000217.html
4. http://www.codinghorror.com/blog/archives/000740.html
5. http://www.codinghorror.com/blog/archives/000928.html
6. http://www.codinghorror.com/blog/archives/000959.html
7. http://www.codinghorror.com/blog/archives/000666.html
8. http://www.techreport.com/discussions.x/14343
9. http://www.necdisplay.com/gowide/NEC_Productivity_Study_0208.pdf
10. http://www.necus.com/necus/media/press_releases/template.cfm?DID=1947
11. http://www.codinghorror.com/blog/archives/000928.html
12. http://dubroy.com/blog/2008/01/25/multiple-monitor-productivity-fact-or-fiction/
13. http://www.nytimes.com/2006/04/20/technology/20basics.html?ex=1303185600&en=6fc17b9bf54c62ef&ei=5088&partner=rssnyt&emc=rss
14. http://www.necdisplay.com/gowide/NEC_Productivity_Study_0208.pdf
15. http://research.microsoft.com/apps/pubs/default.aspx?id=64317
16. http://images.apple.com/pro/pdf/Cin_Disp30_report.pdf

품질 좋은 프로그래밍용 의자에 투자하기

개발자에게 두 번째로 중요한 재산[1]이라는 글에서 나는 품질이 좋은 의자를 구입하는 것이 왜 소프트웨어 개발자가 할 수 있는 가장 현명한 투자인가에 대해 논의했다.

지난 몇 년 동안 좋은 의자를 찾아다니며 발품을 팔아본 나는 다음과 같은 결론에 도달했다. 500달러 아래로는 그다지 좋은 의자를 찾을 수 없다. 따라서 의자에 그보다 적은 돈을 투자하고 있다면, 그러니까 엄청난 폭탄 세일로 의자를 구입한 것이 아니라면 아마 잘못을 저지르고 있다고 봐도 무방할 것이다.

위에 적힌 논지를 나는 여전히 변함없는 사실이라고 믿는다. 따라서 나는 이 책을 읽는 모든 프로그래머에게 자신이 업무를 수행하는 동안 앉는 의자의 가치를 다시 한 번 생각해보라고 권하고 싶다. 우리의 직업에서는 잘 앉는 것이 정말 중요하다.

- 의자는 프로그래밍 경험에서 중요한 일부를 차지한다. 남은 일생 동안 매일 8시간이나 앉아 있어야 한다. 원하든 원하지 않든, 당신이 선택한 의자는 자신의 업무 경험에 실질적인 영향을 끼친다.
- 싸구려 의자는 나쁘다. 어쩌면 나는 지나치게 좋은 의자에 길들여져 있는지 모른다. 하지만 아직까지 값이 싸면서 품질이 좋은 의자는 만난 적이 없다. 내 경험에 의하면 진짜 좋은 의자와 싸구려 의자 사이의 차이는 엄청나다. 품질이 좋은 의자는 너무나 편해서 조용히 배경으로 사라지면서 당신이 일에 집중할 수 있게 도움을 준다. 겉만 그럴듯한 싸구려는 당신이 앞으로 일하는 시간이 몇 시간 남아있는지 계속 확인하게 만들 뿐이다.

- 의자는 오래 지속된다. 나는 이 글을 쓰고 있는 현재 1998년에 구입했던 에어론^{Aeron} 의자에 앉아 있다. 10년이 넘는 오랜 시간 동안 지속된 장비가 이 의자 말고 또 있는지 모르겠다. 품질이 좋은 의자에 붙어 있는 가격표가 처음에는 충격을 줄지 모르지만, 그 비용을 10년 이상의 시간에 걸쳐서 나눠보면 그렇게 대단한 것도 아니다.

의자를 고르는 것은 가차 없이 진행되는 변화라는 특징을 가지고 있는 프로그래밍 경력에서 아주 예외적으로 근본적이고 지속적인 효과를 갖는다. 의자는 장기 투자다. 의자를 고르는 일을 자신의 경력에서 오랫동안 지속되는 다른 전략적 의사결정만큼 신중하게 다루지 않을 이유는 무엇인가. 자기가 앉을 의자에 대해 인색하게 구는 것은 어떤 의미로도 말이 되지 않는다.

지난 10년 간 나는 헤르먼 밀러 에어론^{Herman Miller Aeron} 의자[2]와 매우 행복한 시간을 보냈지만 그것이 닷컴 열풍[3]과 관련돼 있다는 사실은 조금 놀랍다.

> 90년대에 에어론 의자는 닷컴 열기의 상징이 됐다. 그것은 민첩성, 속도, 효율성, 그리고 매주 7일 동안 하루 24시간 일하는 풍속을 상징했다. 주목받는 벤처회사들은 이 의자가 보통의 사무실 의자처럼 보이지 않는다는 이유 때문에 반드시 구입해야 하는 품목으로 간주했다. 그것은 어떤 기계의 일부처럼 보이기도 하고 혹은 꾸미지 않은 공학의 산물처럼 보이기 도 했다. 검정색 펠라이드^{Pellide} 망사로 된 등받이는 내구성이 강했고, 이음새나 당신이 흘릴지도 모르는 음료수의 자국을 가려줬다. 알루미늄 프레임에 의해 팽팽하게 당겨진 망은 공기가 통할 수 있게 해서 당신의 몸을 차갑게 식혀준다. 또한 이 의자의 크기는 세 가지여서 마치 개인별로 최적화된 도구처럼 여겨졌다. 몸체와 조화를 이루는 손잡이와 레버를 이용해서 앉는 부분의 높이, 기우는 각도, 앞으로 향하는 각도. 팔의 높이, 팔의 각도, 앉는 자리의 깊이, 높이 등을 조절할 수 있었다. 에어론은 첨단 기술의 산물이면서 보기에 섹시하기까지 했다. 당시 닷컴 회사의 주역들은 자기 자신을 바로 그런 식으로 바라봤다.

하지만 동안의 CEO들은 단지 겉모습 때문에 에어론 의자에 반한 것이 아니었다. 에어론은 반 기업 정서, 직장 내에 존재하는 위계질서에 반하는 철학이라는 시대정신을 시각적으로 표현한 것이었다. 에어론으로 가득 찬 사무실은 대개 포춘 500대 기업, 말쑥한 정장, 그리고 비서가 메모를 적으면서 싸구려 의자에 앉아 있는 동안 보스는 지나치게 비싸고, 지나치게 크고, 마치 공룡 같은 가죽 의자에 앉아 있는 현실을 거부했다.

최근에 나는 여행 중에 우연히 헤르먼 밀러 미라[Herman Miller Mirra] 의자[4]에 앉아 볼 기회가 있었는데, 이것이 나의 고전적인 에어론에 비해 얼마나 더 편한지 깨닫고 놀랐다.

미라 의자는 탁월한 등받이용 의자였다. 미라에 비해 에어론의 등받이 기능이 얼마나 조잡한지 알게 되어 실망했다. 에어론의 등받이 기능을 이용하다가 핀을 하나 잃어서 내가 직접 수리한 적도 있었다. 그래서 나는 등받이에 등을 붙이고 뒤고 한껏 젖히는 동작을 좋아하는데도 그렇게 하는 것을 자제하게 됐다.

이 경험을 통해 나는 이제 에어론을 은퇴시키고 새로운 의자를 구매해야 할지 고민하게 됐다. 미라가 마음에 들긴 하는데, 내가 원래 의자에 대해 올린 글[5]에 대한 댓글을 보면 다른 좋은 의자에 대해서도 소개한 내용이 많다. 다음은 미라에 못지않은 경쟁 후보들의 사진이다. 위에서 언급한 미라와 에어론도 포함돼 있다.

스틸케이스 씽크Steelcase Think 의자[6]

스틸케이스 립Steelcase Leap 의자[7]

에르고휴먼 메쉬Ergohuman Mesh 의자[8]

휴먼스케일 프리덤HumanScale Freedom 의자[9]   휴먼스케일 리버티HumanScale Liberty 의자[10]

이 밖에 조금 덜 추천받는 의자로 호워스 조디Haworth Zody[11], 나이팅게일 Nightingale CXO[12], 보디빌트 에르고BodyBilt ergo[13], 헤그 닐링Hag kneeling[14], 뉴트럴포스처 에르고NeutralPosture ergo[15], 에어론의 원래 디자이너가 제작한 채드윅Chadwick[16], 그리고 스우퍼the swopper[17]라고 불리는 것 등이 있다.

물론 의자가 자기와 맞는지 여부는 주관적인 느낌에 달려있다. 500달러가 넘는 거금을 투자하는 경우라면 당연히 바로 "이거야"라는 느낌을 원할 것이다. 그렇다면 이러한 의자를 판매하는 가까운 상점에 가서 직접 의자에 앉아볼 필요가 있다. 글쎄, 행운을 빈다. 그렇게 하려면 아마 진열된 장소보다는 더 뒤쪽에 있는 창고에 들어가 보는 것이 도움될 것이다. 다양하고 특이한 의자들은 뒤쪽에 더 많이 보관돼 있기 때문이다. 자신의 몸에 맞는 편안한 의자를 구입하기 위해 기꺼이 투자하려는 사람은 얼마든지 있다.

이러한 의자들에 대한 리뷰는 어렵지 않게 찾아볼 수 있다. 하지만 하나씩 따로 보는 것은 별로 도움이 되지 않는다. 필요한 것은 이러한 의자들을 한꺼번에 리뷰해 놓은 글이다. 그런 글 중에서 내가 알고 있는 것은 슬레이트

Slate에서 2005년에 작성한 『앉기: 최고의 책상 의자 찾기Sit Happens: The Search for the Best Desk Chair[18]』다. 완전히 흡족할 만큼 상세하지는 않지만 순위를 다투는 의자는 거의 다 망라돼 있다. 이 글에서 슬레이트가 손을 들어준 의자는 휴먼스케일 리버티HumanScale Liberty[19]였다.

내가 발견한 것 중에서 도움이 될 만한 사이트로 다음과 같은 것들도 있다.

- 크런치기어의 의자 리포트[20]
- 어떤 사람이 모아 놓은 의자에 대한 탁월한 리뷰[21]
- UNC의 의자 리포트[22]
- 컨슈머 서치의 의자 리포트[23], 그리고 메타 컬렉션 리포트[24]
- 리프[25]와 휴먼스케일 프리덤 / 리버티[26]의 동영상 데모

내가 지나치게 가구 타령[27]을 하고 있다고 생각한다면 얼마든지 이해한다. 하지만 나로 말하자면, 나는 현재 집 근처에 있는 친절한 가구 상점에 방문해서 이러한 의자 중에서 어느 것이 나의 에어론을 대체할 수 있을지 신중하게 확인하고 있는 중이다. 내 계산에 의하면 에어론은 10년에 걸친 시간 동안 대략 한 달에 7달러 정도의 비용을 잡아먹었다. 내가 프로그래밍을 하는 동안 건강을 유지하고 편안함을 느끼는 데 그 정도 비용을 치르는 것은 얼마든지 가치가 있다고 생각한다.

추가: 사람들이 자꾸 물어오는 관계로 대답하자면 나는 최종적으로 헤르먼 밀러 미라 의자[28]가 나에게 가장 잘 맞는다고 판단했다. 그것은 10년 된 나의 에어론에 비하면 엄청난 업그레이드에 해당한다. 거의 세 단계나 네 단계 버전이 업그레이드된 것처럼 느껴진다. 예를 들어 앉는 부분의 앞부분 둘레를 조절할 수 있어서 에어론을 이용하면서 생겼던 문제가 해결됐다. 또한 앞에서 언급한 것처럼 등받이 부분의 기능이 비교할 수 없을 정도로 향상됐다. 한 가지 예상하지 못했던 단점은 등받이의 플라스틱이 그러니까... 옷을 벗고 앉아서 맨살이 닿으면 조금 아프게 느껴진다는 점이다. 나는 내가 구입한 담황색 미라를 좋아하지만 의자를 구입하려는 사람은 직접 시장조사를 해서 스스로 결정해야 할 것이다.

■

1. http://www.codinghorror.com/blog/archives/000240.html
2. http://www.amazon.com/dp/B0006NUB5U/?tag=codihorr-20
3. http://www.slate.com/id/2085064/
4. http://www.amazon.com/dp/B0002K11BK/?tag=codihorr-20
5. http://www.codinghorror.com/blog/archives/000240.html
6. http://www.amazon.com/dp/B000REGDRS/?tag=codihorr-20
7. http://www.amazon.com/dp/B000RE7MGE/?tag=codihorr-20
8. http://www.amazon.com/dp/B0014DPL9C/?tag=codihorr-20
9. http://www.amazon.com/dp/B001BPX1E0/?tag=codihorr-20
10. http://www.amazon.com/dp/B000NTF7OW/?tag=codihorr-20
11. http://www.haworth.com/zody
12. http://www.nightingalechairs.com/cxo_home.html
13. http://www.ergo4me.com/
14. http://www.hag.no/
15. http://www.igoergo.com/_site/products.php?cat=02
16. http://www.dwr.com/category/designers/a-c/don-chadwick.do?query=Don%20Chadwick
17. http://www.relaxtheback.com/guidancesearch/result/?q=swopper
18. http://www.slate.com/articles/life/shopping/2005/12/sit_happens.html
19. http://www.amazon.com/dp/B000NTF7OW/?tag=codihorr-20
20. http://www.crunchgear.com/2006/12/28/workspace-roundup-ergonomic-chairs/
21. http://www.google.com/notebook/public/02097020037672550236/BDTBmQgoQg8epiZgi
22. http://ehs.unc.edu/workplace_safety/ergonomics/chairs/
23. http://www.consumersearch.com/www/office/office-chairs/
24. http://www.consumersearch.com/www/office/office-chairs/reviews.html
25. http://www.youtube.com/watch?v=0T7e7UjWv3o
26. http://www.office-seats.co.uk/tv.htm
27. http://furnitureporn.com/
28. http://www.amazon.com/dp/B0002K11BK/?tag=codihorr-20

배경 조명

우리 컴퓨터광들은 어둠을 좋아한다. 완전히 어두운 것을. 이상적으로는 동굴에 있고 싶어 한다. 그러니까 인터넷이 연결돼 있는 동굴을.

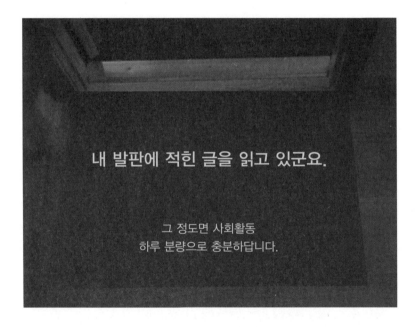

내 발판에 적힌 글을 읽고 있군요.

그 정도면 사회활동
하루 분량으로 충분하답니다.

내가 참을 수 없는 것 중의 하나는 바로 머리 위에 조명을 다는 것이다. 머리 위에 있는 전등이 켜질 때마다 나는 마치 그렘린[1]이 나타나서 불빛이 밝아! 불빛이 밝아! 하면서 낄낄거리는 것 같은 기분이 든다. 도대체 어떻게 그렇게 불타오르는 것인지!

하지만 어두운 방을 좋아하는 데는 합리적인 근거가 있다. 컴퓨터를 사용하는 방안에서 일반적으로 사용하는 조명은 화면 위에 반사된 불빛이 번쩍거리게 만든다[2].

당신 방 안의 조명이 흔히 그렇듯이 천정에 매달린 등에서 나오고 있다면 모니터가 전등의 불빛을 반사하지 않도록 화면 각도를 조절했을 것이다. 최근에 많이 사용되는 (내가 여기에서 리뷰하는 삼성 제품처럼 탁월한) 평면 모니터는 빛을 적게 반사하기 때문에 이런 상황에 도움이 된다. 반사를 억제하는 코팅 기술도 나날이 발전하고 있다. 그렇지만 사무실에서 근무하는 사람들은 여전히 천장에 매달린 전등의 불빛이 모니터 화면에 반사되는 것을 피하지 못하고 있다.

반사를 방지하도록 코팅한 모니터는 그러한 반사가 지나치게 짜증스럽게 느껴지지 않도록, 그러니까 반사의 수준을 조금 줄여줄 뿐이다. 화면 위에 빛이 반사되는 것이 보인다면 모니터 위로 전등의 불빛이 직접 반사될 수도 있다. 빛이 직접 반사되든 아니면 다른 물체에 비친 빛이 간접적으로 비춰지든 모니터 위에 불빛이 보이는 것은 눈부심이라는 문제를 유발한다.

눈이 부시는 것은 일반적인 화면에 비해서 더 밝은 작은 부분이 화면 위에 존재할 때 발생한다. 그런 작은 빛은 홍채가 정상적으로 처리하지 못한다. 동공의 크기는 화면의 밝기 전체에 대해 조절되기 때문에 그렇게 작게 빛나는 부분은 망막을 자극해서 실제보다 더 밝게 인식된다. 그런 부분이 많을수록 더 밝게 느껴지기 때문에 눈동자는 더 분주하게 일해야 하고, 따라서 쉽게 피로를 느낄 수밖에 없다.

조명을 어둡게 한 방에서 컴퓨터 모니터를 보는 것이 일반적으로 도움이 되긴 하지만 그것도 위험을 수반하기는 마찬가지다. 어두운 방 안에서 밝게 빛나는 커다란 사각형을 들여다보고 있는 것은 눈에 해롭다. 공장에서부터 밝기 조절이 망막을 태울 것처럼 설정된 상태[3]로 판매되는 대부분의 LCD는 이런 상황에서 도움이 되지 않는다. 이러한 공장 기본 설정은 너무나 터무니없기 때문에 나는 기본 설정에 비해 값을 엄청나게 낮춘 25/100 정도의 밝기를 사용한다. 이상적으로는 모니터가 우리가 편하게 읽을 수 있는 책의 표면이 가진 밝기보다 더 밝지 않아야 한다. 모니터의 밝기 수준을 적정 수준으로 조절하기 바란다.

우리가 원하는 것은 깜깜한 어둠이 아니다. 우리가 원하는 것은 간접적인 조명, 특히 모니터의 뒤에서 은은하게 발산되는 배경 조명이다. 이런 식의 조명은 눈이 밝은 디스플레이에 적응해서[4] 충격을 완만하게 만드는 효과를 낸다.

"배경 조명은 시선이 향하지만 확장된 홍채가 포함하지 않는 영역을 둘러싸는 불빛을 제공하기 때문에 도움이 됩니다. 불빛이 명멸하거나 강한 밝기가 스크린을 강타하더라도 눈이 받는 충격은 훨씬 덜하죠." 그가 아스에게 말했다. "이제 방 안에 디스플레이 말고도 빛을 뿜어내는 것들이 있으니 배경이 완전히 깜깜할 때에 비해 색상 수준이 풍부해집니다. 배경 조명은 사진의 품질을 유지하고 눈의 긴장을 완화하는 데 결정적인 도움을 주죠."

배경 조명은 간접 조명과 조명을 완화하는 방법이 하나로 결합된 방식이다. 이 방식을 이용하면 눈의 피로가 훨씬 줄어들고 더 편안하게 컴퓨터 디스플레이를 바라볼 수 있다.

요즘에는 값싸고 밝은 LED가 많이 보급되고 있기 때문에 이러한 배경 조명을 설치하는 것이 매우 손쉽다. 죔쇠와 형광등[5]을 이용하거나 아니면 이케아 IKEA에서 판매하는 LED 장치[6]와 양면테이프를 이용해 배경 조명을 쉽게 설치할 수 있다.

정말 이 정도로 쉬운 일이다. 그냥 어떤 조명 장치를 모니터 뒤에 붙이기만 하면 된다.

나는 이케아의 디오더[Dioder][7]와 레드버그[Ledberg][8] 기법을 특히 좋아한다. 내 모니터의 뒤에는 레드버그가 일렬로 늘어서 있다. 하지만 손수 작업하기를 별로 좋아하지 않는다면 안텍 할로 6 LED 배경 조명 키트[9]를 사용해도 좋다. 그것은 USB로 전기를 공급받는다는 장점도 있다.

물론 조명을 조절하는 방식은 각자 다를 수 있다. 나도 배경 조명이 만병통치약이라고 말하지는 않는다. 하지만 여기에는 과학적 근거가 있다. 값싸고 쉽게 설치할 수 있기 때문에 나는 컴퓨터 앞에서 일하는 사람들이 더 많이 배경 조명을 이용하길 바란다. 그렇지 않더라도 최소한 이 글을 읽은 사람들이 LCD 모니터의 공장 밝기 수준을 어린 아이의 연약한 눈동자조차 피로를 느끼지 않을 낮은 수준으로 낮춘다면 글을 쓴 보람이 있을 것이다.

1. http://www.imdb.com/title/tt0087363/
2. http://www.dansdata.com/eclipse.htm
3. http://www.codinghorror.com/blog/2007/09/computer-display-calibration-101.html
4. http://arstechnica.com/gadgets/news/2011/08/bias-lighting.ars?comments=1#comments-bar
5. http://www.instructables.com/id/Bias-lighting-on-the-cheap/
6. http://www.instructables.com/id/Bias-lighting-using-the-IKEA-Ledberg-light/
7. http://www.ikea.com/us/en/catalog/products/20119418/
8. http://www.ikea.com/us/en/catalog/products/50192073/
9. http://www.amazon.com/dp/B0053B347M?tag=codihorr-20

사용자를
염두에 두고
설계하기

당신은
결코 충분한 치즈를
갖지 못할 것이다

"세부사항을 정확하게 다룬다는 말의 의미는 고객이 즐거움을 느끼게 하는 것과 그저 견딜만한 수준으로 만드는 것 사이의 차이를 의미한다."

여기서 살펴볼 인간 공학에 대한 국제적 프레젠테이션Human Factors International presentation[1]은 콜롬비아 방해 장치Columbia Obstruction Device라는 것을 이용한다.

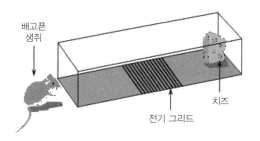

이 프레젠테이션에서 언급하고 있는 콜롬비아 대학의 실험 자료는 찾지 못했는데, 실험 내용은 충분히 설득력이 있다. 그 내용은 우리가 알고 있는 사용자와 사용성에 상당히 자연스럽게 비유된다. 실험에서는 (애플리케이션이 가진 매력에 비유할 수 있는) 치즈를 극대화하거나 (애플리케이션이 가진 기능에 비유할 수 있는) 충격을 최소화하는 상황을 다룬다. (옮긴이 _ 사용성이라는 것은 사용자가 소프트웨어를 얼마나 직관적이고 효율적이며 편하게 사용할 수 있는가에 대해 다룬다. 보기 좋은 화면 디자인은 사용성의 일부다.)

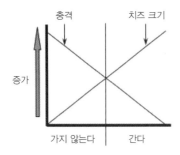

당신은 자기가 만든 애플리케이션이 충분히 매력적이라고 생각하겠지만 나는 그것이 사용자에게도 매력적일 거라고는 생각하지 않는다. 사용자에게 공짜 mp3 파일이나 포르노 사이트에 대한 회원권을 제공하지 않는 이상, 당신이 아주 미약한 수준의 전기 충격이나마 잘 극복하고 충분히 많은 치즈를 얻을 가능성은 별로 높지 않다. 당신이 통제할 수 있는 유일한 변수는 애플리케이션의 사용성이다. 사람들이 당신이 만든 소프트웨어를 사용하는 것은 고사하고, 그저 쳐다보게라도 하려면 진입장벽이 터무니없을 정도로 낮아야 한다.

이것은 조엘도 말 한 적이 있다.[2]

하지만 여기에는 무서울 정도의 진실이 담겨 있다. 최소한 UI 전문가들에게는 무서운 진실 말이다. 사람들이 너무나 사용하고 싶어 하는 기능을 수행하는 애플리케이션의 사용성이 끔찍할 정도로 형편없을 수 있다. 그럼에도 그 애플리케이션은 인기를 끌 수 있다. 하지만 어떤 애플리케이션은 사용성이 대단히 쉽고 간편하게 만들어졌지만 그것이 수행하는 기능이 사람들이 원하는 것이 아니라서 성공을 거두지 못하기도 한다. 사용성이라는 것은 대개 "선택사항"이라고 인식되기 때문에 UI 컨설턴트들은 언제나 자기 방어적이며, 자신의 고객이 사용성을 위해 프로젝트에 투자한 7만 5천 달러라는 금액으로부터 얼마나 많은 이익을 얻었는지 증명하기 위한, 그렇지만 아무래도 믿기 어려운 ROI 공식을 작성하는 데 온종일 매달린다. 여기서 무서운 사실이란 사용성이 실제로 선택사항에 불과한 경우가 매우 많다는 사실이다. 예를 들어 CNN 웹사이드는 UI 컨설턴트로부터 얻을 것이 아무 것도 없다.

냅스터와 ICQ는 사용자 인터페이스에 관한 한 완벽한 재난사례였다. 하지만 그것은 별로 중요하지 않았다. 그들이 출시한 제품 자체가 워낙 매력적이었기 때문에, 그리고 (당시) 그들의 경쟁업체가 워낙 별 볼 일 없었기 때문에 이런 회사의 개발자들은 그토록 끔찍한 UI를 제작하고도 살아갈 수 있었다.

전형적인 업무용 애플리케이션을 개발하는 사람들에게 맛있는 치즈는 영원히 가질 수 없는 사치품이다. 어떤 정신 나간 사용자가 문서 관리 시스템 따위를 사용하려고 하겠는가? 사용자가 자신의 애플리케이션을 사용하기를 조금이라도 희망한다면 치즈 따위는 잊어버려라. 다만 사용자에게 전기 충격이 가해지지 않도록 조심하라.

1. http://www.nih.gov/od/ocpl/wag/calendar/062999/testing.ppt
2. http://www.joelonsoftware.com/articles/NotJustUsability.html

애플리케이션은 결국, 작은 디테일의 모음이다

공평을 기하기 위한 주의 사항: 여기서는 고양이 먹이를 자동적으로 주는 기계에 대해 논의한다. 이런 내용을 읽고 싶지 않은 사람이 있더라도 나는 그 사람을 비난하고 싶지 않다. 나는 고양이에 대해 자주 이야기하지 않는 편이다. 하지만 내가 고양이에 대해 말할 때는 뭔가 의미가 있는 말을 한다[1].

우리는 2007년부터[2] 고양이 자동 급식기를 매우 성공적으로 사용해 왔다. (사진의 품질에 대해 잠시 사과의 말을 전한다. 하지만 2007년 당시에 사용하던 전화기 사진의 수준은 이 정도로 조악했다.)

애완동물의 먹이를 이런 로봇 장치를 이용해 주는 것이 좀 비인간적으로 들릴지도 모르겠다. 아마 그럴 것이다. 하지만 애완동물이 매번 정해진 시간에 먹이를 얻기 위해 당신에게 졸라대는 것을 멈추게 하는 것[3]이 당신의 삶을 얼마나 더 멋지게 만드는지 이루 다 말로 설명할 수가 없다. 내 아내는 간단히 이렇게 정리했다[4].

> 우리 고양이들이 새벽 5시에 우리 머리 위에 걸터앉아서 아침밥을 달라고 조르던 시절로 돌아가고 싶지는 않아요.

나 역시 그렇다. 그렇다고 해서 내가 우리 집 고양이들을 덜 사랑하는 것은 아니지만, 이것은 우리가 세 명의 아이들을 갖기 전에 일어난 일이다. 요즘에 우리는 고양이들의 뒤치다꺼리를 일일이 해줄 만한 시간이 없다. 어쨌든 2007년에 이렇게 자동으로 먹이를 주는 장치를 사용하기 시작한 이후로 우리는 먹이를 챙겨줘야 하는 부담을 크게 덜어낼 수 있었다. 이러한 장치는 지난 5년 동안 우리 집 고양이들에게 아침 8시와 저녁 8시에 먹이를 시계처럼 정확하게 공급해 주었다. 1년에 한 번 정도 세 개의 D 배터리를 바꿔 주고 한 달에 한 번 정도 통에 먹이를 채워 넣는 것, 그리고 가끔 청소를 해주는 것 이외에 어떤 잔고장도 없었다.

이러한 장치가 제 기능을 수행하기는 했지만 이러한 자동 급식기의 상세한 디자인 중에는 완전히 끔찍한 부분이 많이 있었다. 나는 그저 자동적인 장치를 사용할 수 있다는 사실 자체로 행복했기 때문에 이러한 단점을 참고 견뎠다. 따라서 나는 이 장치의 2012년 버전[4]이 여러모로 기능적으로 향상됐다는 사실을 발견했을 때 그저 믿는 심정으로 곧바로 새 버전을 구입했다. 어쨌든 거의 5년을 사용하지 않았는가! 그 정도 시간이면 회사가 자신의 제품을 업그레이드하기에 충분한 시간일 것이다... 그렇지 않은가? 사람은 어떤 식으로도 꿈을 꿀 수 있는 존재다.

새 장치를 주문했을 때 나는 당연히 새로운 버전이 전보다 나을 거라고 가정했다.

이 두 개의 장치는 그다지 달라 보이지 않는다. 하지만 자세한 디테일에 주목하기 바란다.

• 음식 접시를 뺄 수 있다. 옛날 버전에서 접시가 본체에 붙어 있다는 사실은 정말 나를 미치게 만들었다. 청소하기가 몹시 어려웠기 때문이다.

- 음식 접시의 주변에 동그란 인테리어 장식이 생겼다. 옛날 버전은 접시가 본체에 붙어 있어서 청소를 하기가 어려운 것만으로는 충분하지 않다는 듯이, 접시 주변의 인테리어가 날카로운 면을 가지고 있었다. 이것은 가루로 부서진 음식이 그곳에 뭉쳐서 들러붙게 만들었고, 이것을 청소하기란 정말 어려운 일이었다.

- 프로그래밍 버튼이 더 크고 누르기에 편하다. 옛날 버전에서는 버튼이 작은 시계처럼 생긴데다 표면에 튀어나와 있는 부드러운 고무 버튼처럼 붙어있었다. 그것을 누를 때의 감촉이 형편없을뿐더러 너무나 작고 뭉개져 있어서 잘못 누르게 되는 경우도 많았다.

- 장치의 앞면에서 곧바로 프로그래밍 버튼을 이용할 수 있다. 옛날 버전에서는 이해할 길이 없는 이유로 프로그래밍을 하는 버튼이 투명 플라스틱 보호 장치인 "스니즈 가드 sneeze guard" 아래에 있었다. 버튼을 누르려면 엄지손가락을 이용해 이것을 들어 올려야 했다. 내 생각으로는 아마 고양이가 실수로 버튼을 누르거나 뭔가 말썽을 부리는 것을 방지하기 위해 이런 장치를 마련한 것처럼 보이는데, 그럴 가능성은 거의 없다고 봐도 무방하다. 어쨌든 이런 장치는 아무 소용이 없다.

- 프로그래밍하기가 더 쉽다. 음식을 주는 시간을 변경한 적은 거의 없지만, 예를 들어 서머타임 때문에 시간을 변경하고자 했을 때 프로그래밍을 설정하는 작업이 믿을 수 없을 정도로 복잡하게 꼬여 있었다. 그래서 나는 메뉴얼에 적힌 단계 중에서 필요한 부분을 따로 추려내서 "컨닝 페이퍼"를 만들어야 했을 정도다. 하지만 새 버전은 시간을 바꾸는 작업이 거의 쉽게 개선됐다. 거의.

- 음식이 나오는 구멍을 덮는 뚜껑이 있다. 옛날 버전이 가지고 있는 물리적인 결함의 최고봉은 음식이 나오는 구멍이 고양이의 호기심어린 발톱을 유혹한다는 점이다. 이러한 결함은 이 장치를 고양이가 원할 때마다 음식을 제공해 주는 장치[6]로 변모시켰다. 원래 쓰던 제품의 사진을 보면 우리가 구멍을 테이프로 (궁극적으로는 볼트를 이용해) 막아서 고양이가 스스로 음식을 꺼내 먹지 못하게 만들어 놓은 것을 볼 수 있을 것이다. 새로운 장치는 음식을 꺼내는 것을 완벽하게 방지하는 구멍[7]이 달려 있어서 심지어 나도 손가락으로 음식을 꺼내지 못하게 돼 있다. 이 뚜껑은 제 기능을 수행한다. 세상에서 가장 호기심이 많은 고양이라고 해도 이 장치를 통과해서 음식을 꺼내지는 못할 것이다.

- 맨 위의 뚜껑은 돌려서 닫을 수 있다. 옛날 장치는 음식을 담는 통의 뚜껑이 그냥 눌러서 닫는 것이었다. 뚜껑을 여는 것이 별로 어렵지 않아서 고양이들은 약간의 실험을 통해 스스로 뚜껑을 열기도 했다. 새 버전에서는 뚜껑을 돌려서 여닫아야 하기 때문에 뚜껑이 본체와 안전하게 결합된다. 이것은 (옛 버전과 새 버전 모두의 경우) 장치의 본체가 아래의 베이스와 결합하는 방식과 동일하다. 이렇게 "돌리는 동작을 통해 열거나 닫는" 동일한 디자인 원칙을 본체와 뚜껑에 모두 적용하는 것은 일리가 있다.

- 음식 담는 통이 깔때기 모양이다. 옛날 버전의 음식 담는 통은 단순한 원통 모양이었기에 같은 공간 안에서 담을 수 있는 음식의 양이 더 적었다. 새로운 장치를 구입했

을 때 두 버전이 마룻바닥에서 차지하는 면적은 거의 똑같았지만 옛날 버전에 비해
15~20 퍼센트 정도 더 많은 음식을 담을 수 있었다.

- 바닥이 나팔꽃처럼 퍼져있다. 안정감은 중요하다. 고양이가 얼마나 모험심이 많은지
  에 따라서[8] 음식 주는 장치를 공격하거나 밀어서 넘어뜨리거나 음식이 나올 수 있을
  정도로 강하게 때릴 수 있다. 바닥이 퍼지는 모양을 갖추게 한 것이 최종적인 해결책
  은 아니겠지만 옳은 방향임에는 틀림없다. 땅에 더 넓게 퍼져 있는 장치를 쓰러뜨리
  는 것은 전보다 훨씬 더 어려운 일이기 때문이다.

- 흰색을 띠고 있다. 포드 모델 T와 같은 옛날 모델은 고객이 원하는 어떤 색상으로도
  만들어질 수 있었다. 그 색이 검정색이기만 하다면. 따라서 그 모델은 주변의 어떤 장
  식과도 어울리지 않는 일에 탁월한 능력을 발휘했으며, 골동품을 자랑하는 사람처럼
  자기를 뽐냈다. 새 제품이 속옷을 입고 있는 것은 정말 다행스러운 일이다.

물론 다른 바보 같은 디테일도 많이 있다. 그런데 옛날 버전이 우리 집 고양
이에게 필요할 때마다 음식을 제공해 주었는가? 물론 그랬다. 하지만 그 장
치를 청소하고 관리하는 일은 꽤나 고통스러운 일이었다. 내가 도저히 이해
할 수 없도록 임의로 아무렇게나 선택된 디자인 때문에 일주일에 한 번 꼴
로 감당해야 했던 고통이다. 내가 자동으로 음식을 제공하는 이 장치의 새
로운 버전[9]을 구입했을 때, 나는 내가 불만을 품고 있던 문제들이 대부분 말
끔하게 해결돼 있는 것을 보고 내심 충격을 받았다. 펫메이트 주식회사[Petmate
Corporation]가 제품을 사용한 사람들의 피드백을 모두 경청하고, 우리가 표현한
불만과 제안을 제품에 반영하기 위해 적극적으로 노력을 한 것처럼 느껴졌
다.

핵심은, 디테일이 중요하다는 점이다. 사실을 말하자면 디테일은 정말 너무
나 중요하다. 그것이 고양이에게 자동으로 음식을 주는 장치든 소프트웨어
이든. 내 친구 윌 쉬플리[Wil Shipley]가 한때 말했던 것처럼[10],

당신의 애플리케이션은 결국, 작은 디테일의 모음이다.

이것은 소프트웨어와 관련된 인용구 중에서 내가 가장 좋아하는 것 중 하나
다. 스택 오버플로우를 만들 때 우리는 이 경구를 내면화했다. 사용자가 기
쁘게 사용하는 것과 사용자가 그저 참을만하다고 느끼면서 사용하는 것의
차이는 바로 디테일을 얼마나 제대로 구현하는가에 달려있는 것이다.

당신의 소프트웨어와 프로젝트는 결국 작은 디테일의 모음에 지나지 않는다. 당신이 그러한 모든 디테일에 끝까지 집착하지 않는다면, 그저 "중요한" 부분만 잘 처리하고 나머지 여러 작은 디테일은 무시한다면 그런 식으로 만들어진 제품은 그것을 매일 이용하는 사용자를 짜증나게 만들 것이다. 당신은 위대한 소프트웨어를 만드는 것이 아니다. 누군가 다른 사람이 만들 것이다. 그들이 당신의 경쟁자가 아니길 바랄 뿐이다.

디테일은 어렵다. 펫메이트가 자동 급식기의 첫 번째 버전에서 그랬던 것처럼 누구나 처음에는 디테일을 제대로 구현하지 못한다. 다음 조건을 만족한다면 디테일을 구현하려는 첫 번째 시도에서 실패하는 것은 크게 상관이 없다.

- 핵심 기능이 어느 정도 제대로 구현돼 있다.
- 제품을 사용하는 사용자들로부터 피드백을 듣고, 그러한 피드백을 이용해 제품의 디테일을 개선하려는 노력을 적극적으로 기울인다.

우리는 스택 오버플로우의 초창기인 2008년 8월부터 지금까지 언제나 사용자들의 피드백을 경청하는 것을 거의 미친 사람들 수준으로 소중하게 여기고 있다. 스택 오버플로우의 첫 번째 버전에는 댓글 기능조차 없었다는 사실을 알고 있는가? 하지만 사용자의 피드백과 사용 패턴을 보고 그런 기능이 당장 필요하다는 사실을 깨달을 수 있었다. 이 글을 쓰고 있는 현재 시점에서 봤을 때 사용자들이 요청한 기능 중에서 완료된 것이 1,569개에 달한다[11]. 평균적으로 봤을 때 그것은 하루에 한 개의 기능이 추가된 꼴이다.

상상해보라. 어느 누군가가 당신이 그런 것만큼이나 디테일에 미쳐 있다는 사실을.

●

1. http://www.codinghorror.com/blog/2007/04/all-about-my-cats.html
2. http://blogs.vertigo.com/personal/jatwood/Blog/Lists/Posts/Post.aspx?ID=25
3. http://www.youtube.com/watch?v=w0ffwDYo00Q
4. https://twitter.com/#%21/betsyphd/status/198571918692069376
5. http://www.amazon.com/dp/B0016BVY2U/?tag=codihorr-20
6. http://www.youtube.com/watch?v=9DEfXtd0yPg
7. http://www.amazon.com/gp/customer-media/product-gallery/B0016BVY2U/ref=cm_ciu_pdp_images_dav
8. http://www.youtube.com/watch?v=_nlyVtgrCJE
9. http://www.amazon.com/dp/B0016BVY2U/?tag=codihorr-20
10. http://daringfireball.net/2007/08/c4_1_in_a_nut
11. http://meta.stackoverflow.com/questions/tagged/feature-request+status-completed

사용자 인터페이스가 애플리케이션이다

숀 버크Shawn Burke의 "배달은 쉽지 않아[1](하지만 누군가 그걸 해야만 해[2]"라는 글은 그것이 아무리 정당성이 있고 합리적인 근거를 가지고 있다고 해도 프로젝트의 막판에 변화를 도입하는 것에 저항해야 하는 이유를 설명한다. 아무리 사소한 변화라고 해도 그것은 추가적인 버그를 양산할 가능성을 내포하고 있기 때문이다. 첫 번째 댓글은 이 말을 이렇게 비꼰다.

> TeX는 버그가 없지... 어쩌면 그것은 이러한 규칙에 대한 예외인 것일까 :-)

이언 링그로스Ian Ringrose[3]는 즉각 응수했다.

> 하지만 그 프로그램을 사용하는 사람이 있을까? 프로그램을 사용하기 어렵다는 사실이야말로 그 자체로 엄청난 버그 아닐까?

내가 졌다.

루비의 창시자인 유키히로 마츠모토Yukihiro Matsumoto는 이 주제에 대해 강한 의견을 피력했다[4].

당신의 시스템이 좋은 인터페이스를 가지고 있다면, 그리고 충분한 자금과 시간을 가지고 있다면 당신의 시스템을 개선하는 작업을 수행할 수 있을 것이다. 시스템에 버그가 있거나 시스템이 너무 느리면 그것을 고칠 수도 있다. 하지만 시스템이 나쁜 인터페이스를 가지고 있다면 기본적으로 아무것도 가지고 있지 않은 것과 마찬가지다. 그것의 내부가 최고 수준의 장인정신으로 완벽하게 구현돼 있다고 해도 소용없다. 시스템이 나쁜 인터페이스를 가지고 있으면 아무도 그것을 사용하지 않을 것이다. 따라서 그것이 사용자를 위한 것이든 아니면 다른 컴퓨터를 위한 것이든, 우리가 말하는 것이 인터페이스인가 아니면 시스템의 겉면인가 라는 질문은 대단히 중요하다.

조엘은 이것을 빙산의 비밀[5]이라고 불렀다.

나는 이것을 컨설턴트로서 고객의 경영진에게 중요한 웹 기반 프로젝트를 데모하는 경험을 통해 배웠다. 프로젝트는 거의 100% 코드가 완성된 상태였다. 우리는 여전히 그래픽 디자이너가 화면에 들어갈 폰트와 색상, 그리고 멋진 3D 탭을 제공하기를 기다리고 있었다. 그들을 기다리는 동안 우리는 그냥 평범한 폰트와 흑백 화면을 이용했고, 화면에는 엄청나게 많은 빈 공간이 있었다. 한 마디로 화면은 보기에 별로 좋지 않았다. 하지만 기능의 100%가 지원되고 있었고 이러한 화면을 이용해 상당히 멋진 일들을 할 수 있었다.

그런데 데모에서는 어떤 일이 일어났을까? 고객은 미팅 시간 내내 계속해서 화면의 그래픽 요소에 대한 불만을 쏟아냈다. 그들은 심지어 UI에 대한 이야기를 하는 것도 아니었다. 그들은 화면의 겉모습에 대해 언급했다. 프로젝트 매니저는 "전혀 멋진 화면이 아니로군요."라고 말했다. 그들이 생각해낼 수 있는 것은 그것이 전부였다. 우리는 그들이 실제 기능에 대해 생각하도록 유도할 수 없었다. 그래픽 디자인을 수정하는 데 걸리는 시간은 하루면 충분했다. 하지만 그들은 마치 화가를 고용하기라도 한 것처럼 말하고 있었다.

나 역시 최근에 이와 동일한 경험을 한 적이 있다. 우리는 멋진 백엔드 기능을 구현하고 있었는데, 그러한 기능을 보여주기 위해 간단한 프론트엔드 데모를 할 필요가 있었다. 그래서 비교적 단순한 데모용 애플리케이션을 작성했다. 그것은 그럭저럭 괜찮은 편이었지만 그 회사 웹사이트의 수준에는 당연히 미치지 못했다.

그 데모에서 우리의 고객이 무슨 생각을 했는지 맞출 수 있겠는가?

나는 당신이 비지오^{Visio}로 그린 멋진 시스템 아키텍처 다이어그램을 얼마나 많이 가지고 있는지에 대해서는 관심이 없다. 사용자 입장에서 보면 UI 자체가 애플리케이션이다. UI가 어렵다[6]는 사실은 잘 안다. 하지만 사용자의 진지한 관심을 유도하고 싶으면 인상적인 UI를 구축해야 한다. UI에 그에 상응하는 우선순위를 둬야 하는 것이다.

1. http://www.shawnburke.net/default.aspx?document=264&userinterface=9
2. http://www.azlyrics.com/lyrics/icet/somebodygottadoitpimpinainteasy.html
3. http://www.ringrose.name/
4. http://www.artima.com/intv/craft.html
5. http://www.joelonsoftware.com/articles/fog0000000356.html
6. http://www.codinghorror.com/blog/archives/000325.html

UI를 우선시하는 소프트웨어 개발

단 한 줄의 코드를 작성하기 전에 나는 사용자 인터페이스가 어떤 모습이어야 할지에 대해 완전히 명확한 아이디어를 갖길 원한다. 나는 릭 샤우트[Rick Schaut]가 말하는 내용에 전적으로 동의한다[1].

> 최종 사용자를 위한 소프트웨어를 개발할 때는 그것이 웹 애플리케이션이든, 이미 존재하는 애플리케이션에 기능을 추가하는 것이든, 혹은 다른 애플리케이션을 위한 플러그인을 작성하는 것이든 상관없이 언제나 UI를 맨 먼저 디자인해야 한다.
>
> 다음과 같은 두 가지 이유로 그렇게 하는 것이 쉬운 일은 아니다. 우선 대부분의 프로그래머, 특히 대학에서 가르치는 수준의 컴퓨터 사이언스를 학습한 프로그래머들은 주로 명령줄을 통해 실행하는 프로그램을 작성하는 실습을 통해 코딩을 배운다. 그 결과 우리는 흔한 컴퓨터 사이언스 문제를 효율적으로 해결하는 알고리즘을 구현하는 방법을 배우지만 좋은 UI를 디자인하는 것은 배우지 않는다.

물론 UI는 어렵다[2]. 개발자에게는 코딩보다 훨씬 더 어렵다. 그렇기 때문에 어려운 부분을 건너뛰고 쉬운 것부터 하려고 하는 유혹을 자연스럽게 느낀다. 자기가 구현하는 기능을 사용자가 어떤 식으로 사용할지에 대해 아무런 생각도 하지 않은 채 우선 코드부터 작성하기 시작하는 것이다.

최종 사용자에게는 인터페이스가 애플리케이션[3]이라는 점을 기억하기 바란다. 그렇다면 컴파일러를 돌리기 전에 그에 대해 생각해보는 것이 합리적이지 않겠는가?

당신이 사용하는 기술이 무엇이냐에 따라 UI를 구축하는 방법이 달라질 수 있다는 점은 사실이다. 포토샵에서 몇 개의 픽셀이 특정한 방식으로 배치될 수 있다는 이유만으로 그러한 픽셀들이 적당한 기간 내에 출시할 수 있는 제품으로 마술과 같이 탈바꿈할 수 있는 것은 아니다. 특정 기술로 인해 제약을 받는 문제를 완화하고 싶다면 시각적 디자인•패턴[4]이 가진 장점을 활용하라. GUI 애플리케이션을 만들고 있다면 GUI에 공통적으로 사용되는 도구widgets를 담은 팔레트palette를 사용한다. 웹 애플리케이션을 만들고 있다면 웹 도처에 널린 HTML, CSS, DOM 요소들을 활용하라. 그러한 팔레트가 기술적인 제약을 극복할 수 있게 만들어라.

몇 가지 기본적인 도구를 이용해 사용자 인터페이스가 어떤 모습이어야 할지에 대한 대략적인 모형mockup 화면을 만드는 것은 어렵지 않다. 하지만 모형 화면을 만드는 단계에서 의식적으로 기술적인 개발 환경에서 거리를 두고 떨어져 있는 것이 대단히 중요하다. 그렇게 하지 않으면 모형을 실제 제품으로 변모시키고자 하는 유혹이 너무나 강해서 쉽게 거부하지 못하게 될 것이다. 프로토타입의 함정[5]에 빠지지 않도록 주의해야 하는 것이다.

그렇다면 개발 도구를 사용하지 않으면서 UI의 프로토타입은 어떻게 작성할 수 있을까? 한 가지 방법은 종이 위에 간단한 프로토타입을 그리는 것이다[6].

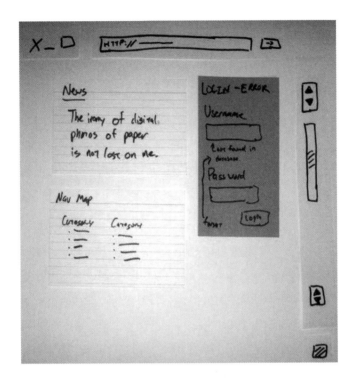

『종이 위의 프로토타입: 사용자 인터페이스를 빠르고 쉽게 디자인하기Paper

Prototyping: The Fast and Easy way to Design and Refine User Interfaces』[7]라는 책은 종이 위에 프로

토타입을 그려보는 방법을 다룬 탁월한 입문서다. 아마존[8], 구글북[9], 그리고

그 책의 웹사이트[10]에 가면 이 책을 각 장마다 상호작용을 하면서 살펴볼 수

있다.

프로토타입을 종이 위에 그리는 방법은 제이콥 닐슨Jacob Nielsen이 말한 것처럼

[11] 거의 시간이 들어가지 않는다는 점에서 큰 장점이 있다.

종이 위에 프로토타입을 작성하는 것은 현재의 디자인 프로젝트의 품
질을 향상시킨다는 이점 이외에 두 번째 이점을 가지고 있다. 바로 당
신의 직장 경력에 도움을 준다는 점이다. 컴퓨터, 웹디자인, 혹은 그
와 비슷한 주제를 다루는 책들을 생각해보라. 그 중에서 앞으로 10년
뒤에도 유용할 내용은 얼마나 있는가? 20년 뒤에는? 나의 예전 상사인

스캇 맥닐리[Scott McNealy]가 한 명언에 의하면 기술의 수명은 바나나의 수명과 같다.

이와 반대로 종이 위에 프로토타입을 작성하는 기술의 수명은, 종이 자체의 수명과 비슷하다. 일단 종이 프로토타이핑을 하는 방법을 배우고 나면 자신의 경력이 지속되는 동안 계속해서 그 방법을 활용할 수 있다. 앞으로 20년 뒤에 어떤 사용자 인터페이스 기술이 인기를 끌게 될지 알 수 없지만 적어도 그러한 디자인이 갖는 사용성은 계속 향상시킬 필요가 있을 것이며, 그럴 때 종이 프로토타이핑은 초기 연구를 위한 소중한 기법으로 존속할 거라는 점은 말할 수 있다.

종이 프로토타이핑은 대개 사용성 연구의 초기 작업[12]에 사용되는 것으로, 그런 목적에 국한돼야 한다. 하지만 나는 종이 프로토타이핑이라는 것이, 설령 프로토타입을 보는 것이 나 자신뿐이더라도 큰 도움이 된다는 사실을 발견했다. 어떤 소프트웨어를 구체적으로 구현하기 전에 내가 만드는 소프트웨어를 다른 사람들이 보는 방식으로 마음속에 구체화하는 것이 확실히 도움되기 때문이다.

종이 프로토타이핑이 단순한 개발자들에게조차 믿을 수 없을 정도로 큰 도움이 된다는 사실을 아직 믿기 힘들다면 제라드 스풀이 다니는 회사인 사용자 인터페이스 엔지니어링에서 제공하는 조언을 참고하기 바란다.

- 종이 프로토타이핑: 여전히 우리가 가장 좋아하는 선택(1998)[13]
- 종이 프로토타이핑에 대한 다섯 가지 팁(2000)[14]
- 종이 프로토타이핑의 지난 16년 역사에 대한 고찰(2005)[15]

아직도 긴가민가한 분은 종이 프로로타이핑의 공통적인 걱정거리들[16]을 읽어보길 권한다.

그러면 이러한 종이 프로토타이핑을 완전히 숙지하고 나면 그다음에 해야 할 일은 뭘까? 오피스 2007 팀의 수석 UI 디자이너 중 한 사람인 젠슨 해리스[Jensen Harris]는 나에게 파워포인트 프로토타이핑을 처음으로 가르쳐 주었다[17].

우리는 파워포인트를 [오피스 2007] 종이 프로토타입[18]의 향상된 버전으로 간주했다. 이러한 기법에는 몇 가지 장점이 있다. 콘텐츠가 전자문서로 저장되기 때문에 종이보다 쉽게 수정할 수 있고 (특히) 사용성을 테스트하는 사용자가 마우스를 이용할 수 있기 때문에 더욱 자연스럽게 느껴진다는 점에서 프로토타입과 어느 정도 상호작용할 수 있다는 느낌을 줄 수 있다.

물론 그것이 반드시 파워포인트일 필요는 없다. 그것이 개발 도구가 아니라면 어떤 도구를 이용하든 상관없다. 지나치게 강력한 도구를 사용하는 것은 바람직하지 않다. 자잘한 수정을 반복해서 가하는 것이 가능하면서도 사용하기가 간단하고 손쉬운 도구가 적당하다. 그런 도구가 바로 종이 프로토타입의 자연스러운 다음 단계다.

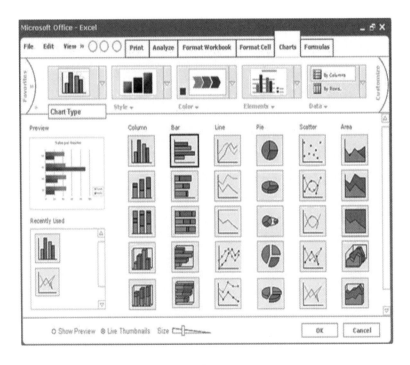

여러 곳에 분산돼 있는 팀과 공유하려면 여러 장의 종이보다는 디지털 문서가 더 좋다. 파워포인트 프로토타입의 자세한 내용을 알고 싶은 분은 다음 내용을 살펴보길 권한다.

- 파워포인트 2007을 이용한 와이어프레임 프로토타이핑(마누엘 클레모[Manuel Clement], 26분짜리 동영상)[19]
- 파워포인트 프로토타이핑에 대한 단계별 가이드(얀 베러호픈[Jan Verhoeven])[20]
- 파워포인트 프로토타이핑 툴킷(롱 쳉[Long Zheng])[21]

소프트웨어 개발 과정에서 UI를 우선시하는 태도를 견지하는 것은 어떤 도구를 선택하는가보다 더 중요하다. 종이를 사용해도 좋고, 파워포인트를 사용해도 좋고, 키노트[22]를 사용해도 좋고, 어느 것이든 자기한테 적당한 것을 사용하면 된다. 마누엘 클레모가 말한 것처럼 콘크리트를 너무 일찍 쏟아 붓지만 않는다면 말이다. (옮긴이 _ 콘크리트[concrete]라는 영어 단어는 "구체적인" 것을 의미하기도 한다.)

■

1. http://blogs.msdn.com/rick_schaut/archive/2004/04/02/106929.aspx
2. http://www.codinghorror.com/blog/archives/000325.html
3. http://www.codinghorror.com/blog/archives/000371.html
4. http://www.codinghorror.com/blog/archives/000499.html
5. http://www.codinghorror.com/blog/archives/000256.html
6. http://www.alistapart.com/articles/paperprototyping
7. http://www.amazon.com/exec/obidos/ASIN/1558608702/codihorr-20
8. http://www.amazon.com/exec/obidos/ASIN/1558608702/codihorr-20
9. http://books.google.com/books?hl=en&id=5OhE7dyGtmgC&printsec=frontcover&source=web
10. http://www.paperprototyping.com/what.html
11. http://www.useit.com/alertbox/20030414.html
12. http://www.codinghorror.com/blog/archives/000779.html
13. http://www.uie.com/articles/paper_prototyping/
14. http://www.uie.com/articles/prototyping_tips/
15. http://www.uie.com/articles/looking_back_on_paper_prototyping/
16. http://www.snyderconsulting.net/article_paperprototyping.htm#commonConcerns
17. http://blogs.msdn.com/jensenh/archive/2006/01/06/510069.aspx
18. http://blogs.msdn.com/jensenh/archive/2006/01/06/510069.aspx
19. http://www.microsoft.com/expression/events-training/globalevent/player/Default.html?South-Korea_Manuel-Clement_Keynote_Wireframe-Prototyping-Using-PowerPoint-2007=Manuel_Clement=Wireframe-Prototyping_Using_PowerPoint_2007
20. http://www.jansfreeware.com/articles/misc-prototyping.html
21. http://www.istartedsomething.com/20071018/powerpoint-prototype-toolkit-01/
22. http://www.adaptivepath.com/blog/2006/08/28/keynote-as-a-prototyping-tool/

쪽수매기기의 종말

사용자에게 보여줄 내용이 아주 많을 때, 보여주려는 내용을 한 화면에 다 집어넣을 수 없을 때 당신은 어떤 방법을 사용하는가? 자연스럽게 쪽수매기기가 머릿속에 떠오를 것이다[1].

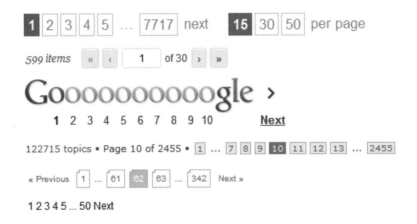

2007년에 작성된 이 글의 내용을 입증하는 사례[2]는 아주 많지만, 일일이 거론하지는 않겠다. 쪽수매기기를 사용하는 사이트를 한번이라도 본 적이 있으면, 나머지 모두를 본 것과 같기 때문이다. 쪽수매기기라는 기술의 상태는 지난 5년 동안 거의, 사실은 조금도 변하지 않았다.

10, 50, 100, 혹은 수백 개의 항목을 나타내야 할 때 쪽수매기기 방법을 사용하는 것은 이해할 수 있다. 하지만 수천 개의 항목이 있다고 하자. 도대체 그렇게 많은 결과를 살펴보기 위해서 964페이지나 3810페이지를 열어보는 사람이 세상에 어디 있겠는가? 상식적인 범위의 시간 내에 사람이 보고 처리

할 수 있는 정보의 량이 정해져 있다고 한다면, 지나치게 많은 내용을 쪽수 매기기를 통해서 보여주려고 하는 것이 의미 있는 일일까?

수천 개의 항목이 있다면, 그것은 쪽수매기기로 해결할 수 있는 문제가 아니다. 그것은 검색과 필터링을 사용해야 하는 문제다. 수백 개 혹은 수천 개의 항목을 사용자에게 전부 보여줄 이유가 어디에 있는가? 그렇게 해서 얻는 것이 무엇이란 말인가? 완벽한 세계라면 모든 검색이 한 페이지 안에 단 한 개의 항목을 보여줘야 한다. 정확하게 당신이 원했던 바로 그것을 말이다.

목적에 부합하는 항목들을 그룹으로 묶거나 적당한 순서로 나열할 수 있다면 그래도 여전히 쪽수매기기가 필요한 것일까? 사용자가 페이지의 아랫부

그렇지만 상황에 따라서 당신은 자기가 정확히 무엇을 찾고자 하는지 모를 수 있다. 어쩌면 다양한 관점과 자료를 폭넓게 찾고자 하는 것일 수도 있다. 혹은 여러 개의 비슷한 항목을 찾아서 서로 비교해보려고 하는 것일 수도 있다. 좋다. 그러한 목적을 위해 사용자에게 수백 개의 항목을 보여주는 것이 굳이 잘못됐다고 말할 수 있는 시나리오를 떠올리기는 쉽지 않다. 그렇다고 해도 이렇게 많은 항목들은 어떤 논리적인 순서에 따라 나열돼야 하기 때문에 검색의 목적에 가장 알맞은 항목이 처음에 나타나야 한다.

목적에 부합하는 항목들을 그룹으로 묶거나 적당한 순서로 나열할 수 있다면 그래도 여전히 쪽수매기기가 필요한 것일까? 사용자가 페이지의 아랫부분에 도달했을 때 그다음에 펼쳐질 내용을 동적으로 보여주는 식으로 구현된 끝없는 쪽수매기기[endless pagination] 방법은 어떨까?

내용을 동적으로 보여주는 방식은 모음이 제거된 알파벳으로 구성된[3] 복잡한 이름을 가진 낯선 회사들에게 국한되는 것이 아니다. 트위터의 타임라인[4]과 구글의 이미지 검색[5]도 이와 비슷한 끝없는 쪽수매기기 방식을 사용한다. 이러한 페이지는 사용자가 화면을 아래쪽으로 스크롤하거나 "더 보기" 버튼을 누르면 자동적으로 더 많은 항목을 화면에 보여준다.

쪽수매기기는 사용자들이 통증을 느끼는 마찰을 유발하기도 한다. 어떤 게시판에서 당신이 올린 글에 대해 누가 댓글을 달았다고 해보자. 그 사람이 부디 이미 4페이지에 걸쳐서 올라와 있는 다른 댓글을 모두 읽은 다음에 글을 올리기를 간절히 바랬던 적이 있는가? 만약 다음 페이지로 넘어가는 버튼이 그토록 작지 않았거나 혹은 아예 그런 버튼을 누를 필요가 없었더라면 그들이 이미 올라와 있는 댓글을 모두 읽었을지도 모른다. 우리는 사용자들이 뭔가 더 많은 일들을 하기 원한다면 그러한 일을 수행하는 데 방해가 되는 모든 마찰을 제거해야 한다[6].

쪽수매기기를 사용하고 있는 페이지가 모두 이와 같이 동적으로 형성되는 끝없는 쪽수매기기 방식으로 전환돼야 한다고 주장하는 것은 아니다. 우리 소프트웨어 개발자들이 수천 개에 달하는 항목을 단순한 쪽수매기기 방식을 통해 보여주는 방식을 너무 당연하게 사용하는 것은 곤란하다는 말을 하는 것이다. 그렇게 하는 것은 사용자에게 필요한 항목을 일일이 골라서 확인하는 작업을 직접 하라고 전가하는 것과 다름없다.

우리가 컴퓨터를 발명한 이유는 사용자의 삶을 더 편하게 만들기 위해서이지, 더 어렵게 만들기 위해서가 아니라는 사실을 명심하라.

새로운 방식을 사용하기로 했으면 다음으로는 구글 연구[7]가 지적하는 것처럼 다음과 같이 균형을 맞출 필요가 있다.

사용자 테스트 결과에 의하면 검색을 수행하는 사람들은 동일한 정보를 본다고 했을 때 그것이 아무렇게나 나눠진 여러 페이지에 걸쳐서 나타나는 것보다 하나의 페이지에 모두 담기는 것을 선호한다.

그렇지만 흥미롭게도 페이지가 나타나는 시간이 너무 오래 걸리면 오히려 하나의 페이지에 모든 것이 담기는 것을 좋아하지 않는다. (예를 들어 페이지에 너무 많은 이미지가 포함돼 있어 페이지가 나타나는 데 걸리는 시간이 너무 길면) 사용자들은 결과가 화면에 느리게 나타나는 것을 싫어하기 때문에 이와 같은 결과는 놀랍지 않다. 따라서 일반적인 경우에는 하나의 페이지에 모든 정보가 담기는 방식이 선호된다고 할 수 있지만 그러한 선호도와 페이지가 뜨는 데 걸리는 시간 사이에 적당한 균형을 잡는 것은 대단히 중요하다.

전통적인 쪽수매기기 방식은 사용자에게 별로 편리한 방식이 아니지만, 그렇다고 해서 끝없는 쪽수매기기 방식이 문제와 함정이 전혀 없는 완벽한 방법은 아니다.

- 사용자들이 스크롤바의 크기를 확인함으로써 "페이지 안에 내용이 얼마나 담겨 있지?"라는 물음에 대한 대답을 끌어내던 방식은 더 이상 통용되지 않는다. 끝없는 쪽수매기기 방법이 담을 수 있는 분량은 실제로 끝이 없기 때문이다. 대략적이나마 그러한 질문에 대한 대답을 제공하기 위한 뭔가 대안적인 방법이 필요하다. 페이지의 아래쪽 어딘가에 지금까지 화면에 로드된 텍스트가 몇 퍼센트에 해당하는지 나타내는 것이 바로 여기에 해당한다.

- 끝없는 쪽수매기기는 사용자가 아직 화면에 로드되지 않은 링크도 정상적으로 사용할 수 있게 만들어야 한다. "페이지"라는 개념이 없긴 하지만 그래도 사용자는 페이지를 구성하고 있는 텍스트에 포함돼 있는 링크를 언제든지 사용할 수 있어야 한다.

- 브라우저의 앞으로 가기[forward] 혹은 뒤로 가기[backward] 버튼을 눌러도 끝없는 쪽수매기기를 사용하는 페이지에서 사용자가 스크롤해서 내려간 위치를 기억해야 한다. 예컨대 푸시스테이트[pushState][8] 같은 기술을 이용할 수 있을 것이다.

- 쪽수매기기는 사용자에게 불편한 경험을 제공하지만, 웹 스파이더들에게는 그런 기능이 꼭 필요하다. 따라서 전통적인 쪽수매기기 방식을 사용하는 웹 검색 엔진의 요구를 처리하는 것, 혹은 사이트맵[9]과 관련된 기능을 무시해서는 안 된다.

- 리스트에 새로운 항목을 나타낼 때 그렇게 더 많은 텍스트를 나타내는 작업이 진행되고 있다는 사실을 사용자에게 보여줘야 한다. 그렇게 해야만 사용자는 브라우징이 멈춘 것이 아니라 새로운 항목이 더 나타나고 있을 뿐이며, 아직 페이지의 끝에 도달한 것이 아니라는 사실을 인식할 수 있다.

- 사용자가 끝없는 콘텐츠 강물의 흐름에 몸을 맡기고 페이지를 아래로 스크롤해서 내려갈 때마다 화면에는 전보다 더 많은 내용이 나타나기 때문에 결코 페이지의 푸터(혹은 헤더)에 도달할 수 없음을 명심해야 한다. 그렇기 때문에 정적인 내용이 담긴 페이지의 푸터나 헤더를 화면 내의 다른 곳으로 옮기거나, 추가적인 내용을 스크롤의 흐름에 따라 동적인 방식으로 나타내는 대신 사용자가 "더 보기" 버튼을 명시적으로 누르게 하는 방법 등이 필요하다.

이런 새로운 방법에 대해 더 자세히 알고 싶다면 ux.stackexchange의 쪽수매기기에 대한 Q&A[10]를 참고한다.

결국 핵심은, 쪽수매기기로 아무리 많은 내용을 담아내더라도 사용자들은 대개 처음 몇 페이지를 넘어가면 나머지 내용에 더는 관심을 갖지 않기 때문에 이러한 쪽수매기기 방식이 별로 의미가 없다는 사실이다. 이런 면에서 봤을 때 나는 구글이 검색 결과를 화면에 나타낼 때 필요한 이와 같은 기술을 아직 진지하게 연구하지 않았다고 생각한다. 구글과 같은 회사가 첫 번째 페이지에 사용자가 원하는 검색 결과를 제대로 담아내지 못한다면 엄청난 분량의 데이터를 제공하기 위해 쪽수매기기와 같은 기술을 사용하든 아니면 다른 훌륭한 기술을 사용하든, 그런 것은 의미가 없다. 사용자가 원하는 내용이 결과의 처음 부분에 포함돼 있지 않다면 그러한 검색 비즈니스는 오래가지 않을 것이기 때문이다. 이 교훈을 잘 기억하기 바란다. 사용자가 찾는 항목을 맨 앞에서부터 순서대로 보여줘야 한다. 이러한 요구가 충족된 다음에야 비로소 구체적인 쪽수매기기 방법에 대해 고민해야 한다.

●

1. http://ui-patterns.com/patterns/Pagination
2. http://www.smashingmagazine.com/2007/11/16/pagination-gallery-examples-and-good-practices/
3. http://en.wikipedia.org/wiki/Disemvoweling
4. http://www.codinghorror.com/blog/2012/03/twitter.com/codinghorror
5. https://www.google.com/search?q=alice+in+wonderland+illustrations+public+domain&hl=en&prmd=imvns&source=lnms&tbm=isch&ei=mDpyT8KnOeHg2AWVwOjJDg&sa=X&oi=mode_link&ct=mode&cd=2&ved=0CBcQ_AUoAQ&biw=811&bih=1037
6. http://www.codinghorror.com/blog/2009/04/training-your-users.html
7. http://googlewebmastercentral.blogspot.com/2011/09/view-all-in-search-results.html
8. http://diveintohtml5.info/history.html
9. http://webmasters.stackexchange.com/questions/4803/the-sitemap-paradox
10. http://ux.stackexchange.com/questions/tagged/pagination

■ 사용자의
좁은 시야 다루기

내가 계속 언급하는 주제 중 하나는 사용자에게 읽는 법을 가르치기[1]다. 그 것은 대화상자와 관련된 내용이다. 대화상자라는 것은 사용자가 현재 진행 중인 작업을 갑자기 바보처럼 중단[2]시킬 뿐 아니라 사용자 인터페이스에서 너무 지나치게 사용되는 독약과 같은 도구다. 다행스럽게도 최근의 웹 애플리케이션에서는 그러한 대화상자를 거의 만날 수 없게 됐는데, 웹 2.5의 AJAX-y 세계에서는 대화상자가 다시 인기를 끌고 있다. 신이 나서 대화상자를 사용하는 사람들은 아마도 역사에서 교훈을 얻지 못하고 같은 실수를 반복하는 우둔한 사람들[3]일 것이다.

이러한 사태와 관련해서 나는 5년 정도의 개발 경험을 추가적으로 쌓은 이후에, 다음과 같은 라르손의 만화가 단지 대화상자에만 적용되는 것이 아니라는 사실을 깨달았다.

사용자가 당신이 화면에 나타내는 글을 단 한 글자도 읽지 않는다는 사실은
평범한 진리다.

이처럼 비극적인 사실 앞에서 우리가 해야 할 일은 로켓을 해체하는 것처럼
복잡한 일이 아니다. 우리가 해야 하는 일의 핵심은 Q&A 웹사이트를 구축
하는 것이다. Q&A 사이트가 수행하는 기본적인 기능은 당연히 질문을 하는
것이다. 질문을 하는 일은 2살 먹은 어린아이도 할 수 있다.

우리가 superuser.com[4]을 시작했을 때 그것은 우리의 네 번째 Q&A 사이
트였다. 이 사이트는 파워유저들을 위한 것으로, 다루는 주제의 범위에 관한
한 가장 폭넓은 주제를 담고 있는 사이트다. 컴퓨터 소프트웨어와 (게임을
제외한) 하드웨어에 관련된 거의 모든 주제를 포괄한다.

이 사이트는 이제 1년 정도가 돼 가는데, 우리는 이곳의 커뮤니티에서 제공
되는 피드백을 통해 우리가 만드는 Q&A 엔진에 쉴 새 없이 양념을 뿌리며
기능을 개선했다. 우리가 뭐 남보다 훌륭해서가 아니라, 그저 뒤쳐진 사이트
가 되지 않기 위해서는 엄청난 노력을 기울여야 한다고 믿기 때문이다. 이러
한 노력을 경주한다면 1년 정도의 시간이 흘렀을 때 이 사이트는 사용자가 사
용하기 편리한 단순하고 직관적인 질문 양식을 갖추고 있을 거라 생각했다.

그렇게 생각한 나는 얼마나 바보였는가.

한 파워유저가 최근에 올린 질문을 보자. 질문을 한 파워유저가 해당 질문을 올리던 당시의 사이트 모양은 다음과 같았을 것이다.

누구에게나 명백한 문제가 하나 있다. 질문 텍스트의 서식이 완전히 엉망인 것이다! 그것은 그저 한 덩어리로 뭉쳐진 텍스트에 불과하다.

우리가 사용하는 서식 규칙은 복잡하지 않다. 입력된 텍스트를 그저 여러 개의 문단으로 나눌 뿐이다. 우리는 내부적으로 마크다운^{Markdown}을 이용한다[5]. 그것은 ASCII 문자열의 전통을 흉내 내는 기초적인 서식을 사용한다. 우리는 사용자가 질문을 제출하기 전에 질문이 올라오면 화면에 어떤 모습으로 나타날지를 미리 보여주는 실시간 미리보기 기능도 제공한다. 하지만 이 슈퍼유저의 경우에는 이러한 기능이 정상적으로 동작하지 않았다. 만약 그가 리턴 키를 몇 번 눌렀다면 엉망이 된 서식이 자동적으로 수정되면서 아래에 있는 미리보기 영역에 나타났겠지만 그는 완전히 엉망으로 뭉쳐있는 서식조차 흡족하게 생각했다.

이러한 문제는 물론 우리의 커뮤니티 편집 군단이 집단적인 노력을 기울이면서 차츰 해결해 나갈 것이다. 하지만 핵심은 그게 아니다. 원래 질문을 올렸던 그 사용자는 그 어떤 상황에서도 제대로 서식이 적용된 글을 볼 수 있어야 했다. 사용자들의 경험을 단 하나의 예외 없이 언제나 만족스럽게 만드는 것은 UI 디자이너로서의 우리 책임이다.

그런 의미에서 우리는 질문을 올리는 페이지에 텍스트를 원하는 방식으로 서식을 지정할 수 있는 도구를 여러 개 만들어서 올렸다. UI 디자이너의 관점에서 우리는 해당 페이지를 이러한 모습으로 본다.

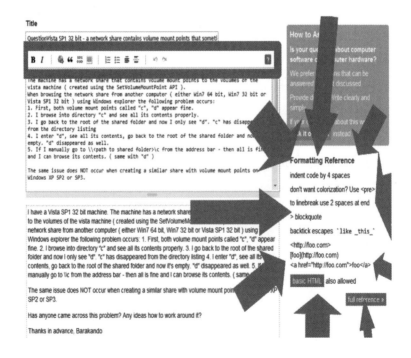

질문의 본문 위에 우리는 분홍색 네온 도움말help 버튼을 담은 툴바를 제공하고, 본문의 오른쪽에 서식과 관련된 내용 전체에 대한 링크가 포함된 간단한 몇 개의 링크를 (기본적으로 새 페이지는 새로운 탭이나 창에 나타난다) 제공하고 있다.

그렇지만 이러한 기능은 아무 소용이 없다. 사용자가 이 페이지를 바라볼 때 그의 눈에 보이는 모습은 바로 이것이기 때문이다.

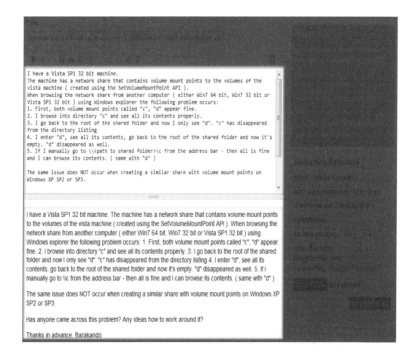

아니, 이것은 오히려 사용자의 눈에 보이지 않는 모든 것을 나타내고 있는 사진이다.

내가 앞에서 사용자는 당신이 화면에 나타내는 글을 아무것도 읽지 않는다고 말했을 때, 나는 사실 거짓말을 했다. 사용자는 사실 읽는다. 하지만 사용자는 자신의 업무를 수행하는데 필요한 최소한의 글을 읽을 뿐이다. 설명하기가 쉽지 않은데, 이런 식으로 매우 좁은 사용자의 시야가 일으키는 문제는 어디에나 있다. 내가 어디서 어떤 일을 하더라도 이와 같은 문제는 예외 없이 존재한다.

사용자의 이런 좁은 시야를 어떻게 다뤄야 할까? 이러한 사용자에게 어떻게 접근해야 하는가? 갖가지 조언과 정보를 담고 있는 위의 페이지는 이미 위험할 정도로 복잡해진 상태지만 이러한 버튼과 링크와 텍스트는 수많은 사용자들의 눈에는 보이지 않는 투명한 존재와 마찬가지다. 물론 슈퍼유저[6]가 아닌 일반 사용자들의 경우에는 좁은 시야 때문에 발생하는 문제에 더 쉽게 부딪힐 수 있다고 주장할 수도 있겠지만, 나는 이와 동일한 문제를 스택 오버플로우[7]를 개발하는 프로그래머 사이에서도 목격한 적이 있다. 생각보다 많은 프로그래머들이 스택 오버플로우에 글을 올릴 때 코드로 이뤄진 텍스트에 어떻게 서식을 지정해야 할지 모르는 것이다. 심지어 서식 지정을 대신 실행해 주는 툴바 버튼이 바로 위에 있고, 서식을 적용하는 방법을 정확하게 설명하는 도우미 텍스트가 있는데도 말이다. (그냥 본문 텍스트 안에 4개의 스페이스 키를 입력해 넣기만 해도 된다! 스포일러 경고!)

그래서 나는 적어도 사이트를 처음 사용하는 사용자들의 경우에는 서식 지정을 돕는 도움말 텍스트가 그들의 시선이 머무는 곳에 위치해야 할 거라 생각하게 됐다. 즉, 질문을 입력하는 바로 그 장소에 미리 전형적인 방식으로 서식을 지정해 놓은 텍스트를 넣어두는 것이다. 이런 작업이 복잡할 이유는 전혀 없다. 이렇게까지 해야 하는 것은 바로 그곳이야말로 좁은 시야를 가진 사용자가 확실히 바라볼 수밖에 없는 유일한 곳이기 때문이다. 그들의 얄미운 코 바로 앞, 그 장소 말이다.

다음에 UI를 디자인하게 된다면 반드시 사용자의 좁은 시야를 염두에 두어라. 사용자들의 시야가 얼마나 좁아질 수 있는지 깨달으면 놀랄 것이다. 필요한 내용을 바로 그들의 코앞에 놓아야 할지 오랫동안 치열하게 고민해야 한다. 단순히 그들의 시야에 포함돼 있을 뿐만 아니라, 도저히 보지 않고는 넘어갈 수 없는 그런 장소 말이다. 그런 장소가 아니라면 그것은 그들의 눈에 아예 보이지 않을지도 모른다.

1. http://www.codinghorror.com/blog/archives/000114.html
2. http://www.codinghorror.com/blog/archives/000676.html
3. http://en.wikiquote.org/wiki/George_Santayana
4. http://superuser.com
5. http://www.codinghorror.com/blog/archives/001116.html
6. http://superuser.com/
7. http://stackoverflow.com

폴드
다시 살펴보기

사용자의 좁은 시야 다루기[1]라는 제목의 글을 블로그에 올린 이후로 여러 사람에게서 조언을 받았다. 어느 것은 도움이 되고, 어느 것은 도움이 되지 않는 조언이었다. 그런데 그 중에서 내가 전혀 예상하지 못했던 것은 바로 우리가 "폴드의 바로 위"에 있는 영역을 제대로 활용하지 못한다고 지적하는 것이었다. 나는 이 말을 듣고 놀랐다. 폴드라는 영역이 오늘날에도 의미가 있다는 말인가?

폴드는 아래와 같이 기본적인 화면 해상도를 사용했을 때 브라우저 창의 맨 아래 부분 바로 위에 있는 경계선을 의미한다.

1996년의 암흑기에는 컴퓨터를 사용하는 사람들이 브라우저 화면을 스크롤해서 내리는 방법을 모를 것이라는 생각이 지배적이었다[2].

스크롤을 하지 않기 때문에 사람들은 대개 페이지의 상단 부분만 볼 뿐이라는 연구 결과가 나왔고, 따라서 웹에서는 사람들이 스크롤할 수 있게끔 거꾸로 된 피라미드 모양의 화살표 버튼이 갖는 중요성이 더 커졌다.

스크롤을 하지 않는다면 폴드의 아랫부분에 존재하는 내용은 대부분의 사용자에게는 없는 것과 마찬가지라서 가능하면 폴드의 윗부분에 최대한 많은 양의 정보를 구겨 넣는 것이 매우 중요한 작업이었다. 사용자들이 스크롤하지 않는다면 폴드 아래에 있는 정보는 보이지 않는 정보였다. 앞에서 인용한 말을 한 사람은 유명한 사용성 전문가인 제이콥 닐슨[Jacob Neilsen]인데, 그는 2003년에 자신의 의견을 바꿨다.

> 1996년에 나는 "사용자들은 스크롤을 하지 않는다."고 말했다. 당시에는 이 말이 사실이었다. 대부분의 사용자들은 페이지에서 눈에 즉각적으로 보이는 부분만 보고 말았으며, 폴드 아래로 스크롤을 하는 경우는 거의 없었다. 웹의 진화로 이러한 주장이 더는 사실이 아닌 것으로 밝혀졌다. 사용자들이 스크롤을 지원하는 페이지를 더 많이 만나게 되면서 그들은 점점 더 많이 스크롤을 사용하게 됐다.

스크롤은 사용성 대 학습가능성[3]의 좋은 예다. 나는 언제나 브라우저를 사용하는 사람들이 스크롤이라는 방법을 재빨리 체득할 것이라고, 그렇지 않으면 웹이라는 도시에서 평생 장애인으로 살 수밖에 없기 때문이라고 생각했다. 브라우저를 사용하는 사람이 한두 시간 안에 화면을 스크롤해서 내리는 방법을 깨닫지 못한다면 그가 앞으로 경험하는 웹은 대단히 허접한 것이 돼버릴 것이다. 웹이라는 것을 아예 사용하지 않는 편이 더 나을 정도로 말이다. 간단히 말해서 당신이 웹을 사용하고 있다면, 당신은 이미 화면을 스크롤해서 내리는 방법을 알고 있는 셈이다. 이것은 거의 웹을 사용한다는 말의 정의에 포함될 정도다. 이것은 기본적인 기술이다.

하지만 오늘날에도 어떤 사람들은 이미 과거의 유물이 되어버린 고대의 폴드 규칙을 마치 여전히 유효한 법칙인 것처럼 인용한다. 사실 나는 바로 얼마 전에 "모든 콘텐츠가 폴드의 위에 존재해야 한다."는 규칙을 무기로 내세우면서 실제로 모든 콘텐츠를 폴드 위에 배치하라고 요구하는 중간 관리자 때문에 머리가 아프다고 호소하는 친구와 대화를 나눈 적이 있다. 관리자의 그런 생각은 완전히 잘못된 생각이다.

이렇게 정체가 폭로됐긴 하지만 아직도 폴드가 일으키는 위험이, 그리고 그러한 위험에 대한 사용자들의 반응으로부터 초래되는 미묘한 부분이 존재한다. 폴드에 대한 최신 연구[4]가 전하는 바에 따르면 폴드와 관련해서 다음과 같이 유의해야 할 세 가지 함정이 있다.

1. 폴드 위에 모든 것을 구겨 넣지 말라

사용자들은 콘텐츠를 스스로 탐색하고 찾아낼 것이다. 페이지가 스크롤할 수 있을 것처럼 보이기만 한다면.

2. 폴드와 나란히 그어져 있는 평행선에 유의하라

이러한 선은 마치 페이지의 내용이 끝난 것처럼 보이게 만들기 때문에 사용자로 하여금 더는 스크롤하지 않게 만든다. 대신 아래에 더 포함돼 있는 콘텐츠의 윗부분이 살짝 보이게 만들면 좋다. 그렇게 하는 것은 스크롤을 유발하기 때문이다.

3. 페이지 안에 포함돼 있는 스크롤바에 유의하라

보통 브라우저가 사용하는 스크롤바는 사용자들이 페이지의 내용이 얼마나 더 있는지 살필 때 사용하는 유용한 도구 역할을 수행한다. 〈iframe〉이나 다른 태그를 이용해 페이지 안에 스크롤바가 존재하게 만드는 것은 이러한 관행이 더는 사용되지 못하게 만든다. 이런 스크롤바는 사용자가 스크롤을 더 이상 하지 않게 만들 수 있다.

이러한 결론은 눈의 움직임을 실제로 관찰해서 실험한 결과로 뒷받침되기 때문에[5] 실제로 훌륭한 지침을 제공한다. 다시 말해 이건 과학이라는 뜻이다! 하지만 이러한 원리를 어떻게 적용해야 할까? 나는 우선 폴드가 정확히 어디에 있는지 확인했다. 구글 분석에 따르면 25% 정도의 사용자는 페이지의 폴드가 700 혹은 800 픽셀 높이 정도에 오는 해상도를 사용한다. 요즘 브라우저는 이러한 높이를 갉아먹는 툴바, 상태바, 탭 등을 잔뜩 가지고 있음을 명심해야 한다. 콘텐츠 꼭대기에서 폴드까지의 거리는 생각보다 그리 멀지 않을 수도 있다.

그다음으로 나는 페이지의 상단 부분을 디자인하는 방법에 대한 여러 사람의 조언을 경청했다. 물론 우리는 페이지의 상단 부분에 내용과 별로 상관이 없는 UI를 잔뜩 가지고 있었다. 중복된 페이지 제목, 그리고 두 줄 씩이나 차지하는 쓸모없는 항목들 말이다. 우리는 대단히 중요한 페이지 상단 부분을 의미 없이 허비하고 있었던 것이다! 700에서 800 픽셀 정도의 위치에 폴드를 가지고 있는 25% 정도의 사용자들은 페이지의 내용이 아래로 밀려내려가서 아예 보이지 않을 수도 있다. 더 나쁜 것은 드래그 슬라이더를 가진 텍스트를 입력하는 영역의 아래쪽 경계선이 페이지 폴드와 나란히 위치할 수도 있어서, 사용자로 하여금 페이지 아래에 스크롤을 해도 더는 내용이 없다고 생각하게 만들 수도 있다는 점이다.

그래서 다음 규칙은 작문에만 해당하는 규칙이 아니다. 웹에도 적용되는 규칙이다. 즉, 가장 중요한 콘텐츠는 언제나 페이지의 최상단 부분에 놓아야 한다는 것이다. 별로 새로운 조언은 아니지만 너무나 중요하기 때문에 이것은 어떤 디자인을 하더라도 반드시 잊지 않고 떠올릴 필요가 있다.

사용자의 좁은 시야를 다룰 때 중요한 내용을 사용자의 눈앞에 들이미는 것만으로는 부족하다. 가장 중요한 내용을 페이지의 상단 부분에 놓는 것이 매우 중요하며, 스크롤이 필요한 경우에 사용자가 스크롤하는 행위를 방해할지도 모르는 것을 화면에 포함시키는 실수를 저지르지 않도록 주의해야 한다. 폴드라는 개념은 과거에 비해 중요성이 거의 사라졌다. 하지만 아직 폴

드는 숲속의 설인이나 네스호의 괴물처럼 실제로 존재하지 않는 가상의 존
재로 치부되고 있는 것은 아니다.

1. http://www.codinghorror.com/blog/archives/001306.html
2. http://www.codinghorror.com/blog/archives/000376.html
3. http://www.codinghorror.com/blog/archives/000376.html
4. http://www.cxpartners.co.uk/thoughts/the_myth_of_the_page_fold_evidence_from_user_testing.htm
5. http://www.cxpartners.co.uk/thoughts/the_myth_of_the_page_fold_evidence_from_user_testing.htm

피츠의 법칙과
무한한 넓이

피츠의 법칙[1]은 인간-컴퓨터 상호작용의 연구 분야에서 매우 중요한 공식의 하나다.

공식은 이렇다.

$$시간 = a + b \log_2 (D / S + 1)$$

D는 커서가 출발하는 위치로부터의 거리이고, S는 목표물의 넓이다. 이것은 움직이는 방향의 축을 중심으로 하는 2차원 평면을 기준으로 한다.

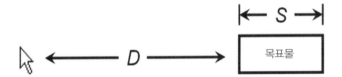

수년간에 걸친 실험결과는 피츠의 법칙이 옳다는 점을 반복해서 증명했다[2].

> 피츠의 법칙은 다양한 수족(손, 발, 헤드기어, 응시), 보조 장치(입력 장비), 물리적 환경(수중을 포함해서!), 그리고 사용자 집단(어린이, 노인, 정신지체아, 약에 취한 사람)을 포함하는 여러 가지 조건에서 적용될 수 있는 것임이 드러났다. 실제 조건에 따라 상수인 a와 b의 값이 달라진다는 점을 명심하라.

부르스 토그나치니Bruce Tognazzini가 지적한 것처럼[3] 이것은 그렇게 어려운 과학이 아니다.

> 목표물을 수중에 넣는 것은 목표물까지의 거리와 그것의 크기로 이뤄
> 지는 함수다.
>
> 처음 보기에는 이러한 법칙이 당연한 것처럼 생각되겠지만 이것은 디
> 자인에서 가장 흔히 무시되어온 법칙이다. (정확한 철자를 사용하자
> 면 "Fitts' Law"인) 피츠의 법칙에 따르면 맥킨토시에서 풀다운 메뉴
> 에 접근하는 것은 윈도우에서 풀다운 메뉴에 접근하는 것에 비해 대
> 략 5배 정도 빠르다.

따라서 내비게이션을 더 빠르게 만들려면 클릭할 수 있는 항목을 서로 가깝
게 붙여놓거나, 클릭할 수 있는 영역 자체를 크게 만들어야 한다. 혹은 둘 다
필요하다. 당신이 무슨 생각을 하는지 알고 있다. 웃기지마시라. 그런 식으
로 생각하기 전에 설명을 조금 더 들어보기 바란다.

맥킨토시의 풀다운 메뉴를 사용하는 것이 5배 더 빠르다는 주장은 나를 당
혹스럽게 만들었다. 나는 윈도우를 비국교주의자^{disestablishmentarianist}들보다 더
싫어하긴 하지만 어떻게 이런 식의 일방적인 비교가 가능하다는 말인가? 맥
킨토시의 풀다운 메뉴가 윈도우에 비해 그 정도로 더 빠르다는 말인가?

그들이 특별히 더 큰 것도 아니다. 하지만 맥킨토시의 메뉴는 애플리케이션
창에 붙어있지 않다. 그것들은 언제나 화면의 맨 꼭대기에 놓여 있다.

커서가 화면의 끝 부분에서 멈추기 때문에 피츠의 법칙을 계산하는 측면에서 봤을 때 맥킨토시 메뉴의 높이는 무한한 크기를 갖는 것과 마찬가지다! 따라서 매킨토시 메뉴가 사용하기에 훨씬 더 빠른 것이다.

메뉴를 이렇게 맨 위에 놓는 것은 피츠의 법칙에 적합하지만 그 자체로 문제를 야기하기도 한다.

- 여러 개의 모니터를 사용하는 경우에는 메뉴가 어디로 가야 하는가? 나는 집이나 사무실PC에서 세 대의 모니터를 사용한다[4]. 내가 애플리케이션 창을 가장 오른쪽 모니터로 옮기면 애플리케이션 메뉴는 함께 움직여야 하는가 아니면 여전히 왼쪽이나 가운데 모니터에 있어야 하는가?

- 이런 식으로 애플리케이션을 그것이 사용하는 UI로부터 떨어뜨려 놓는 것은 서로 관련된 것들을 최대한 가깝게 묶어놓으라는 근접성의 원리에 위배하는 것처럼 보인다. 모니터를 하나만 사용하는 시스템에서는 사용자가 애플리케이션 창을 최대로 크게 만들지 않는 경우에는 메뉴와 애플리케이션이 서로 지나치게 멀리 떨어져 있을 수 있다.

- 더 넓은 의미에서 봤을 때 이런 식의 메뉴는 하나의 중요한 GUI 메타포로 자리 잡았 다[5]. 내가 기억할 수 있는 한 맥킨토시는 항상 이렇게 "메뉴를 화면의 맨 위에 나타내 는" 메타포를 이용해왔다. 따라서 맥킨토시 사용자에게 그러한 메타포가 깊게 새겨져 있다. 그것을 바꾸는 것은 고통스러운 일이 될 것이다. 그렇지만 애플은 주기적으로 자신을 완전히 새롭게 탄생시켜 왔기 때문에, 앞으로 GUI 디자인이 어떤 식으로 변할 지는 모르는 일이다.

피츠의 법칙은 사물을 크게 만들고 클릭하기 쉽게 만드는 데 국한되지 않는 다. 그것은 화면의 경계선을 최대한 활용하는 것[6]과도 관련돼 있다.

> 피츠의 법칙은 화면 위에서 가장 빠르게 접근될 수 있는 목표물은 화 면의 네 구석이라고 말하고 있다. 네 구석은 언제나 그 자리에 고정돼 있기 때문이다. 하지만 디자이너들은 그것들을 활용하는 것을 어떤 수를 써서든지 피해왔다.
>
> 디스플레이 화면의 옆면, 아래, 위, 그리고 구석을 활용하라. 디스플 레이의 경계선에 한 줄로 표시되는 단순한 툴바는 자기 자신과 화면 의 끝 면 사이에 일부러 클릭되지 않도록 고안된 1픽셀 정도 넓이의 경계선을 가지고 있는 두 줄짜리 툴바보다 몇 배는 빠를 것이다.

피츠의 법칙을 어겼을 때 받는 고통을 나는 잘 알고 있다.

나는 여러 대의 모니터를 사용하는 것을 좋아한다. 최대한 커다란 모니터 두 대를 갖게 될 때 우리의 진정한 삶은 시작된다. 그렇게 할 수만 있다면 세 대 를 갖는 것이 더 좋다. 하지만 여러 대의 모니터를 사용할 때 발생하는 불행 한 단점은 연결된 모니터 사이에서 경계선이 사라진다는 점이다. 커서는 모 니터 사이를 자유롭게 움직인다. 가운데에 있는 모니터의 좌우 경계선에서 커서를 멈추기란 쉽지 않은 일이다.

피츠의 법칙에 어긋나는 일은 하드웨어에서도 발생한다. 왼쪽이나 아랫부분 에 스크롤을 위해 할당한 영역이 있는 터치패드 디자인을 생각해보라.

이러한 디자인이 종이 위에 그려놓은 아이디어 단계에서는 좋은 것처럼 보이겠지만, 이런 식의 디자인은 터치패드 고유의 사용성을 훼손한다. 이렇게 스크롤을 위해 일부러 할당된 부분이 있는 터치패드에서는 사용자가 일반적인 터치패드 영역에서 스크롤을 통제하는 영역으로 넘어가는 순간을 명확하게 인식할 길이 없다. 터치패드가 가지고 있는 자연스러운 경계가 훼손되는 것이다. 우리는 경계에 자연스러운 기능과 다른, 임의로 하드코딩된 기능을 더한 것이다. 터치패드에서 스크롤 기능을 구현하기 위해 이렇게 따로 영역을 할당할 필요가 없다. 대신 우리는 터치패드 드라이버 소프트웨어에서 피츠의 법칙을 쉽게 활용할 수 있다. 그저 경계에 닿을 때까지 손가락을 미끄러뜨린 다음 아래위로 움직이면 충분하기 때문이다.

경계는 가장 소중한 부동산이다. 그것들을 책임감 있게 활용하라. 피츠의 법칙은 매우 강력한 것이다.

1. http://en.wikipedia.org/wiki/Fitts%27_law
2. http://en.wikipedia.org/wiki/Fitts%27_law#Success_and_implications_of_Fitts.27_law
3. http://www.asktog.com/basics/firstPrinciples.html#fittsLaw
4. http://www.codinghorror.com/blog/archives/000217.html
5. http://www.codinghorror.com/blog/archives/000397.html
6. http://www.asktog.com/basics/firstPrinciples.html#fittsLaw

궁극적인 단위 테스트 실패

우리 프로그래머들은 원래부터 타고나기를 뭔가에 완전히 집착하도록 태어났다[1]. 하지만 나는 종종 코드 커버리지에 대해 우리가 가지고 있는 집착의 깊이에 대해 좌절감을 느끼곤 한다. 단위 테스트와 코드 커버리지는 좋은 것[2]이다. 하지만 코드 커버리지가 완벽하게 돼 있다고 해서 그것이 곧 사용자가 당신의 프로그램을 사용할 것이라는 뜻은 아니다. 혹은 심지어 그 프로그램이 사용할 가치가 있다는 뜻은 더욱 아니다. 사용자들이 당신의 프로그램을 사용할 방법을 쉽게 찾지 못한다면, 그리하여 사용자들이 다른 더 쉬운 프로그램을 사용하기 위해 당신의 프로그램을 옆으로 치워 버린다면[3], 그것은 가장 궁극적인 형태의 단위 테스트 실패다. 이런 현상은 당장 해결해야 하는 문제다.

이런 상황이라면 나는 동료 프로그래머에게 달려가서 그들의 어깨를 마구 흔들어 댈 것이다. 이봐, 더 크게 생각해봐!

더 크게 생각하기의 완벽한 예는 앨런 쿠퍼Alan Cooper의 인터랙션 08[4]의 기조 연설인 품질의 반란An Insurgency of Quality이다.

앨런의 기조연설을 담은 글[5]을 읽어볼 수 있고, 슬라이드와 함께 동영상으로 볼 수도 있다[6].

앨런은 잘 알려진 인터랙션 디자이너[7]로 『퍼소나로 완성하는 인터랙션 디자인 About Face 3 About Face』[8]와 같이 해당 분야에서 고전으로 통하는 책과 나의 권장도서 목록[9]에 포함된 책들을 몇 권 집필했다. 이 연설 다음에 있었던 질문과 대답 시간에서 그는 이렇게 말했다.

> "우리는 코드를 짜지 않기 때문에 별로 중요하게 취급되지 않습니다." (청중들로부터의 야유와 휘파람 소리) 최첨단 기술의 세계에서는 만약 당신이 코드를 짜면 상황을 통제할 수 있습니다. 코드야말로 세상을 파괴할 수도 있고, 세상을 마음대로 통제할 수도 있는 도구입니다. 그것은 섬세한 통제가 아니라 무식한 힘으로 이뤄지는 통제입니다. [인터랙션 디자이너들은] 대부분 구석에 찌그러져 있습니다. 우리는 언제나 그러한 위치에 있어서는 안 되는 사람들에게 찾아가서 우리에게 어떤 것을 허용해 달라고 부탁합니다. 우리는 직접 비즈니스 담당자들과 만나서 기술이 그들이 해결하고자 하는 비즈니스 문제를 해결해 주도록 만들 필요가 있습니다.
>
> 하지만 어떤 문제에 대한 해결책을 만들어내야 하는 시점이 되면 우리는 소프트웨어 개발자라고 불리는 마쉬멜로우 맨의 몸뚱이에 부딪히고 맙니다.

> 우리는 인터랙션 디자인을 수정할 필요가 없습니다. 우리는 해결책이
> 제대로 만들어지도록 조직을 바른 방향으로 이끌어야 합니다. 우리가
> 프로그래머에게 다가가서 "나와 대화를 나눈 사람들을 봐봐. 내가 창
> 조한 페르소나들을 제발 좀 봐봐."라고 말하며 그들에게 우리가 연구
> 한 결과를 보여주면 그들은 우리가 무엇을 말하는지 이해합니다. 우
> 리가 조직에 영향을 미치는 방식은 이런 식이 될 것입니다.

쿠퍼가 대부분의 프로그래머를 좋은 인터랙션 디자인을 수행하는 데 있어
20층 높이의 거대한 몸을 가진 마쉬멜로우 맨과 같은 장애물로 생각한다는
사실을 확인하는 것은 다소 고통스럽다. 그런 프로그래머가 되지 말자. 인터
랙션 디자인의 과학을 학습하라. 아직 읽지 않았다면 입문서로 『상식이 통하
는 웹사이트가 성공한다Don't Make Me Think』[10]를 읽어보기 바란다. 이 책이 내 권
장도서 목록의 최상위에 놓이는 데는 이유가 있다. 단위 테스트와 코드 커버
리지가 의미 있는 맥락을 획득하게 만들어라. 단위 테스트의 궁극적인 형태
는 바로 사용자가 당신의 애플리케이션을 사용하는가 혹은 사용하지 않는가
에 달려 있다. 바로 이 테스트를 통과하기 전까지는 다른 모든 단위 테스트
가 아무런 의미가 없다.

코딩 호러에 달린 요에리 세프레흐츠Joeri Sebrechts의 댓글

결국 소프트웨어에 포함돼 있는 어떤 결함을 발견하는 것은 사용자이기 때문에 개발자
가 보기에 어떤 동작이 버그인가 아니면 기능인가 하는 것은 중요하지 않습니다. 사용
자가 보기에 그것이 버그이면, 그것이 사용자 교육, 사용자 문서, 사용자 인터페이스, 혹
은 실제 기능이든 상관없이 그것은 버그입니다.

●

1. http://www.codinghorror.com/blog/archives/000490.html
2. http://www.codinghorror.com/blog/archives/000640.html
3. http://www.codinghorror.com/blog/archives/000882.html
4. http://interaction08.ixda.org/
5. http://ajaxian.com/archives/interaction08-ixds-in-savannah-alan-cooper
6. http://www.brightcove.tv/title.jsp?title=1416866797&channel=1274129191
7. http://www.cooper.com/
8. http://www.codinghorror.com/blog/archives/000897.html
9. http://www.codinghorror.com/blog/archives/000020.html
10. http://www.codinghorror.com/blog/archives/000377.html

버전 1은 엉망이야, 하지만 어쨌든 출시하라고

나는 지금까지 내가 출시했던 소프트웨어에 대해 언제나 불만을 가져왔다. 부분적으로 그것은 내가 다른 많은 소프트웨어 개발자들과 마찬가지로 완벽주의자이기 때문이다. 그렇다고 했을 때 도저히 피할 수 없는 문제가 존재한다.

- 스케줄이 너무 빡빡하고 너무 짧았다. 우리는 더 많은 시간이 필요하다!
- 예상하지 못했던 기술적인 문제에 봉착해서 그것을 피해가기 위해 우리의 마음에 들지 않는 타협을 해야 했다.
- 설계를 잘못 했기 때문에 개발 중간에 그것을 수정해야 했다.
- 우리가 미처 생각하지 못했던 팀원 상호간의 불협화음이 발생했다.
- 고객이 우리가 생각했던 그런 사람이 아니었다.
- 디자이너, 개발자, 그리고 프로젝트 팀 상호간의 의사소통이 우리가 생각했던 식으로 원활하지 않았다.
- 우리가 새로운 기술을 얼마나 빠르게 습득할지에 대해 지나치게 낙관했다.

이러한 목록은 끝없이 나아간다. 소프트웨어 프로젝트가 실패하는 이유는 로마 군단[1] 수준으로 많다.

개발 과정이 끝났을 때 우리가 최종적으로 손에 쥐는 소프트웨어는 프로젝트를 처음 시작할 때 당신이 꿈꿨던 화려하게 번쩍이는 기념탑의 창백한 그림자에 불과하다.

이 무렵이 되면 링에 타월을 던지고 싶은 유혹을 느끼게 된다. 소프트웨어를 출시하기 전에 잘못된 부분을 바로잡을 시간을 더 벌기 위해서 말이다. 왜냐하면 진짜 개발자라면 어쨌든 소프트웨어를 출시해야 하기 때문이다[2].

나는 바로 이것이 실수라고 말하고 싶다.

물론 이 시점에 이르기까지 당신은 이미 엄청나게 많은 잘못을 저질렀다. 하지만 아직 깨닫지 못하고 있는 잘못도 엄청나게 저질렀다. 바로 그러한 잘못들은 소프트웨어가 출시되어 사용자와 고객이 실제로 사용하지 않는 이상 아무도 알 수 없는 종류의 잘못들이다. 내가 보기에 도널드 럼스펠드가 이와 관련해서 아주 좋은 말을 남겼다.[3]

> 알다시피,
>
> 안다고 알려진 것들이 있다.
>
> 우리가 안다고 아는 사실이다.
>
> 우리는 또 알고 있다.
>
> 모른다고 알려진 것들도 있다.
>
> 그것은 곧
>
> 우리가 알지 못하는
>
> 무엇인가가 있다는 사실을 알고 있는 것이다.
>
> 하지만 또한 아직 알려지지 않은 모르는 것도 있다.
>
> 우리가 모른다는 사실조차
>
> 모르고 있는 것들 말이다.

불가피한 타협과 매우 불만족스럽게 급히 작성된 수정, 그리고 부분적인 해결책이 난무하는 프로젝트의 막바지 분위기에서 당신은 구석에 쭈그리고 앉아서 상처 난 부위를 핥고 있을 수 있다. 소프트웨어를 출시하기 전에 다시 팀을 구성해서 몇 달 동안 엉망이 된 버전을 수정할 수도 있다. 그렇게 함으로써 당신은 버그가 듬뿍 담겨 있는 불완전한 소프트웨어 덩어리를 세상에 던져 넣기 전에 그것을 둘러싸고 있는 잘못된 공학적 요소를 바로잡게 하는 어려운 결정을 내린 자신에게 뿌듯한 감정을 느낄 수도 있다.

하지만 일을 이런 식으로 진행하는 것은 결함을 가진 버전을 당장 출시하는 것보다 더 잘못된 심각한 실수다.

소프트웨어의 해당 버전을 수정하기 위해 메마르고 고립된 연구실에서 석 달의 시간을 보는 대신, 실제로 살아있고, 너무나 솔직하고, 당신의 소프트웨어에 짜증날 정도로 집착하는 사용자들의 피드백을 경청하면서 석 달을 보낼 수도 있기 때문이다. 당신이 상상하는 소프트웨어에 대해서가 아니라, 당신이 상상하는 사용자로부터가 아니라, 세상에 실제로 존재하는 소프트웨어와 사용자로부터 의견을 듣는 것이다. 당신은 이렇게 살아 있는 사용자로부터 들은 피드백을 첫 번째 버전의 잘못된 부분을 수정하는 데 사용할 뿐만 아니라, 그들이 소프트웨어를 사용하면서 생성한 데이터를 분석함으로써 추가적인 개발 작업에 들어가는 비용을 훨씬 더 효율적으로 사용할 수도 있다.

그렇다고 해서 완전히 엉망인 소프트웨어를 출시해도 좋다는 뜻은 아니다. 내 말을 믿기 바란다. 우리 소프트웨어 개발자들은 모두 완벽주의자들이다.

하지만 실제 세상은 우리 같은 완벽주의자들에게 매우 잔인하고 무자비한 곳일지도 모른다. 일단 소프트웨어를 출시해보고, 그것이 실제 세상의 해안가에서 좌초하게 된다면 실망감은 어쩔 수 없더라도 그것을 수정할 수 있다고 믿는 편이 더 현명한 일이다! 여기서 중요한 것은 소프트웨어의 초기 상태가 아니다. 심지어 어떤 사람은 당신이 버전 1.0을 출시하고 나서 당혹스러운 경험을 하지 않는다면 그것을 충분히 일찍 출시한 것이 아니라고[4] 말하기까지 한다. 중요한 것은 소프트웨어가 얼마나 완벽한 것인가가 아니라, 소프트웨어를 출시한 다음에 당신이 어떻게 하느냐다.

당신의 팀이 사용자의 피드백에 반응하는 속도와 태도는 하나의 완벽한 버전이 그렇게 할 수 있는 것에 비해 훨씬 더 강력하게 사용자들이 소프트웨어에 대해 품는 느낌을 결정한다. 그래서 당신이 진짜 잘해야 하는 것은 바로 피드백에 대한 반응이다. 신화적이고 완벽한 소프트웨어를 출시해야 한다는 이상적인 관념에 사로잡히는 것이 아니라, 사용자나 고객의 피드백에 제대로 응답하고 그들의 피드백을 활용해서 소프트웨어를 지속적으로 개선하고 가다듬는 모습을 보여주는 것이 진짜 중요하다. 따라서 당신이 지금 거의 완벽한 모습을 갖춘 소프트웨어를 붙들고 추가적인 최적화를 수행하고 있다면 잘못된 대상을 최적화하고 있는 셈이다.

주어진 비용의 한도 내에서 소프트웨어를 최대한 일찍 출시하고, 나머지 시간을 실제 세상의 피드백에 기초해서 빠르고 반복적인 개선을 수행[5]하는 데 보내는 것은 의심의 여지없이 좋은 소프트웨어를 개발하는 최선의 방법이다.

내 말을 믿기 바란다. 비록 버전 1이 다소 엉망이라고 해도, 그것을 일단 출시하라.

1. http://www.codinghorror.com/blog/archives/000889.html
2. http://www.codinghorror.com/blog/archives/000773.html
3. http://www.slate.com/id/2081042/
4. http://successfulsoftware.net/2007/08/07/if-you-arent-embarrassed-by-v10-you-didnt-release-it-early-enough/
5. http://www.codinghorror.com/blog/archives/000788.html

보안의 기초: 사용자의 데이터를 보호하라

웹 트래픽 전체를
암호화해야 하는가?

"당신이 더 많은 웹사이트를 방문할수록, 더 많은 네트워크를 건드리고 사용자 이름과 암호의 조합을 신뢰할수록 최소한 이러한 네트워크 중의 하나가 위조될 가능성은 높아진다."

문이 활짝 열린 공짜 와이파이가 널리 사용되면서, 당신이 와이파이를 통해 웹에 접속해 있는 동안 와이파이를 도청하는 해커들이 당신이 방문하는 웹사이트의 신분identity 쿠키를 훔치는 것은 전보다 더 쉬워졌다. 이것은 내가 웹의 쿠키 항아리 깨뜨리기Breaking the Web's Cookie Jar[1]에서 이미 다룬 주제다. 이러한 문제를 해결하는 것은 주요한 웹의 인프라스트럭처를 변경하지 않고서는 달성하기 어렵다.

내가 그 글을 쓴 이래로 몇 년의 시간이 흐르면서 잘 알려진 웹사이트의 대부분은 사용자들이 로그인돼 있는 동안 HTTPS를 사용하는 것을 선택 혹은 의무로 만듦으로써 와이파이 도청 문제를 "해결"했다.

예를 들어 트위터가 내가 모르는 사이에, 그리고 아마도 다른 모든 사용자들도 모르는 사이에 암호화된 연결을 기본적으로 사용하는 방식으로 바뀌었다. 암호화를 사용하는 경우에는 요즘에 사용되는 브라우저들이 대부분 주소창을 초록색으로 나타내기 때문에 이러한 변화를 쉽게 알아차릴 수 있다.

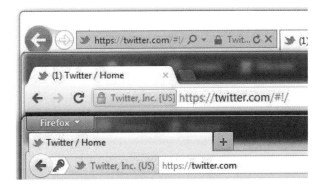

처음에 나는 이러한 식의 변경이(모든 온라인 로그인에 있어서 하나의 만능 키[skeleton key] 역할을 하는[2] 이메일이나 온라인 뱅킹 같이 명백한 목표물을 제외하고는 지나친 오버일 것이라고 생각했다.

모든 웹사이트가 언제나 모든 트래픽을 암호화해야 한다는 식으로 순진한 주장을 할 수도 있다. 하지만 그런 주장은 나에게 마치 "바닷물을 끓이는" 해결책과 비슷하게 들렸다. 나는 낡은 HTTP 쿠키라는 방법보다 더 낫고 안전한 인증 프로토콜을 찾고 싶었다. 나는 다른 사람들이 스택 오버플로우에서 내가 행한 일들을 모두 보는 것에 대해 별다른 저항감이 없다. 어차피 그것은 비밀도 아니다. 물론 누군가가 내 쿠키를 가로채서 마치 자기가 나인 것처럼 행세한다면 가만히 있을 수 없다![3] 대부분의 경우 암호화가 꼭 필요한 것으로 보이지 않기 때문에 단지 조그만 쿠키 헤더를 보호하기 위해 모든 것을 암호화해야 한다고 주장하는 것을 나는 완전히 오버라고 생각하지 않을 수 없었다.

로그인하지도 않은 익명의 사용자 트래픽은 암호화할 필요가 없고, 트위터도 그렇게 하지 않는다. 로그인할 때까지는 평범한 낡은 HTTP 연결을 이용하고, 로그인하면 그때 자동적으로 HTTPS로 전환된다. 일리가 있는 방법이다.

이렇게 간단한 변경은 사용자의 입장에서 봤을 때 아무런 수고를 기울일 필요가 없지만, 트위터 계정을 훔치거나 트위터 활동[4]을 도청(실제보다 꽤 멋지게 들리는)하는 일을 전에 비해서 극적일 정도로 더 어렵게 만들었다. 예컨대 내가 사용하는 트위터 계정처럼 사소한 정보에 대해서조차 이러한 암호화를 사용하는 신중한 접근에 대해 반론을 제시할 만한 사례는 떠올리기 어렵다. 이러한 변경에는 실제로 많은 장점이 따르기 때문이다. 어쩌면 트위터의 생각이 옳은 것일지도 모른다. 모든 웹사이트가 기본적으로 암호화된 연결을 사용해야 한다는 생각 말이다. 1년 전에 나는 이러한 생각이 상당히 터무니없다고 생각했는데, 지금은 이러한 변화가 웹 전체의 장기적인 건강에 도움이 되는 것일지도 모른다는 생각을 하게 됐다.

그렇다면 바닷물도 전부 끓이면 되지 않을까? 모든 것을 암호화한다면 말이다!

HTTPS에는 (그렇게) 비용이 많이 들지 않는다.

물론 1999년의 웹처럼 허접한 공간에서 HTTPS는 상당한 수준의 계산을 요구하는 일이었다. 하지만 무어의 법칙이 13년 동안 진행된 현재, 더는 그렇지 않다. 설정하는 데 여전히 약간의 수고를 해야 하긴 하지만 다음과 같은 지메일의 사례[5]를 살펴보자.

올해(2010) 1월에 지메일은 기본적으로 HTTPS를 사용하는 방식으로 바뀌었다. 그때까지는 HTTPS가 선택사항이었는데 이제는 모든 사용자가 자신의 브라우저와 구글 사이에서 통신을 수행할 때 항상 HTTPS를 사용한다. 이러한 변환을 위해 따로 추가적인 컴퓨터나 특별한 하드웨어가 필요하지 않았다. 현장에서 사용되는 컴퓨터 안에서 SSL/TLS 계정은 전체 CPU 사용량의 1퍼센트 미만을 차지하고, 각 연결마다 10KB 미만의 메모리를 사용하고, 네트워크 용량은 2퍼센트 정도 더 사용한다. 많은 사람들이 SSL은 CPU 시간을 많이 소비한다고 생각하는데, (처음으로 공개되는) 이러한 수치들이 그런 잘못된 생각을 바로잡는 데 도움될 것이다.

HTTPS는 그가 당신의 인터넷을 훔쳐볼 수 없음을 뜻한다

로그인돼 있는 동안 웹사이트와 당신이 주고받는 트래픽이 모두 암호화되기 때문에 다음과 같은 음흉한 악행들은...

- 인증 쿠키를 훔치는 것
- 무슨 일을 하는지 훔쳐보는 것
- 무엇을 입력하는지 관찰하는 것
- 당신이 주고받는 콘텐츠를 방해하는 것

완전히 제거되거나[6] 극적으로 제한된다. 공공 와이파이를 사용하든 아니면 다른 네트워크를 이용하든 상관없이 말이다.

개인적으로 나는 다른 사람들이 내가 온라인에서 무슨 일을 하는지 훔쳐보는 것을 전혀 개의치 않는다. 왜냐하면 내가 하는 일이 바로... 내가 온라인에서 하는 일을 다른 사람이 보게 하는 것[7]이기 때문이다. 하지만 나는 "단지 범죄자만이 감출 일을 가지고 있다"는 따위의 생각에는 동의하지 않는다. 모든 사람은 각자의 프라이버시를 지킬 권리가 있다. 세상에는 기회만 있으면 자국의 시민이 온라인에서 무슨 일을 하는지 훔쳐보는 것을 망설이지 않는 정부가, 혹은 그보다 훨씬 더한 짓도 서슴지 않는 정부가 많이 있다. 이런 모든 사람들을 위해 인터넷을 한꺼번에 더 나은 곳으로 만들지 않을 이유가 무엇인가?

HTTPS는 더 빨라졌다

보안은 항상 일정한 비용을 수반하며, 웹 연결을 암호화하는 것도 그런 면에서 예외는 아니다. HTTPS는 평범한 HTTP에 비해 어쩔 수 없이 더 느리다. 하지만 얼마나 더 느린가? 어떤 브라우저는 암호화된 콘텐츠를 캐시에 저장하지 않았는데, 이제 더는 그렇지 않다[8]. 그리고 HTTP를 대체하기 위해 급히 만들어진 구글의 SPDY 프로토콜은 더 나은 성능을 낼뿐더러 아예 암호화를 기본적으로 내장하고 있기까지 하다[9].

더 나은 보안을 제공하고 이미 존재하는 네트워크 인프라스트럭처와 호환성을 유지하기 위해 아래에 깔린 전송 프로토콜로 SSL을 활용하는 것은 SPDY가 가진 기술적인 목표의 하나다. SSL이 약간의 지연이라는 약점을 가지고 있지만 장기적으로 봤을 때 웹의 미래는 안전한 네트워크 연결에 달려있다. 또한 SSL을 사용하는 것은 이미 존재하는 프록시 사이에서 이뤄지는 커뮤니케이션이 영향을 받지 않게 하는 데도 꼭 필요하다.

SSL 폴스 스타트[False Start][10]라는 기술도 있다. 이것은 최신 브라우저를 사용하긴 하지만 암호화를 위해서는 어쩔 수 없이 수행해야 하는 초기화[handshake] 과정의 값비싼 계산으로 발생하는 고통스러운 응답 속도 지연[11]을 줄이는 역할을 한다. HTTP를 SSL로 암호화하는 것은 결코 공짜가 될 수 없지만 과거에 비하면 훨씬 빨라진 것이 사실이고 해마다 더 빨라지고 있다.

로그인한 사용자에게 암호화를 적용하는 것이 물론 쉬운 일은 아니다. 특히 이미 존재하는 대형 웹사이트의 경우에는 더욱 그렇다. 그렇기 때문에 내가 거리에 나가서 모든 공공 웹사이트가 지금 당장 암호화를 사용하지 않고 있다고 비난을 퍼붓는 일은 없을 것이다. 그렇게 하는 것이 얼마나 어려운 일이며, 안 그래도 바쁜 프로젝트 팀에 얼마나 많은 압박을 더할지 잘 알기 때문이다. HTTPS를 사용하는 것이 수년 전보다 훨씬 쉬워졌더라도 여전히 어려운 부분을 포함하고 있다. 예를 들어 프록시 캐쉬가 그렇다. 프록시를 통과하는 콘텐츠가 암호화되어 내용을 "들여다볼" 수 없게 됨에 따라 캐쉬를 적용하는 일이 전보다 훨씬 어려워진 것이다. 오늘날 존재하는 대부분의 사이트는 여러 소스로부터 콘텐츠를 제공받는 매쉬업mashup이기 때문에 제대로 암호화된 연결을 지원하려면 매쉬업을 구성하는 사이트들이 모두 HTTPS를 사용해야 한다. 상대적으로 컴퓨팅 파워가 떨어지고 연결 속도가 느린 모바일 장비들조차 비싼 대가를 지불해야 한다.

당장 내일은 아닐 것이고, 아마 내년도 아닐 테지만 중장기적으로 봤을 때 로그인한 사용자 모두에게 암호화된 웹 연결을 사용하는 것은 웹의 미래를 위해 건강한 방향으로 발전하는 것이다. 그래서 우리는 HTTPS를 더 사용하기 쉽고, 빠르고, 무엇보다도 로그인한 모든 사용자가 기본으로 사용하는 것으로 발전시켜 나가야 한다.

1. http://www.codinghorror.com/blog/2010/11/breaking-the-webs-cookie-jar.html
2. http://www.codinghorror.com/blog/2008/06/please-give-us-your-email-password.html
3. http://www.codinghorror.com/blog/2008/08/protecting-your-cookies-httponly.html
4. http://twitter.com/codinghorror
5. http://www.imperialviolet.org/2010/06/25/overclocking-ssl.html
6. http://security.stackexchange.com/questions/6290/how-is-it-possible-that-people-observing-an-https-connection-being-established-w
7. http://www.codinghorror.com/blog/2007/04/when-in-doubt-make-it-public.html
8. http://gent.ilcore.com/2011/02/chromes-10-caches.html?showComment=1297102528799#c5411401837359385517
9. http://dev.chromium.org/spdy/spdy-whitepaper
10. http://blog.chromium.org/2011/05/ssl-falsestart-performance-results.html
11. http://www.semicomplete.com/blog/geekery/ssl-latency.html

사전 공격
기초

2009년에 일부 유명한 트위터 계정이 납치되는 일[1]이 발생했다.

> 월요일에 발생한, 대통령 당선자인 버락 오바마의 계정과 폭스뉴스의 공식 뉴스피드를 포함한 다수의 유명 트위터 계정이 납치된 사건에 대해, 과거에 유명인 행세를 한 전력이 있는 18세 해커가 자신이 한 일이라고 인정했다.
>
> GMZ라는 아이디를 사용하는 해커가 화요일에 위협 수준[Threat Level]에 밝힌 바에 따르면 그는 어떤 유명한 사용자의 계정을 대상으로 비밀번호를 자동적으로 추측하는 프로그램을 실행함으로써 트위터의 관리자 패널에 침투해 들어갈 수 있었다고 한다. 그 유명한 사용자는 트위터의 현장지원팀 스태프였는데, 그가 사용한 비밀번호는 "happiness"였다고 알려졌다.
>
> 트위터는 빠르게 반복되는 로그인 시도를 무제한으로 허용하기 때문에 사이트에 침투하는 것이 별로 어려운 일이 아니었다.
>
> "이것은 가장 명백하고 흔히 오용되는 보안 허점을 보호하기 위해 관리자들이 꼭 해야 하는 조치를 취하지 않았다는 사실을 잘 드러내는 사례라고 생각한다." 그는 IM 인터뷰에서 이렇게 말했다. "그들에게는 그런 사실을 인정하는 것조차 쉽지 않겠지만."

만약 당신이 중재자[moderator] 혹은 관리자[administrator]라면 그렇게 쉽게 추측할 수 있는 비밀번호를 사용하는 것은 완전히 무책임한 일이다. 하지만 여기서 진짜 문제는 트위터가 최대한 빠르게 반복되는 로그인 시도를 무제한으로 허용했다는 사실이다.

2006년 말에 브루스 슈나이어Bruce Schneier는 피싱 공격[2]을 통해 획득한 마이스페이스의 34,000여 개 비밀번호 분석[3]을 문서로 남겨놓았는데, 그가 제시한 평범한 사람들이 평균적으로 사용하는 비밀번호를 생각해보면 트위터의 행동은 정말로 무서운 시나리오를 유발하는 것이다.

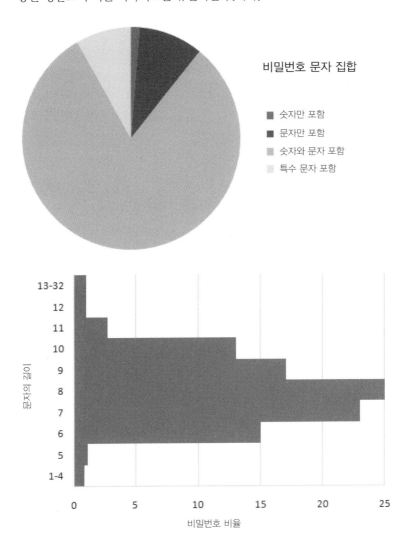

이 데이터에 따르면 평균적인 마이스페이스 사용자들은 8개의 문자와 숫자로 이뤄진 비밀번호를 사용했다. 훌륭하다고 할 수는 없지만, 그렇게 나쁘지도 않다. 문자와 숫자가 섞여있는 비밀번호 가운데 28퍼센트에 해당하는 것들이 사실은 모두 소문자와 단 한 개의 숫자로 이뤄져 있을 뿐이라는 사실을 깨닫기 전까지는 말이다. 더욱이 이 단 한 개의 숫자 중에서 3분의 2는 바로 1이라는 수였다!

그렇다. 이렇게 비밀번호를 일일이 시도해 보는 방식은 요즘에는 바보나 하는 짓이다[4]. 7개의 소문자와 끝에 1을 가지고 있는 전형적인 엉터리 마이스페이스 비밀번호의 경우에조차 그런 방법을 이용하려면 무려 80억 번에 달하는 로그인 시도를 해야 하기 때문이다.

26 x 26 x 26 x 26 x 26 x 26 x 26 x 1 = 8,031,810,176

한 번 시도하는 데 1초가 걸린다면, 이것은 250년에 해당하는 시간이다. 한 사람의 비밀번호를 알아내는 데 말이다!

하지만 트위터 공격에서 그랬던 것처럼 이런 방법 대신 사전 공격[dictionary attack][5]이 이용된다면? 그것은 완전히 다른 이야기다. 옥스퍼드 사전은 171,000개 정도의 단어를 포함하고 있다[6]. 상상할 수 있다시피 평균적인 사람들은 이러한 단어 중에서 매우 소수에 해당하는 수의 단어만 사용한다. 어떤 측정 결과에 의하면 대략 10,000개에서 40,000개 정도의 단어[7]를 사용한다고 한다. 한 번 시도하는 데 1초가 걸린다고 했을 때, 옥스퍼드 사전에 담긴 단어를 모두 시도해보는 데 걸리는 시간은 이틀보다 조금 적은 시간일 뿐이다.

사이트를 공격하는 사람에게 로그인 시도를 무제한으로 할 수 있는 백지위임장을 주고 싶은 사람은 아무도 없을 것이다. 빈약한 비밀번호를 사용하는 사용자 한 사람이 공격자에게 침투의 빌미를 제공하는 것만으로 당신의 시스템은 공격에 노출된다. 트위터의 경우에는 그 공격자가 잭팟을 터뜨린 경우다. 가장 허약한 비밀번호를 가진 사람이 하필이면 트위터의 관리팀 스태프였던 것이다.

사용자가 로그인을 시도할 수 있는 횟수를 제한하는 것은 보안의 기초다. 로그인 횟수를 제한하지 않는 것은, 공격자로 하여금 자신의 사이트를 대상으로 사이트에 방문하는 사람이 많을수록 더 높은 효과를 갖는 사전 공격을 시도해 보라고 카펫을 깔아주는 것과 마찬가지다. 요즘에는 한 사람이 몇 번 이상 로그인 시도에 실패하면 해당 계정을 아예 잠그는 사이트가 많다. 하지만 이렇게 하는 것은 서비스 거부denial of service 공격을 초래할 수도 있기 때문에 그다지 바람직하지 않다. 다음과 같이 실패할수록 로그인 시간이 더 오래 걸리게 만드는 것이 일반적으로 더 좋은 방법이다.

1번째 로그인 실패	지연 없음
2번째 로그인 실패	2초의 지연
3번째 로그인 실패	4초의 지연
4번째 로그인 실패	8초의 지연
5번째 로그인 실패	16초의 지연

이런 식이다. 혹은 4번째 로그인이 실패한 이후에 화면에 캡차CAPTCHA[8]를 나타내는 방법도 있다.

이런 기술에는 여러 가지 변형이 존재한다. 하지만 효과는 동일하다. 공격자들이 하루에 시도할 수 있는 비밀번호의 수를 제한하는 것이다. 이런 경우 비밀번호의 조합을 일일이 시도해보는 것은 아예 논외가 되고, 대부분의 사전 공격도 현실적으로 불가능해진다. 적어도 인간이 이용하는 시간을 기준으로 보면 말이다.

이러한 사례를 놓고 트위터를 비난하고 싶은 유혹이 생기는 것은 어쩔 수 없지만, 솔직히 말해서 트위터만 그런 것인지에 대해서는 의문이 생긴다. 나도 내 비밀번호를 잊는 경우가 많다[9]. 하지만 여러 개의 웹사이트에서 로그인을 하기 위해 다양한 비밀번호를 여러 차례 시도해 보는 와중에 일부러 계산된 지연이나 계정이 잠기는 일을 경험한 적은 한 번도 없었다.

커다란 상업용 사이트들은 이러한 문제를 이미 깨닫고 해결책을 세웠을 거라고 생각한다. 하지만 지구상에 존재하는 온갖 자질구레한 웹사이트들이 모두 고유한 비밀번호를 요구하고 있기 때문에[10] 이러한 사이트 중에서 위험에 노출된 사이트가 없으라는 법은 없다. 그들 모두가 실패한 로그인을 어떤 식으로든 제한할 만큼 현명하기를 바라는 방법밖에 없다. 그리고 당신은 모든 웹사이트에서 각각 서로 다른 비밀번호를 사용할 정도로 신중해야 한다.

이러한 공격은 모뎀을 사용하던 케케묵은 시절[11]에는 전혀 문제가 되지 않았을 것이다. 웹사이트에 데이터가 전송되는 데 걸리는 시간과 전송된 데이터에 대해 웹사이트가 반응하는 시간이 물리적으로 제약되고 있었기 때문이다. 하지만 오늘날에는 순진한 웹사이트마저 엄청나게 빠른 하드웨어를 사용하고, 사용자 역시 속도가 빠른 광역 네트워크를 사용하고 있다는 위험한 환경에 노출돼 있다. 이러한 조건에서는 나 같은 사람조차 서로 다른 비밀번호를 1초에 두 번 정도 시도해 보는 공격자가 될 수 있다.

당신이 이러한 사전 공격을 데스크톱에서만 일어나는 현상이라고 생각하고 있다면 다시 생각할 필요가 있을 것이다. 트위터의 경우에서 볼 수 있는 것처럼 이러한 현상은 이미 웹에서도 충분히 일어나고 있다. 당신이 운영하는 웹사이트나 혹은 당신이 사용하는 웹사이트를 당장 확인해 보길 바란다. 실패한 로그인 시도가 어떤 식으로든 제한되고 있음을 반드시 확인해야 한다.

●

1.   http://blog.wired.com/27bstroke6/2009/01/professed-twitt.html
2.   http://www.codinghorror.com/blog/archives/000852.html
3.   http://www.schneier.com/blog/archives/2006/12/realworld_passw.html
4.   http://www.codinghorror.com/blog/archives/000631.html
5.   http://en.wikipedia.org/wiki/Dictionary_attack
6.   http://www.askoxford.com/asktheexperts/faq/aboutenglish/numberwords
7.   http://www.worldwidewords.org/articles/howmany.htm
8.   http://en.wikipedia.org/wiki/Captcha
9.   http://www.codinghorror.com/blog/archives/000546.html
10. http://www.codinghorror.com/blog/archives/001121.html
11. http://www.codinghorror.com/blog/archives/000599.html

빠른 해싱

해시는 데이터의 지문에 해당한다.

79054025
255fb1a2
6e4bc422
aef54eb4

해시는 파일이나 임의의 데이터 컬렉션을 고유하게 나타낸다. 최소한 이론[1]
은 그렇다. 위에 있는 것은 128비트 MD5 해시다. 이것은 기껏해야 2,128개
의 고유한 항목, 혹은 340×10억×10억×10억 개의 항목을 나타낼 수 있다.
실제로는 사용할 수 있는 공간은 이것보다 훨씬 적다. 제곱근의 절반에 해당
하는 공간[2]을 채우고 나면 종종 충돌이 일어나는 현상을 관찰할 수 있다. 하
지만 이 정도로 거대한 값의 제곱근은 여전히 채우는 것이 불가능한 커다란
값이다.

2005년에 나는 체크섬checksum과 해시[3]의 차이가 무엇인지 궁금했다. 체크섬
은 유베디아 호스페더Eubediah Q. Horsefeather처럼 어떤 사람의 이름 전체를 의미
하는 것과 비유할 수 있다. 그것은 어떤 고유한 값을 대신할 수 있는 빠르고
간단하며 쉽게 구할 수 있는 값이다. 이름을 정하는 데 있어서 보안은 별로
중요한 고려사항이 아니다. 어떤 사람이 자기가 어떤 사람이라고 주장했을

때 그것을 확인하기 위해 그 사람에게 다가가서 지문을 보여 달라고 말하는 경우는 없다. 이름은 단지 모호함을 제거하기 위한 편의적인 도구로, 자기가 누구에게 말하고 있는지를 사회적인 맥락에서 확인하기 위한 목적으로 사용될 뿐이다. 이름은 신분에 대한 증명이 될 수 없다. 이름이 같은 사람은 얼마든지 있을 수 있고, 심지어 편의상 이름을 바꾸는 것도 그다지 문제가 되지 않는다. 하지만 당신의 지문을 유베디아의 지문과 똑같은 모습으로 바꾸는 것은 완전히 다른 문제다. 그렇게 하는 것은 영화[4]에서가 아니면 가능하지 않다.

보안 해시는 변조를 방지하도록 설계됐다

잘 설계된 보안 해시는 입력 값에서 비트 하나만 변경해도 출력 값이 크게 달라지게 돼 있다. 그러한 변경이 악의적인 의도를 담고 있거나 해시 값을 속이려는 의도를 가지고 있다고 해도 말이다. 하지만 아쉽게도 모든 해시가 이렇게 잘 설계돼 있는 것은 아니며, 특히 MD5 같은 일부 해시는 완전히 엉터리라서 체크섬[checksum]으로 되돌아갈 필요가 있을 정도다[5].

아래에서 설명하는 바와 같이 왕[Wang]과 유[Yu]의 알고리즘은 임의의 길이를 갖지만 동일한 MD5 해시 값을 갖거나 파일 중간에 있는 128바이트 정도만 다른 값을 갖는 파일을 생성하는 데 사용될 수 있다. 일부 사람들은 이러한 기법을 이용해 파일의 길이가 다르지만 모두 같은 MD5 해시 값을 갖는 파일을 만들어냈다.

- 매그너스 다움[Magnus Daum]과 스테판 럭스[Stefan Lucks]는 동일한 MD5 해시를 갖는 두 개의 포스트스크립트를 만들어냈다[6]. 하나의 파일은 추천서이고 다른 파일은 보안 허가증이었다.

- 에두아르도 디아즈[Eduardo Diaz]는 두 개의 프로그램이 동일한 MD5 해시를 갖는 두 개의 아카이브 안에 저장되게 하는 방법[7]을 설명했다. 특별한 "추출" 프로그램이 하나의 아카이브를 "좋은" 프로그램으로 만들고 다른 하나는 "나쁜" 프로그램으로 만들 수 있다.

- 2007년에 마크 스티븐스[Marc Stevens], 아르엔 K. 렌스트라[Arjen K. Lenstra], 그리고 벤 드 웨거[Benne de Weger]는 왕과 유의 공격 방법을 개선해 동일한 MD5 해시 값을 갖지만 서로 다

른 행동을 하는 실행 파일을 만들어내는, 선택된 접두사 충돌[chosen prefix collision][8]이라고 알려진 기법을 만들어냈다. 두 개의 파일이 신중하게 선택된 비트 값만 다르게 가질 수 있었던 원래 방법과 달리, 선택된 접두사 충돌 기법은 각 파일의 끝에 수천 바이트를 덧붙임으로써 서로 다른 두 개의 임의의 파일이 동일한 MD5 해시 값을 갖게 할 수 있었다.

- 디디에 스티븐스[Didier Stevens]는 (아래에 링크해 둔) 사악한 프로그램을 이용해 두 개의 서로 다른 프로그램이 동일한 인증코드 디지털 서명[Authenticode digital signature]을 갖게 만들었다[9]. 인증 코드는 마이크로소프트의 코드 서명 기술로, 기본적으로 SHA1을 사용하지만 MD5도 계속 지원한다.

당신이 다른 사람의 지문이나 DNA를 마음대로 흉내 낼 수 있다면 뭔가 아주 사악한 짓을 할 수도 있을 것이다. 그런 의미에서 MD5는 확실히 의미를 상실했으며, SHA-1마저도 요즘에는 그다지 신뢰가 가지 않는다[10].

그나마 안심이 되는 것은 이러한 해시 알고리즘을 작성하는 사람들은 (당신이 스스로 사용할 알고리즘을 만들지 않았다면) 대개 자기가 하고 있는 일이 무엇인지 잘 이해하고 있는 전문적인 수학자나 암호학자라는 사실이다. 1991년의 MD5나 1995년의 SHA-1 대신 뭔가 더 새로운 해시 알고리즘을 선택하기만 하면 충돌과 고유함이라는 측면에서 봤을 때 별 문제가 없을 것이다. 하지만 다음 내용을 계속 읽어나가기 바란다.

보안 해시는 느리게 설계됐다

체크섬은 대개 전송되는 데이터에 대해 적용되기 때문에 체크섬을 계산하는 속도는 중요하다. 체크섬을 계산하는 데 너무 오래 걸리면, 전송 속도에 영향을 준다. 체크섬 계산이 CPU에 지나친 오버헤드를 야기한다면 그것은 데이터를 전송하는 과정이 느려지거나 CPU에 부하를 준다는 사실을 의미한다. 예를 들어 17.28 Gbit/sec까지 올라갈 수 있는 디스플레이포트[DisplayPort][11]와 같은 비디오 표준에서 사용되는 체크섬을 생각해보라.

하지만 해시는 속도를 위해 설계된 것이 아니다. 사실 그 반대다. 해시는 보안을 위해 사용되기 때문에 오히려 느릴 필요가 있다. 해시를 계산하는 것이 빠를수록, 일일이 계산을 수행해서 값을 찾는 공격이 더 쉬워지기 때문이다.

불행하게도 1999년대나 2000년대에 "느리다"고 생각했던 정도의 느림은 충분하지 않다. 해시 알고리즘을 설계하는 사람들은 아마도 무어의 법칙[Moore's Law]을 통한 CPU 성능의 개선이 어떤 식으로 진행될지에 대해서는 고려했겠지만, GPU 컴퓨팅 파워가 지금처럼 혁명적으로 개선될 거라는 데는 생각이 미치지 않았던 것 같다.

얼마나 혁명적이냐고? 글쎄, CPU를 사용하는 hashcat[12]과 GPU를 사용하는 oclHashcat[13]이 MD5 해시를 계산한 결과를 비교해 보기 바란다.

Radeon 7970	8213.6 M c/s
6-core AMD CPU	52.9 M c/s

요즘 출시되는 비디오 카드 하나에 장착돼 있는 GPU는 CPU에 비해 무려 초당 150배가 넘는 수의 해시 연산을 수행한다. 무어의 법칙이 컴퓨팅 파워가 18개월마다 두 배로 향상된다[14]고 예측하는 것이라면 이러한 연산 능력은 10년 후에 최고점에 달할 것처럼 보인다. 대단하지 않은가?

해시와 비밀번호

해시와 비밀번호는 태생적으로 연결돼 있으므로 비밀번호에 대해서도 이야기해보자. 사용자들의 비밀번호를 잘못 저장하고 있는 것[15]이 아니라면 비밀번호를 절대로 일반 텍스트가 아니라[16] 솔트를 사용한 해시로 저장하고 있을 것이다. 그런가? 정말 그런가? 그렇다고 한다면 이러한 값들을 저장하고 있는 데이터베이스가 해킹을 당하거나 정보가 누설돼도[17] 사용자들의 비밀번호는 잘 보호될 것이라는 사실을 의미한다. 물론 대단히 효과적인 사전 공격[18]을 통해 비밀번호를 알아내려고 할 수는 있겠지만 "monkey1"과 같은 엉터리 비밀번호를 사용하는 사용자까지 모두 보호할 수는 없다. 어쨌든 이런 식의 비밀번호를 사용하는 사용자들을 위한 진정한 해법은 더 복잡한 비밀번호를 외우라고 강요하는 것이 아니라 비밀번호를 사용해야 하는 필요성 자체를 없애주는 것이다[19].

이것은 비밀번호의 해시에 대한 불행한 효과를 낳는다. 비밀번호 해시의 대부분은 강력하고 흔한 GPU의 위력을 염두에 두지 않고 설계된 것이다. 다음은 두 개의 ATI Radeon 7970 카드를 사용하고 있는 내 PC를 이용해 거의 16000 M c/s에 달하는 MD5 값을 생성한 결과다. 나는 평범한 US 키보드의 키 값 모두를 이용하는 oclHashcat-lite[20]를 사용했다. 그 범위는 대문자, 소문자, 숫자, 그리고 모든 가능한 기호를 다 포함한다.

6개의 문자로 구성된 비밀번호 MD5	47초
7개의 문자로 구성된 비밀번호 MD5	1시간 14분
8개의 문자로 구성된 비밀번호 MD5	~465일
9개의 문자로 구성된 비밀번호 MD5	알 수 없음

이러한 과정은 GPU를 더함에 따라 속도가 거의 완벽한 정비례로 향상되기 때문에 하나의 컴퓨터에 네 개의 비디오 카드를 더할 때마다 MD5 계산에 걸리는 시간을 정확히 반으로 줄여나갈 수 있다. 황당한 소리처럼 들리지도 모르지만, 열정적인 사람들은 2008년 이래로 그러한 일들을 실제로 해왔다. 그리고 네 개의 비디오 카드가 장착된 PC를 하나 더 추가함으로써 공격 대상이 되는 공간을 다시 반으로 줄일 수 있다. (당신이 조금 미쳤거나 아니면 NSA에 근무하고 있다면 이런 작업을 계속해서 펼칠 수 있다.)

이제 우리는 8개의 문자로 이뤄진 텍스트가 가질 수 있는 MD5를 모두 계산하는 데 걸리는 시간을 어느 정도 사정권 안에 있다고 볼 수 있는 117일로 줄였다. 대부분의 비밀번호는 특수 문자를 사용하지 않으므로 이 시간은 아마 최악의 경우에 해당할 것이다. 위와 동일한 계산을 단지 대문자, 소문자, 그리고 숫자만 이용해서 수행하면 어떻게 될까?

6개의 문자로 구성된 비밀번호 MD5	3초
7개의 문자로 구성된 비밀번호 MD5	4분
8개의 문자로 구성된 비밀번호 MD5	4시간
9개의 문자로 구성된 비밀번호 MD5	10일
10개의 문자로 구성된 비밀번호 MD5	~625일
11개의 문자로 구성된 비밀번호 MD5	알 수 없음

최악의 경우에는 12개의 문자로 구성된 비밀번호가 내 PC에서 단지 75일 만에 풀린 경우도 있다. 다음은 내가 사용했던 스크립트의 내용이다. 직접 실행해 보라.

```
set BIN=oclHashcat-lite64
set OPTS=-gpu-accel 200 -gpu-watchdog 0 -outfile-watch 0
-restore-timer 0 -pw-min 6 -pw-max 6 -custom-charset1 ?l?d?s?u
%BIN% %OPTS% -hash-type 0 aaaaaaaaaaaaaaaaaaaaaaaaaaaaaaaa
?1?1?1?1?1?1?1?1?1?1?1?1?1?1
```

필요한 계산을 하기 위해 pw-min, pw-max, 그리고 custom-charset의 값을 변경하면 된다. 혹은 스스로 실행하는 것이 너무 귀찮다면 다른 사람들이 계산해 놓은 oclHashcat 벤치마크[21]를 살펴보라. 이러한 값들을 보면 잘 알려져 있는 해시 알고리즘들이 GPU를 이용한 계산 앞에서 얼마나 많은 계산 비용을 요구하는지 상대적으로 비교하면서 확인할 수 있다.

MD5	23070.7 M/s
SHA-1	7973.8 M/s
SHA-256	3110.2 M/s
SHA-512	267.1 M/s
NTLM	44035.3 M/s
DES	185.1 M/s
WPA/WPA2	348.0 k/s

레인보우 테이블은 어떤가?

레인보우 테이블은 해시를 미리 계산해 놓은 거대한 테이블이다[22]. 테이블 룩업table lookup 방법을 통해 엄청난 분량의 하드디스크(그리고 잠재적으로 메모리)를 사용하는 비용과 계산을 수행하는 속도를 맞바꾼 것이다. 이러한 테이블은 이제 전혀 쓸모가 없다. 자기가 무엇을 해야 할지 잘 아는 사람은 이런 테이블을 신경 쓰지 않는다. 테이블을 사용하는 것은 시간 낭비이기 때문이다. 내 설명을 대신해서 코다 해일Coda Hale의 설명[23]을 들어보자.

최근 블로그 글의 유명세에도 불구하고, 레인보우 테이블은 아름답게 나이를 먹지 않았다. 비밀번호를 깨려는 사람들이 구현하는 방법은 GPU가 제공하는 엄청난 수준의 병렬처리 능력을 이용해 초당 수십 억 개에 달하는 비밀번호 후보를 만들어낸다. 문자 그대로 2초도 걸리지 않아서 7개 이하의 소문자와 숫자로만 구성된 비밀번호를 모두 검사할 수 있다. 게다가 이런 수준의 하드웨어를 한 시간 정도 빌리는 데 드는 비용은 3달러면 충분하다. 한 시간에 300달러 정도의 비용을 지불하면 초당 500,000,000,000개의 비밀번호를 확인해 볼 수 있다.

암호화 공격을 둘러싼 경제학 지형이 이런 수준으로 변화했다고 했을 때 사용자가 솔트[salt]를 이용하지 않을 거라는 희망을 품은 채 미리 계산된 해시 값을 저장해 두기 위해 테라바이트에 달하는 디스크 공간을 사용하는 것은 그리 현명하지 않은 일이다. 그냥 비밀번호를 깨뜨리기 위한 계산을 수행하는 편이 더 낫다. 심지어 (솔트와 비밀번호로 구성된) SHA256 같은 "좋은" 해시 스킴조차 이러한 값싸고 효과적인 공격 앞에 고스란히 노출돼 있다.

하지만 나는 비밀번호를 저장할 때 솔트를 사용하기 때문에 이러한 방법은 나랑 상관이 없어!

우와, 멋지군. 그냥 해시만 저장하는 것이 아니라 해시 값에 솔트를 적용[24]할 정도로 똑똑한 친구란 말이지. 축하한다.

```
$saltedpassword = sha1(SALT . $password);
```

당신이 지금 "솔트를 감출 수 있어. 그러면 공격자가 그걸 알 리가 없지!"라고 생각할 거라는 것쯤은 쉽게 추측할 수 있다. 물론 그런 노력을 기울일 수는 있다. 솔트를 아예 다른 데이터베이스에 저장하거나 혹은 구성 파일에 집어넣거나 혹은 추가적인 보호 장치를 갖춘 별도의 하드웨어에 집어넣을 수 있다. 공격자가 비밀번호를 담고 있는 데이터베이스를 손에 넣었을 때 솔트에 대해 알지 못하고 접근도 할 수 없다면 이러한 노력이 이론적으로는 의미가 있다.

이것은 실제적인 보안이 아니라 보안이 유지된다는 환상을 심어줄 것이다. 해시를 생성하기 위해서는 솔트와 선택된 해시 알고리즘이 모두 필요하기 때문에 공격자가 해시 값을 확인할 때 둘 중의 어느 하나만 알고 다른 것은 알지 못할 가능성이 별로 없다. 공격자가 비밀번호를 담은 데이터베이스를 손에 넣을 정도로 침투했다면 그가 당신이 꼭꼭 숨겨 놓은 비밀인 솔트도 손에 넣었을 거라고 가정하는 것이 더 현실적이다.

보안과 관련된 첫 번째 규칙은 언제나 최악의 상황을 상정하는 것이다. 솔트를, 이상적으로는 사용자마다 무작위로 생성된 솔트를 사용하는 것이 좋은가? 물론이다. 그렇게 하는 것은 당연히 좋은 습관이며, 최소한 똑같은 비밀번호를 사용하는 사용자들을 서로 구분할 수 있게 만들어준다. 하지만 요즘에는 솔트만으로는 비디오 카드에 수천 달러를 투자하는 사람으로부터 당신을 구제할 길이 없다. 혹여 그렇다고 생각했다면 문제가 있는 것이다.

이런 글을 다 읽을 시간이 없다

당신이 사용자라면

비밀번호를 모두 12개의 문자 이상으로 다시 설정하라. 이상적으로는 그보다 더 많은 문자로. 비밀번호보다 외우기 쉽지만 (입력하기도 쉽고) 길이 때문에 비밀번호를 일일이 계산해보는 공격 앞에서 일반적으로 비밀번호에 비해서 훨씬 더 안전한 비밀문구^{passphrase}를 사용할 것을 권한다[25].

당신이 개발자라면

보안을 지킬 필요가 있는 모든 것에 대해 bcrypt[26] 혹은 PBKDF2[27]를 사용하라. 이러한 해시는 특별히 GPU를 이용해 계산하기 어렵게 고안됐다[28]. 다른 종류의 해시는 사용하지 마라. 이 둘을 제외한 해시 스킴은 거의 대부분 해마다 더 빨라지고 병렬처리가 쉬워지고 있는 여러 개의 GPU를 이용한 공격 앞에 무방비 상태로 노출돼 있다.

1. http://www.codinghorror.com/blog/2007/12/hashtables-pigeonholes-and-birthdays.html
2. http://www.skrenta.com/2007/08/md5_tutorial.html
3. http://www.codinghorror.com/blog/2005/04/checksums-and-hashes.html
4. http://www.imdb.com/title/tt0119094/
5. http://www.mscs.dal.ca/%7Eselinger/md5collision/
6. http://web.archive.org/web/20071226014140/http://www.cits.rub.de/MD5Collisions/
7. http://www.codeproject.com/dotnet/HackingMd5.asp
8. http://www.win.tue.nl/hashclash/SoftIntCodeSign/
9. http://blog.didierstevens.com/2009/01/17/playing-with-authenticode-and-md5-collisions/
10. http://tinsology.net/2010/12/is-sha1-still-viable/
11. http://en.wikipedia.org/wiki/DisplayPort
12. http://hashcat.net/hashcat/
13. http://hashcat.net/oclhashcat-lite/
14. http://www.codinghorror.com/blog/2006/12/moores-law-in-practical-terms.html
15. http://www.codinghorror.com/blog/2007/09/youre-probably-storing-passwords-incorrectly.html
16. http://plaintextoffenders.com/
17. http://www.codinghorror.com/blog/2010/12/the-dirty-truth-about-web-passwords.html
18. http://www.codinghorror.com/blog/2009/01/dictionary-attacks-101.html
19. http://www.codinghorror.com/blog/2011/09/cutting-the-gordian-knot-of-web-identity.html
20. http://hashcat.net/oclhashcat-lite/
21. http://thepasswordproject.com/oclhashcat_benchmarking
22. http://www.codinghorror.com/blog/2007/09/rainbow-hash-cracking.html
23. http://codahale.com/how-to-safely-store-a-password/
24. http://www.adayinthelifeof.nl/2011/02/02/password-hashing-and-salting/
25. http://www.codinghorror.com/blog/2005/07/passwords-vs-pass-phrases.html
26. http://en.wikipedia.org/wiki/Bcrypt
27. http://en.wikipedia.org/wiki/Pbkdf2
28. http://security.stackexchange.com/a/6415

웹 비밀번호를 둘러싼 불편한 진실

2010년 12월, 고커^{Gawker} 네트워크가 해킹을 당하는 일이 발생해서 라이프해커^{Lifehacker}, 기즈모도^{Gizmodo}, 고커^{Gawker}, 제제벨^{Jezebel}, io9, 잘롭닉^{Jalopnik}, 코타쿠^{Kotaku}, 데드스핀^{Deadspin}, 그리고 피이쉬봇^{Fieshbot} 등의 보안에 구멍이 뚫리는 일이 생겼다. 당신이 이러한 사이트 중 어느 한 곳에서 글을 올리는 사람이었다면 몇 가지 의문을 품게 됐을 것이다.

이것은 블랙 선데이^{Black Sunday}[1]나 아이팟 모뎀 펌웨어 해킹^{iPod modem firmware hack}[2]과 비견될 만한 수준의 사건은 아니지만, 이것도 나름의 릴리즈 노트를 가지고 있으며, 베어울프 스토리만큼이나 서사적인 내용을 담고 있다.

> 그리하여 우리는 여기에 다시 나타났다. 서버를 우리 손에 넣고 데이터를 누출하는 과정을 담은 거대한 릴리즈 노트와 함께. 전에 동일한 목표를 향해 진행했던 공격은 조롱을 당했기에 우리는 공격력을 조금 강화했다. "아마추어 해커"들에게 이것은 무엇을 의미하는가? 당신의 제국이 해킹을 당했다는 것을 의미한다. 당신의 서버, 데이터베이스, 온라인 계정, 그리고 소스코드가 모두 산산조각이 나서 우리 손에 들어왔다!
>
> 당신은 주목받기를 원했으므로 우리는 당신이 합당한 주목을 받게 해주었다!

릴리즈 노트의 전문[3]을 읽어보기 바란다. 그 내용은 해킹이 어떤 식으로 진행됐는지 내부자의 관점에서 한 단계씩 자세히 설명하고 있다.

고커는 좀처럼 사과를 하지 않는 성격과 "자신의 네트워크에 트래픽을 발생시킬 수 있는 내용이라면 무엇이든 이용하는" 비도덕적인 태도로 악명이 높은 닉 덴톤[Nick Denton]이 운영한다. 아이폰 4 누출 사건[4]을 기억하는가? 그것은 고커가 한 일이었다. 블로거들이 노동자를 착취하는 공장에서 일하는 노동자처럼 취급받는다고 주장한 글[5]을 기억하는가? 그것도 고커였다. 블로그와 관련된 법정다툼에 대해 들은 적이 있는가? 아마 그것도 고커였을 것이다[6].

고커의 경우처럼 자신의 네트워크를 이용하는 계정이 모두 해킹을 당했다는 식으로 알려지는 것은 누구도 원하는 바가 아닐 것이다.

내가 개인적으로 관심을 두는 것은 우리가 이 해킹 사건으로부터 무엇을 배울 수 있는가다. 고커는 무엇을 잘못했으며, 우리는 어떻게 해서 우리의 프로젝트에서 그와 동일한 실수를 피할 수 있을 것인가?

1. 고커는 비밀번호를 저장했다

사용자의 비밀번호는 절대로 저장하지 말아야 한다. 만약 어떤 식으로든 비밀번호를 저장한다면 비밀번호를 잘못 저장하고 있는 셈이다[7]. 반드시 솔트와 함께 처리된 비밀번호[8]를 저장해야 한다. 비밀번호 자체를 저장하는 것은 절대로 피해야 한다! 이것은 너무 쉬운 일이라서 멘사의 회원들[9]조차.. 흠.. 이해할 수 없는 일이다.

2. 고커는 암호화를 부정확하게 사용했다

오래된 DES 암호화를 선택했다는 사실은 그들이 저장하는 비밀번호가 언제나 8개의 문자로 이뤄지게 만든다는 사실을 의미한다. 실제 비밀번호가 아무리 길어도 그것이 제대로 작동하게 만들려면 처음 8개의 문자만 확인하면 된다. 더 안전한 비밀문구를 사용하는 경우[10]는 말할 것도 없다. 암호화라는 것은 어떤 사람이 실제로 그것을 이용하는 경우에만 효과가 있다. 내 암호화는 왜 암호화를 하지 않는가?[11]라는 글에서 볼 수 있는 것처럼, 나 역시 암호화를 이용할 정도로 영리하지는 않다.

3. 고커는 사용자에게 사용자 이름과 비밀번호를 자기 사이트 안에서 만들라고 요청했다

이 해킹과 관련해서 그들이 올린 FAQ에는 두 개의 흥미로운 설명[12]이 담겨 있다.

> 1 _ 페이스북 커넥트Facebook Connect를 이용해서 로그인하면 어떻게 됩니까? 내 비밀번호가 해킹되는 건가요?
>
> 아닙니다. 우리는 페이스북 커넥트를 이용해서 로그인하는 사람의 경우에는 절대로 비밀번호를 저장하지 않습니다.
>
> 2 _ 나의 트위터 계정을 내 고커 미디어 계정에 연결하면 어떻게 되나요? 내 트위터 계정도 해킹되는 것일까요?
>
> 아닙니다. 우리는 고커 미디어 계정에 연결된 트위터 계정을 이용해서 로그인하는 사람의 트위터 비밀번호를 절대로 저장하지 않습니다.

바로 그거다. 이러한 사이트에 접속하기 위해 인터넷 운전면허[13]를 이용한 사람들은 보안과 관련된 문제가 전혀 발생하지 않았다! 기즈모도에 댓글을 하나 올리기 위해 이 세상에 또 하나의 사용자 이름과 비밀번호를 더하는 것[14]이 정당화될 수 있는 일일까? 그렇게 하는 사람은 불행하게도 이런 식으로 처절하게 해킹을 당한 고커를 믿고 고유한 사용자 이름과 "안전한" 비밀번호를 만들기로 한 불쌍한 사람들이다.

(그런데 "말썽꾸러기가 되지 말라"는 조언은 개인적인 삶만이 아니라 비즈니스를 위해서도 좋은 조언이다. 내가 보기에 사람들은 언제나 준만큼 받는다. 당신의 회사가 불법과 합법의 경계를 넘나들면서 어떻게 해서든 성공을 거두기만 하면 된다는 식의 목표를 가지고 있다면 다른 사람들이 당신의 회사를 그런 방식으로 대했을 때 놀라지 말아야 한다.)

하지만 솔직히 말하자면 우리가 이러한 사태와 관련해서 고커에게 손가락질하고 비웃을 수는 있지만 그렇다고 해서 이런 일이 그들에게만 벌어진다는 말은 결코 아니다.

웹사이트의 비밀번호와 관련한 불편한 진실은 이렇다. 인터넷은 고커 네트워크와 동일한 수준의 웹사이트로 꽉 차 있다. 당신이 50개의 서로 다른 웹사이트에 대해 오래되긴 했지만 좋은 사용자 이름과 비밀번호를 가지고 있다고 해보자. 그것은 곧 이 세상에 당신의 비밀번호가 어떻게 저장돼야 할 것인가 대해 저마다 다른 생각을 갖고 있는 50명의 서로 다른 프로그래머가 존재한다는 사실을 의미한다. 나는 당신이 이러한 웹사이트 전체에 대해 각자 다른 (그리고 굉장히 안전한) 비밀번호를 사용했기를 희망한다. 왜냐하면 통계적으로 봤을 때 당신은 이미 위험에 노출돼 있는 셈이기 때문이다.

다시 말해서 당신이 더 많은 웹사이트를 방문할수록, 더 많은 네트워크를 건드리고 사용자 이름과 비밀번호의 조합을 이용하며 더 많은 사이트를 신뢰할수록, 그러한 네트워크 중에서 적어도 한 곳이 고커와 똑같은 방식으로 해킹을 당해 자신의 계정을 전 세계에 노출시키게 될 가능성이 높아진다. 그런 일이 생겼을 때 당신이 모든 사이트에서 서로 다를 뿐만 아니라 매우 안전한 방식으로 구성된 비밀번호를 사용하고 있는 것이 아니라면 상황은 아주 끔찍해진다.

안 좋은 소식은 대부분의 사용자가 그다지 강력한 비밀번호를 사용하지 않는다는 사실이다. 이러한 경향은 시간을 두고 여러 차례에 걸쳐 반복해서[15] 증명돼 왔으며, 고커의 데이터 역시 이러한 사실과 다르지 않다[16]. 더 안 좋은 점은 대부분의 사용자가 이러한 형편없는 비밀번호를 여러 개의 웹사이트에 걸쳐 사용하고 있다는 점이다. 바로 이러한 사실이야말로 그 흉측한 트위터 웜[17]이 해킹 당한 고커 계정의 등 뒤에 출몰할 수 있었던 배경이다.

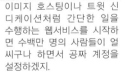

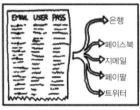

이제 내가 어째서 인터넷 운전면허[18]라는 개념을 그렇게 공격적으로 주장해 온 이유를 이해할 수 있겠는가? 인터넷 운전면허는 당신이 보안과 관련해서 진짜로 신뢰할 수 있는 어떤 제3의 사이트에서 관리하는 계정을 이용해 이러한 웹사이트에 로그인하게 만드는 개념이다. 물론 이렇게 하는 것은 구글이나 페이스북 같은 회사에 위험이 집중되게 만드는 측면이 있기도 하다. 하지만 나는 무작위로 만들어진 웹사이트보다 구글을 훨씬 더 신뢰한다. 그리고 이렇게 하는 것은 사실 비밀번호 복구 요청을 지메일 계정으로 보내는 것과 개념적으로 다르지 않다.

고커를 비난하려는 것이 아니다. 오히려 나는 그들이 이렇게 웹사이트의 비밀번호와 관련된 불편한 진실을 널리 알리려고 한 부분을 고맙게 생각한다. 그런 비밀번호들이 아예 필요하지 않게 된다면 우리의 삶은 더 나아질 것이다. 미래의 웹이 고커와 같은 식의 비밀번호 해킹으로 오염되지 않기를 바란다면 무작위로 마주치는 웹사이트에 고유한 사용자 이름과 비밀번호를 헌납하는 행동을 즉각 멈춰야 한다! 대신 그런 웹사이트에게 인터넷 운전면허, 즉 당신이 이미 사용하고 있는 트위터, 페이스북, 구글, 혹은 오픈아이디 OpenID의 계정을 사용할 수 있게 하라고 요구하라.

1. http://www.codinghorror.com/blog/2008/05/revisiting-the-black-sunday-hack.html
2. http://www.codinghorror.com/blog/2005/02/ipod-hacking-via-modem.html
3. http://www.cosdinghorror.com/blog/gawker-hack-release-notes.html
4. http://www.fastcompany.com/1621516/iphone-leak-iphone-4-apple-gizmodo
5. http://www.newyorker.com/reporting/2010/10/18/101018fa_fact_mcgrath
6. http://www.google.com/search?q=gawker+lawsuit
7. http://www.codinghorror.com/blog/2007/09/youre-probably-storing-passwords-incorrectly.html
8. http://www.codinghorror.com/blog/2007/09/rainbow-hash-cracking.html
9. http://www.codinghorror.com/blog/2008/06/smart-enough-not-to-build-this-website.html
10. http://www.codinghorror.com/blog/2005/08/passphrase-evangelism.html
11. http://www.codinghorror.com/blog/2009/05/why-isnt-my-encryption-encrypting.html
12. http://lifehacker.com/5712785/#2
13. http://www.codinghorror.com/blog/2010/11/your-internet-drivers-license.html
14. http://www.codinghorror.com/blog/2008/05/openid-does-the-world-really-need-yet-another-username-and-password.html
15. http://www.codinghorror.com/blog/2009/01/dictionary-attacks-101.html
16. http://blogs.wsj.com/digits/2010/12/13/the-top-50-gawker-media-passwords/
17. http://mashable.com/2010/12/13/acai-berry-twitter-worm-warning/
18. http://www.codinghorror.com/blog/2010/11/your-internet-drivers-license.html

코드를 테스트해서 그것이 필요 이상으로 엉망이 되지 않게 만들기

고객의 고통을
공유하기

"개발자가 자신의 코드와 함께 살아가는 사람들인 고객의 마음과 밀착하는 것은 대단히 중요하다."

아마존의 CTO인 워너 보겔스Werner Vogels와의 인터뷰[1]에서 그는 아마존의 개발자들이 고객들과 어떻게 교감을 하고 있는지 설명했다.

우리 개발자들의 대다수가 고객과 깊은 교감을 나누고 있음을 기억해야 한다. 따라서 그들은 고객이 무엇을 좋아하고 무엇을 좋아하지 않는지, 빠진 것이 무엇이라고 생각하는지에 대해 상당한 수준으로 이해하고 있다.

우리는 고객 서비스를 통해 엄청난 수의 피드백을 받는다. 아마존의 직원들은 2년마다 한 번씩 고객의 서비스 부서에서 고객의 이메일에 응답하고, 고객이 건 전화를 실제로 받고, 그들이 기술자로서 하는 일들이 고객에게 어떤 영향을 주는지에 대해 실제로 이해하면서 일정한 시간을 보내야 한다. 이러한 과정을 통해 개발자들이 우리의 사용자들이 기술을 잘 이해하는 사람이 아니라는 사실을 깨닫기 때문에 이런 과정은 매우 효과적이다. 그들이 받는 전화의 내용은 예컨대 아마존에 위시리스트를 가지고 있는 대학생 손자에게 선물을 하고 싶다고 말하는, 도서관 컴퓨터 앞에 앉아 있는 할머니일 수 있는 것이다.

고객 서비스를 통해 얻는 통계는 우리가 혹시 뭔가를 잘못하고 있다면 그것을, 혹은 고객들에게 매우 참기 힘든 고통을 주는 것이 무엇인지를 미리 알려주는 지표의 역할도 한다. 우리는 간혹 미팅에서 어느 고객이 아마존의 특정 부분을 이용하면서 겪은 실제 경험을 담은 "고객의 목소리"를 함께 듣기도 한다. 이렇게 하는 것은 매니저와 엔지니어들이 자신들이 여러 가지 기술을 이용해서 만드는 것들이 사실은 실제 사람들을 위한 것이라는 사실을 깨닫게 하는 데 도움을 준다.

소프트웨어 개발이라는 상아탑에 갇히는 일[2]은 흔히 발생한다. 소프트웨어 개발자들이 너무나 종종 자신의 코드에 대해 마치 관광객 같은 태도를 취한다. 물론 그들은 코드를 작성하는 사람이지, 고객들처럼 코드를 매일 사용하는 사람은 아니다. 그들은 자신의 코드에 어쩌다 한 번씩 들리긴 하지만 스스로의 선택이든 아니면 회사 정책이든 자신의 일상적인 업무를 위해 해당 소프트웨어와 함께 살아가야 하는 고객이 지닌 관점과 이해가 결여될 수밖에 없다. 그렇기 때문에 고객이 가진 문제와 염려가 제대로 전달되지 않는다. 개발자들은 그저 멀리 떨어진 곳에서 들려오는 희미한 목소리를 들을 뿐이다.

고객에게 그들이 당신의 웹사이트나 소프트웨어를 이용하면서 겪은 문제가 무엇인지 묻는 것은 고사하고, 그저 그들을 마지막으로 만나기라도 했던 것은 언제인가?

개발자가 자신의 코드와 함께 살아가는 사람들인 고객의 마음과 밀착하는 것은 대단히 중요하다. 사용자와 고객에 대한 기본적인 이해가 없으면 그들이 사용할 만한 소프트웨어[3]를 만드는 것이 불가능하기 때문이다. 그러한 정보를 얻기에 고객 지원의 최전선보다 나은 곳은 없다. 모든 개발자가 현장지원이라는 업무까지 도맡아야 한다고 말하는 것은 아니다. 그런 식으로는 어떤 일도 제대로 끝마치기 어렵다. 하지만 고객지원 업무를 정기적으로 돌아가면서 맡는 것은 보겔스 씨가 정확하게 말한 것처럼 소프트웨어의 사용성과 품질을 위한 놀라운 효과를 낼 수 있다.

개밥 먹기[dogfood][3], 개밥 먹기란 자사 제품이나 자신이 직접 만든 제품(옮긴이 _ 특히 소프트웨어를 사용하는 행위를 말한다.)는 어려운 일이다. 하지만 가끔씩 잠깐만 그렇게 하는 것은 어려운 일이 아니다. 소프트웨어 개발자들은 고객의 고통을 분담해야 한다. 그것은 그다지 멋진 일은 아니다. 하지만 자기가 만든 소프트웨어를 사용하는 고객들을 돕고자 하는, 혹은 더 중요하게는 그들이 왜 도움이 필요한지 배우고자 하는 의지를 보여주기 전에는 소프트웨어를 만드는 작업을 완성한 것이 아니다.

1. http://www.acmqueue.com/modules.php?name=Content&pa=showpage&pid=388&page=1

2. http://www.codinghorror.com/blog/archives/000206.html

3. http://www.codinghorror.com/blog/archives/000550.html

4. http://www.codinghorror.com/blog/archives/000287.html

무질서한
원숭이와
함께 일하기

네플릭스 테크 블로그는 작년 말에 그들이 아마존의 웹서비스로 옮겨간 이후에 배운 다섯 가지 교훈[1]에 대해 글을 올렸다. 물론 AWS는 소위 "클라우드 컴퓨팅"과 관련해서 탁월한 서비스 제공자에 해당한다. 따라서 이 글은 클라우드로 옮겨갈 계획이 있는 모든 웹사이트를 위한 핵심적인 조언이라고 볼 수 있다. 그리고 글의 내용이 실제로 꽤 우수하기도 하다. 다음은 내게 가장 큰 인상을 남긴 글의 내용이다.

> 우리는 때로 AWS 안에 존재하는 네플릭스 소프트웨어 아키텍처를 우리의 람보 아키텍처라고 불렀다. 각 시스템은 어떤 일이 발생해도, 심지어 시스템 자신만 남은 상황에서도 성공적으로 운용될 수 있어야 했다. 우리는 분산돼 있는 각 시스템을 그들이 의존하는 서비스가 동작을 멈추는 상황에서도 견딜 수 있게 설계하고 있다.
>
> DVD를 추천하는 시스템이 다운되면, 우리가 고객에게 제공하는 응답의 질은 낮아지겠지만 여전히 전체적인 서비스는 계속 응답한다. 우리는 개인화된 선택 대신 그냥 대중적으로 인기가 높은 영화를 화면에 나타낼 것이다. 검색 시스템이 사용할 수 없을 정도로 느려져도, 스트리밍 서비스는 여전히 완벽하게 작동할 수 있다.
>
> 우리의 엔지니어들이 AWS에서 구축한 첫 번째 시스템은 무질서한 원숭이Chaos Monkey라고 불리는 시스템이다. 무질서한 원숭이의 역할은 우리의 아키텍처 내에 존재하는 서비스 인스턴스를 무작위로 다운시키는 것이다. 우리가 부분적인 문제에도 불구하고 계속 서비스를 제공할 수 있다는 사실을 끊임없이 테스트하지 않으면 예상하지 못한 문제가 발생했을 때, 그러니까 복구 능력이 절실히 요구될 때 전체적인 시스템이 정상적으로 반응할 가능성은 낮아질 것이다.

솔직히 말하면 이러한 조언이 처음에 보기에는 정신이 나간 조언처럼 보이는 것이 사실이다. 이런 조언을 실제로 받아들이는 회사는 말할 것도 없고, 이러한 조언이 왜 좋은 것인지를 아예 이해하지 못하는 회사도 적지 않을 것이다. 당신이 다니는 회사에서 어떤 사람이 서버 팜에서 서버를 무작위로 다운시키는 데몬이나 서비스를 가동시키고 있는 사람은 한 손을 들어주길 바란다.

그런 서비스를 제공하는 사람이 아직도 자기 회사에 다니고 있는 사람은 나머지 한 손도 들기 바란다.

도대체 어떤 정상적인 사람이 이러한 무질서한 원숭이가 돌아다니는 곳에서 일하고 싶어 하겠는가?

어떤 경우에는 선택의 여지가 없다. 무질서한 원숭이가 당신을 선택한다. 스택 익스체인지[2]에서 우리는 몇 달 동안 매우 기괴한 문제를 놓고 고심했다. 며칠마다 한 번씩 오레곤의 웹 팜[3]에 있는 서버들이 외부의 네트워크 요청에 대해 응답을 하는 것을 그냥 멈춰버리는 일이 발생한 것이다. 아무런 이유도, 아무런 설명도, 아무런 복구도 가능하지 않았다. 리부팅을 하기 전에 스크린에 파란색 화면을 띄우는 느리고 고통스러운 셧다운shutdown 절차만이 우리가 할 수 있는 전부였다.

우리는 문제[3]를 바로잡기 위해 몇 달을, 글자 그대로 몇 달의 시간을 보냈다. 우리는 생각해낼 수 있는 모든 것을 목록에 적어보았다.

- 네트워크 포트 변경
- 네트워크 케이블 교체
- 다른 스위치 사용
- 다른 버전의 네트워크 드라이버 사용
- 운영체제와 드라이버 수준의 네트워크 설정 변경
- 네트워크 구성 단순화 및 좀 더 전통적인 X-FORWARDED-FOR를 위한 TProxy[5] 제거
- 가상화 제공업체 교체
- TCP/IP 호스트 모델[6] 교체
- 커널의 핫픽스 적용
- 상위 수준의 제공업체 고객지원 팀에 문의
- 내가 받았던 고통 때문에 지금은 다 잊어버린 또 다른 방식들

이 장엄한 무용담의 한복판에서 우리 팀은 너무나 깊은 좌절감을 맛봤기 때문에 한때 거의 싸움을 할 뻔했던 적도 있었다. (물론 진짜 싸움이 아니라 서로 멀리 떨어져 있는 원격 팀[7]이 스카이프 안에서 싸우는 시늉을 냈다는 의미.) 우리를 비난할 수 있다고 생각하는가? 며칠마다 한 번씩 어느 것이 될지 알 수 없는 우리 서버 중의 어느 하나가 갑자기 네트워크 기능을 꺼버리는 일이 발생하는 것이다. 무질서한 원숭이가 우리를 계속 공격하는 것이다!

우리가 심각한 좌절을 맛보고 있는 동안에 나는 이러한 경험에는 어떤 긍정적인 측면도 있을 거라는 사실을 깨달았다.

- 매우 핵심적인 기능을 수행하는 서버가 한 대만 있는 경우에는 그것을 두 대로 늘렸다.
- 어떤 기능에 대해 실질적인 백업 기능이 없으면 그것을 새로 마련했다.
- 모든 곳에 존재하는 의존성을 제거하고, 서비스를 동작시키는 데 필요한 최소한의 요소만 남겨 두었다.
- 서비스가 언제나 동작하게 하는 대비책을 마련했다. 우리가 그때까지 핵심적인 서비스라고 생각하던 부분들이 동작을 멈춘 경우에 대한 대비책을 포함시켰다.

한 주씩 시간이 지나갈 때마다 우리는 시스템이 조금씩 더 중복되게 만들었다. 그렇게 해야만 했기 때문이다. 계속되는 고통에도 불구하고 이 무질서한 원숭이는 오히려 우리가 전보다 탄력적인 시스템을 갖추게 강제하는 긍정적인 효과를 가져다주었다. 내일이 아니라, 나중에 언젠가가 아니라, 미래의 어느 시점에 존재하는 "때가 되면 그렇게 할 계획이야"라는 식의 막연한 시점이 아니라 우리가 고통받는 바로 지금 그렇게 한 것이다.

무질서한 원숭이와 함께 일을 하다 보면 모든 일에는 이유가 있기 마련이라는 사실을 깨닫게 된다. 물론 완벽하게 무질서하게 일어나는 일들은 제외하고 말이다. 그렇기 때문에 비록 이 말이 이상하게 들리더라도 진짜 실패를 피하는 최선의 방법은 지속적으로 작은 실패를 거듭하는 것이다.

1. http://techblog.netflix.com/2010/12/5-lessons-weve-learned-using-aws.html
2. http://stackexchange.com/
3. http://blog.stackoverflow.com/2010/01/stack-overflow-network-configuration/
4. http://serverfault.com/questions/104791/windows-server-2008-r2-network-adapter-stops-working-requires-hard-reboot
5. http://www.balabit.com/support/community/products/tproxy
6. http://en.wikipedia.org/wiki/Host_model
7. http://www.codinghorror.com/blog/2010/05/on-working-remotely.html

코드 리뷰:
그냥 하라

피어 리뷰[peer review]의 부드러운 측면[1]에서 칼 위거스[Karl Wiegers]는 매우 강력한 선언과 함께 논의를 시작한다.

> 원래의 작성자 말고 다른 사람이 소프트웨어의 결함이나 개선할 부분을 찾기 위해 검토하는 피어 리뷰는 소프트웨어 품질을 위해 존재하는 도구 중에서 가장 강력한 것이다. 피어 리뷰의 방법은 조사, 찬찬히 살피기, 피어 데스크체크[peer deskcheck], 그리고 다른 비슷한 절차를 포함한다. 거의 15년에 걸쳐 피어 리뷰의 위력을 경험한 나는 이러한 절차를 수행하지 않는 팀에서는 일할 생각이 없다.

내가 있는 버티고[Vertigo]에서 코드 리뷰 과정에 참여한 이후, 나는 코드 리뷰야 말로 당신의 코드를 향상시키기 위해 할 수 있는 일 중 가장 중요한 일이라고 믿게 됐다. 지금 당장 다른 개발자와 함께 코드 리뷰를 하고 있지 않다면 엄청나게 많은 수의 버그를 그냥 흘려보내고 있는 것이며, 코드를 전문가답게 개선할 수 있는 기회에 대해 눈을 감고 있는 것이다. 내 기준으로 말하자면 나는 내 코드를 다른 동료 개발자가 검토하기 전까지는 코딩 작업을 완료한 것이 아니다.

내 이야기만 듣고 이러한 사실을 받아들일 필요는 없다. 『코드 컴플리트[Code Complete]』[2]에서 맥코넬은 코드 리뷰의 효험에 대해 풍부한 증거를 보여준다.

소프트웨어를 테스트하는 과정은 그 자체로 효과가 제한돼 있다. 평균적으로 버그를 잡아내는 비율은 단위 테스트가 25퍼센트, 기능 테스트가 35퍼센트, 그리고 통합 테스트가 45퍼센트 정도다. 이에 비해 설계와 코드에 대한 리뷰를 수행하는 것은 평균적으로 55퍼센트와 60퍼센트 정도의 비율을 보여준다. 이러한 리뷰에 대한 사례 연구는 매우 인상적인 결론을 낳았다.

- 소프트웨어를 유지보수하는 조직에서 코드 한 줄을 변경한다고 했을 때 코드 리뷰가 도입되기 전에는 그러한 변경의 55퍼센트 정도가 버그에 해당했다. 리뷰 과정이 도입된 이후에는 그러한 변경의 2퍼센트만 버그에 해당했다. 리뷰가 도입된 이후부터는 모든 변경을 다 고려했을 때 95퍼센트에 해당하는 변경이 정확하게 이뤄진 것이었다. 리뷰가 도입되기 전에는 그 중에서 20퍼센트 정도만이 정확한 것이었다.

- 동일한 사람으로 구성된 그룹이 개발한 11개의 프로그램에서 처음 5개는 리뷰 과정이 없이 개발됐다. 나머지 6개는 리뷰와 함께 개발됐다. 모든 프로그램이 현장에 출시된 이후 처음 5개 프로그램은 평균적으로 100줄의 코드마다 4.5개의 에러가 발생했다. 나머지 6개 프로그램의 경우에는 100줄의 코드마다 0.82개의 에러가 발생했다. 리뷰가 에러의 발생률을 80퍼센트 정도 줄여준 것이다.

- 애트나^{Aetna} 보험사는 코드 리뷰를 통해 프로그램 안에 있는 82퍼센트 정도의 에러를 발견할 수 있었고, 개발 자원을 20퍼센트 정도 절약할 수 있었다.

- 50만 줄로 이뤄진 IBM의 오빗^{Orbit} 프로젝트는 11단계의 리뷰를 사용했다. 그 결과 프로젝트는 예정보다 빨리 출시됐고, 정상적으로 기대되는 수준인 1퍼센트 정도의 에러를 갖고 있었다.

- AT&T에 있는 어떤 조직이 200명의 개발자와 수행한 연구에 의하면 코드 리뷰를 도입한 이후 14퍼센트 정도의 생산성이 향상됐고, 버그가 발생하는 비율은 90퍼센트 정도 감소했다.

- 제트 추진 연구소는 코드 리뷰를 수행함으로써 버그를 조기에 발견해서 수정할 수 있었기 때문에 25,000달러 정도를 절약할 수 있었다고 추정한다.

코드 리뷰에서 유일한 장애물은 당신이 존중할 만한 동료 개발자를 찾고, 함께 코드 리뷰를 수행할 만한 시간을 할애하는 것이다. 일단 코드 리뷰를 시작한다면 거기에 들어가는 시간이 열 배로 보상을 가져다준다는 사실을 금방 알게 될 것이다.

당신이 속한 조직에서 코드 리뷰를 처음 시도하려고 한다면 칼의 저서인 『소프트웨어에서의 피어 리뷰: 실전 가이드Peer Reviews in Software: A Practical Guide』[3]를 권하고 싶다. 칼의 웹사이트에 있는 샘플 원고[3]들도 좋은 입문서 역할을 한다.

---

1. http://bdn.borland.com/article/borcon/files/1240/paper/1240.html
2. http://www.amazon.com/exec/obidos/ASIN/0735619670/codihorr-20
3. http://www.amazon.com/exec/obidos/ASIN/0201734850/codihorr-20
4. http://www.processimpact.com/reviews_book/reviews_book.shtml

무식한 방식의 테스트

마크다운Markdown은 우리가 스택 오버플로우에서 사용하기 위해 평가하고 받아들인 인간 마크업 언어human markup languages[1] 중 하나다. 전반적으로 나는 마크업을 사용하는 것이 흡족했다. 어느 정도였는가 하면 댓글 기능에 사용하기 위해 작고 가벼운 마크다운의 부분적인 기능을 직접 구현하고 싶었을 정도였다.

나는 다음과 같이 흔히 사용되는 세 개의 요소를 구현하기로 했다.

italic 혹은 _italic_

bold 혹은 __bold__

`code`

나는 정규 표현식을 즐겨쓰는데[2], 이것은 바로 정규 표현식으로 해결할 수 있는 완벽한 문제에 해당했다! 그리고 정규 표현식을 사용하는 것이 별로 어려워 보이지도 않는다. 그래서 나한테 있던 RegexBuddy[3] 책에 묻은 먼지를 털어내고 작업을 시작했다.

테스트 창에 약간의 테스트 데이터를 입력하고, 곧바로 작은 정규 표현식을 작성했다. 이런 작업이 처음은 아니었다.

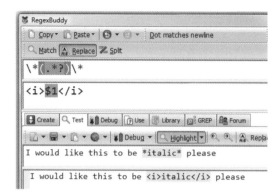

두둥! 완성이다! 아무래도 나는 천재적인 프로그래머임에 틀림없다![3]

나의 명백한 천재성에도 불구하고, 성가신 의심이 들기 시작했다. 다음의 테스트 구문이...

I would like this to be *italic* please.

... 정말로 충분한 테스트일까?

물론이지! 나는 내가 작성한 코드가 제대로 동작하리라는 사실을 뼛속에서부터 느낄 수 있다! 이것은 마치 무시무시하고 어두운 힘이 나로 하여금 이러한 코드를 작성하도록 이끈 것과 같다. 그런 힘의 도움을 받는다면 이런 코드를 작성하는 것은 매혹적일 정도로 쉬운 일이다!

하지만 잠깐. 나는 사람들이 스택 오버플로우에 입력한 댓글이라는 실제 세상의 데이터베이스를 가지고 있다. 그렇다면 나의 훌륭한 정규 표현식을 이러한 한 무더기의 데이터를 대상으로 적용해보고 어떤 일이 일어나는지 살펴보는 것도 괜찮지 않을까? 좋아. 꼭 그렇게 해야 한다면 할 수 없지. 한 마디 더 하자면 이런 식의 짜증나는 의심은 도대체 멈추는 법이 없으니까 말이야. 그럼 다음과 같은 간단한 질의문^{query}을 실행하고 결과를 보자.

```
select Text from PostComments
where dbo.RegexIsMatch(Text, '\*(.*?)\*') = 1
```

이 질의문은 많은 결과를 출력했는데, 그 중 하나는 다음과 같은 결과를 포함하고 있었다.

> 수학에 관한 흥미로운 사실: x * 7 == x + (x * 2) + (x * 4), or x + x >> 1 + x >> 2.
> 보통 정수 덧셈에는 비용이 많이 들지 않습니다.

더하기가 값싼 계산이라니 고맙군 그래. 나는 모드를 한 줄짜리로 바꾸고 .*. 대신 .*?를 이용할 필요가 있었다(옮긴이 _ 다음 내용의 구체적인 의미는 중요하지 않다. 저자는 테스트와 그에 따른 정규 표현식 수정이 복잡하다는 사실을 설명하고 있을 뿐이다).

좋아, select *를 select RESULT.* one row로 고치자. 동일한 InstanceGUID에 대해 하나 이상의 줄을 가지고 있는 것이 확실한가?

크게 걱정할 문제는 아니지만 당신은 wchar_t와 TCHAR을 혼합해서 일치시키고 있다. mbstowcs()는 char*를 wchar_t*로 변환한다.

> aawwwwww…. Brainf**k is not valid. :/

도저히 안 되겠다. 그리하여 나는 메디클로리안(옮긴이 _ 스타워즈에 나오는 캐릭터)의 조언을 구하고 테스팅 권능의 밝은 세력이 이 문제를 해결하게 했다!

이러한 정규 표현식을 어떻게 수정할 수 있는가? 우리는 여기서 권능의 밝은 면, 즉 수없이 많은 테스트 케이스를 일일이 확인해보는 무식한 방법을 사용하고 있다. 데이터베이스 안에 20,000개 정도의 테스트 케이스가 들어 있기 때문에 그렇게 하기는 어렵지 않다. 당신의 경우에는 테스트 케이스가 그렇게 많지 않을 수도 있다. 그런 경우에는 인터넷을 방문해서 충분히 많은 테스트 케이스를 찾을 필요가 있을 것이다. 혹은 테스트 루틴에 무작위로 생성된 텍스트를 제공하는 함수를 작성해도 좋다. 이렇게 하는 것은 퍼즈 테스팅^{fuzz testing}[5]이라고 알려져 있다.

나는 이런 일을 하는 것을 좀 지겨워하는 편이라서 이 정규 표현식의 나머지 부분은 독자에게 연습문제로 남겨두고 싶다. 당신도 이런 일을 하고 싶지 않다고? 세상에, 무슨 문제가 있는 건 아닌가? 하지만 나는 이야기가 자주 옆길로 새는 편이다. 나는 내 블로그에 올린 문제에 대해 "정답"을 제공하지 않는다는 이유로 많은 비난을 받아왔다. 꼭 그런 비난 때문은 아니지만 아무튼 우리의 이탤릭 정규 표현 패턴식을 개선하는 방법을 몇 가지 살펴보자.

우선 애스터리스크 내부에 최소한 하나의 공백을 갖게 하자. 그리고 전체적으로 하나 이상의 문자가 오게 해서 ** 케이스와 매치되지 않게 한다. 이를 위해 여기서는 양의 전방참조와 후방참조^{positive lookahead and lookbehind}[6] 방법을 사용할 것이다.

(?=\S)(.+?)(?<=\S)

이렇게 하는 것은 도움이 되는데, 다른 문제를 더 찾아보기 위해 이것을 데이터베이스에 있는 데이터와 함께 테스트해 보자. p*q*r처럼 애스터리스크 앞이나 뒤에 예상하지 않은 문자가 있으면 문제에 봉착하게 된다. 그렇다면 애스터리스크 바깥에 어떤 특정한 문자만 올 수 있게 정하자.

```
(?<=[\s^,(])\*(?=\S)(.+?)(?<=\S)\*(?=[\s$,.?!])
```

이를 데이터베이스 안의 데이터를 대상으로 실행해보면 아주 좋은 결과를 얻게 된다! 하지만 많은 수의 댓글이 애스터리스크를 지나치게 특이한 방식으로 사용하는 코드를 담고 있지는 않기 때문에 경계선에 놓인 소수의 특정한 상황이 문제를 일으키리라는 점에는 의심의 여지가 없다.

이 정규 표현식은 완벽하지 않아도 된다. (그리고 사람들이 입력할 수 있는 온갖 종류의 텍스트를 고려해본다면 아마 완벽할 수도 없을 것이다.) 하지만 이 정규 표현식을 거대한 분량의 데이터를 상대로 테스트하는 것은 적어도 내가 뭔가를 완전히 망치고 있지는 않을 거라는 사실을 합리적인 수준에서 확신하게 해 주었다.

지금까지 본 바와 같이 당신도 자신의 코드를 무식한 방식으로 테스트해보라! 그렇게 하는 것은 아주 좋은 것이다! 게으름을 부리면서 테스팅 권능의 어두운 세력이 대세를 장악하도록 내버려두지 않도록 조심하라. 만약 한두 개의 테스트 케이스 정도면 충분하다는 생각이 든다면 그것은 너무나 경솔한 (아마 버그와 부정확한 내용이 가득한) 코드를 바깥에 내보내는 셈이다.

1. http://www.codinghorror.com/blog/archives/001116.html
2. http://www.codinghorror.com/blog/archives/001016.html
3. http://www.regexbuddy.com/cgi-bin/affref.pl?aff=jatwood
4. http://code.google.com/events/io/sessions/MythGeniusProgrammer.html
5. http://en.wikipedia.org/wiki/Fuzz_testing
6. http://www.regular-expressions.info/lookaround.html

나는 단위 테스트를 작성하지 않는 바보들에게 동정을 보낸다

J. 티모시 킹Timothy King은 단위 테스트를 먼저 작성하는 데 따르는 12가지 이익[1]이라는 좋은 글을 썼다. 하지만 불행하게도 그는 글의 마지막을 다음과 같이 엉뚱하게 작성함으로써 글 전체의 효과를 반감시켰다.

> 하지만 만약 당신이 [코드를 먼저 작성하는 방식을 절대로 포기하지 않을 사람의] 한 명이라면, 좋은 소프트웨어를 만드는 것보다 자기 주장을 지키는 것이 더 중요하다고 생각하는 구두쇠 같은 사람이라면, 글쎄, 나는 당신을 진심으로 동정한다.

자신의 의견에 동의하지 않는 사람에게 동정을 던지는 것은 자기 메시지를 효과적으로 퍼뜨리는 방법이 될 수 없다.

티모시는 80년대 초반부터 그러한 동정을 열심히 피력해왔지만 아직까지 세상이 그가 동정하는 우둔함으로 가득 차 있다는 사실을 생각해보라.

그의 메시지는 정말 중요한 것이기 때문에 그것은 안타까운 일이다. 단위 테스트를 대체로 받아들이는 현상은 지난 5~7년 동안 소프트웨어 개발 세계에 있었던 가장 근본적인 진보의 하나다.

소프트웨어의 문제를 어떻게 해결하는가? 그것을 해결하는 방식을 학교에서는 어떻게 가르치는가? 우선적으로 해야 하는 일은 무엇인가? 당신은 그런 문제를 해결하는 방법에 대해 생각할 것이다. 그리고 "해결책을 만들어내려면 어떤 코드를 작성해야 할까?"라는 질문을 던진다. 그러나 이것은 순서가 뒤바뀐 것이다. 처음으로 해야 할 질문은 "어떤 코드를 작성해야 할까?"가 아니다. 그것은 "내가 문제를 해결했다는 사실을 어떻게 알 수 있을까?"가 돼야 한다.

우리는 우리가 작성한 해결책이 제대로 작동하는지 여부를 그냥 알 수 있을 거라는 식으로 가정하도록 배워왔다. 마치 예의에 어긋나는 행동을 보면 그냥 알 수 있는 것처럼, 우리는 코드가 제대로 작동하는지 여부도 그냥 보면 알 수 있다는 식으로 생각한다. 그래서 우리는 코드를 작성하기 전에 그 코드가 무슨 일을 해야 하는지에 대해 생각할 필요가 없다고 믿는다. 이러한 믿음은 우리의 내면에 너무나 깊숙이 박혀 있어서 그것을 바꾸는 것은 우리 모두에게 너무나 힘든 일이다.

킹은 테스트를 우선시하는 태도가 더 좋은 코드를 작성하도록 도움을 주는 12가지 구체적인 방법[2]에 대해 설명한다.

1. 단위 테스트는 당신의 코드가 실제로 동작한다는 것을 증명한다.
2. 낮은 수준에서 동작하는 회귀regression 테스트 한 벌을 가질 수 있다.
3. 설계를 망가뜨리지 않으면서 개선할 수 있다.
4. 단위 테스트와 함께 코드를 작성하는 것은 그렇지 않는 것보다 더 재미있다.
5. 구체적인 전진 과정을 보여준다.

6. 단위 테스트는 샘플 코드의 형태를 취한다.

7. 코딩을 시작하기 전에 일정한 계획을 세우게 해준다.

8. 버그에 따르는 비용을 줄여준다.

9. 코드 조사[code inspection]에 비해 훨씬 더 효과적이다.

10. 실질적으로 코더의 블록[coder's block]을 제거해준다. (옮긴이 _ 코더의 블록이란 프로그 래머가 심리적으로 갑자기 아무 생각도 떠올릴 수 없는 상태를 의미한다.)

11. 단위 테스트는 더 나은 설계를 가능하게 해준다.

12. 테스트 없는 코드를 작성하는 것보다 더 빠르다.

설령 당신이 이 중에서 4분의 1 정도의 내용에 대해서만 동의한다고 해도(내 경험에 의하면 절반 이상이 사실이지만) 그것만으로도 소프트웨어 개발자들에게는 앞으로 향하는 커다란 발걸음에 해당한다. 단위 테스트의 중요성[3]과 관련해서 나는 어떤 반론도 펼치고 싶은 생각이 없다. 단위 테스트는 너무나 중요하기 때문에 나는 단위 테스트가 언어의 구조물 중에서 일등 시민으로 취급돼야 한다고 생각하게 됐다.

하지만 테스트 주도 방식을 신봉하는 사람들에게 단위 테스트가 약간 지나친 종교적 색채를 띠게 된 것도 사실이다. 개발자들에게 그들이 지금까지 소프트웨어를 작성하는 데 사용해 온 방식을 하루아침에 바꾸라고 말하는 것은 그 자체로 엄청나게 많은 것을 요구하는 것이다. 특히 지금껏 단위 테스트 코드를 한 번도 작성한 적이 없는 개발자에게는 더욱 그렇다. 어떤 소프트웨어 개발 팀이 그들이 수행하는 모든 프로젝트에서 단위 테스트 코드를 작성하는 것을 표준 방법론으로 사용하기 전까지는 그들이 테스트 코드를 우선적으로 작성하는 방법을 받아들일 준비가 된 것은 아니다.

지나친 종교적 열정[3]은 그들이 단위 테스트라는 개념 전체에 대해 부정적인 태도를 갖게 만들지도 모른다.

어떤 종류의 테스트도 테스트가 하나도 없는 것에 비하면 더 낫기 때문에 그런 부정적 태도를 양산하는 것은 부끄러운 일이다. 그리고 단위 테스트라는 것이 사실은 우리가 지금까지 필요할 때마다 수행해온 테스트를 약간 더 공식적으로 틀 안에 집어넣은 것이 아닌가? 이런 관점을 파울러[5]가 잘 정리했다.

> 디버깅을 위한 출력 명령문에 뭔가를 집어넣고 싶은 생각이 든다면 대신 테스트를 작성하라.

개발자들이 단위 테스트의 가치를 직시할 수 있기를 희망한다. 그들이 자신의 코드와 더불어 일정한 구조를 갖춘 테스트 코드를 함께 작성하는 습관을 들이기를 촉구한다. 그러한 작은 태도의 변화가 궁극적으로는 테스트 주도 개발이라는 새로운 방법론으로의 전환을 가져올 수 있다. 하지만 달리기 위해서는 우선 기는 법부터 배워야 할 것이다.

1. http://www.jtse.com/blog/2006/07/11/twelve-benefits-of-writing-unit-tests-first
2. http://www.jtse.com/blog/2006/07/11/twelve-benefits-of-writing-unit-tests-first
3. http://www.codinghorror.com/blog/archives/000265.html
4. http://codebetter.com/blogs/jeffrey.palermo/archive/2006/03/28/141920.aspx
5. http://emw.inf.tu-dresden.de/de/pdai/Forschung/refactoring/refactoring_html/node7.html

단위 테스트
대
베타 테스트

딜리셔스 라이브러리의 제작자[1]인 월 쉬플리^{Wil Shipley}는 왜 단위 테스트를 그렇게 싫어하는가?[2]

나는 "단위 테스트"나 그밖에 그들이 책에서 읽은 다른 쓰레기 같은 일들을 열심히 수행하는 회사를 잘 알고 있다. 원한다면 당신은 이 부분에 대해 논박할 수도 있을 것이다. 나는 내 주장을 뒷받침할 구체적인 데이터를 가지고 있지 않기 때문이다. 내가 가지고 있는 것은 그저 21년 동안 전문적인 프로그래머로서 형성해 온 직감뿐이다.

[..] 테스트는 해야 한다. 테스트, 테스트, 테스트. 하지만 나는 단 한 번도 (a) 설정하는 데 걸리는 시간이 100 시간/사람 이상 걸리지 않거나 (b) 수많은 공학적 자원을 빨아들이지 않거나 (c) 실제로 상관이 있는 버그를 발견하는 구조적인 테스트 프로그램을 본 적이 없다. 단위 테스트라는 것은 수많은 엔지니어에게 지루함을 견디고 아무것도 찾아내지 않는 것의 대가로 급여를 지급하는 수단에 불과하다. [나의 첫 번째 업무 중 하나는 지금은 썬마이크로시스템즈의 사장인 된 사람을 위해 라이트하우스 디자인을 위한 단위 테스트를 작성하는 것이었다.] 이런 것에 비하면 베타 테스터를 고용하는 편이 훨씬, 그러니까 훨씬 더 나은 결과를 낳는다. (혹은 일반 대중에게 버그를 찾으면 상금을 준다고 말하는 식으로 테스트하는 것은 베타 테스팅보다 더 좋다.)

과감하게 말하겠다. 당신의 망할 프로그램을 반드시 테스트해야 한다. 실행하라. 사용하라. 이상한 일들을 해보라. 키보드를 망가뜨려라. 지나치게 많은 항목을 더해보라. 2MB짜리 텍스트 파일을 넣어보라. 그것이 어떻게 오동작하는지 발견하라. 이렇게 하는 것이 매우 중요하기 때문에 나는 지금 고함을 지르고 있다.

> 대부분의 프로그래머들은 자신의 코드를 어떻게 테스트해야 하는지
> 모른다. 그래서 그들은 테스트 코드를 작성해야 할 때 마치 평상시에
> 작성하는 코드를 대하듯이 한다. "아하, 만약 나 대신 테스트를 수행
> 하는 코드를 작성하면 시간과 노력을 많이 절약할 수 있겠구나." 이런
> 식으로 생각하는 것이다.

탁월한 평가[3]를 받은 애플리케이션을 작성한 베테랑 프로그래머의 의견을
무시하기란 쉬운 일이 아니다. 그의 주장이 테스트 주도 개발[3] 철학을 가진
사람들의 입장에서 보면 이교도의 주장처럼 들리겠지만 내가 보기에는 몇
가지 중요한 논점을 포함하고 있다.

- 어떤 버그는 실제로 아무 상관이 없다. 극단적인 단위 테스트는... 극단적으로 드물게
  나타나는 버그를 잡아낼지도 모른다. 버그가 존재하지만 어떤 사용자도 그 버그와 만
  날 일이 없다면 그게 무슨 상관이란 말인가? 버그가 존재하는데, 만 명의 사용자 중에
  서 한 명만 그 버그로 인한 영향을 받는다면 그 버그를 신경 써야 할까? 심지어 조엘
  스폴스키조차 이러한 논점에 동의하는 것처럼 보인다[5]. 분명하지 않은 이유로 실패한
  단위 테스트보다는 실제 사용에 근거한 데이터를 이용해 버그를 수정하는 것이 더 낫
  지 않을까?

- 진짜 테스터는 당신의 코드를 혐오한다. 단위 테스트는 단순히 어떤 것이 제대로 동
  작한다는 사실을 확인해 준다. 이러한 확인을 위해서라면 코드를 실제로 사용하는
  편이 훨씬 더 쉽다. 진짜 테스터는 당신의 코드를 혐오하기 때문에 그것을 깨뜨리기
  위해서라면 어떤 일이라도 할 것이다. 쓰레기를 집어넣거나, 터무니없이 커다란 입
  력을 넣어보거나, 유니코드 값을 입력하거나, 모든 버튼을 더블클릭하는 등의 일을
  수행한다.

- 사용자는 미쳤다. 자동화된 테스트 스위트는 실제 베타 테스터들이 현실 세계에서 수
  행하는 베타 테스팅에 미치지 못한다. 사용자는 예측 불가능하기 때문이다. 사용자들
  은 자기가 선호하는 코드의 경로를 갖기 마련이다. 사용자들은 자신의 PC에 이상한
  소프트웨어를 설치해 놓고 있다. 사용자는 미쳤다. 여기에 논쟁의 여지는 없다. 이러
  한 사용자들에 비해 컴퓨터는 지나칠 정도로 이성적이다.

나는 기본적인 단위 테스트가 공식적인 베타 테스팅을 보완할 수 있다고 생
각하지만 전체적으로는 윌의 의견에 동의한다. 진짜 테스트와 베타 테스트
는 소프트웨어를 베타 테스터들에게 출시한 시점부터 이뤄질 수 있다. 단위
테스트 코드가 베타 테스팅 스케줄을 방해한다면 매우 심각한 실수를 저지
르고 있는 것이다.

1. http://www.codinghorror.com/blog/archives/000336.html
2. http://wilshipley.com/blog/2005/09/unit-testing-is-teh-suck-urr.html
3. http://www.macworld.com/2005/03/reviews/deliciouslibrary/
4. http://www.testdriven.com/
5. http://www.joelonsoftware.com/articles/SetYourPriorities.html

싸구려
사용성 테스트

멋진 기습 퀴즈다. 당신의 애플리케이션이 제대로 동작하는지 어떻게 아는가? 물론 애플리케이션이 컴파일은 될 것이다. 어쩌면 모든 단위 테스트도 통과할지 모른다. 어쩌면 투덜거리기 좋아하는 QA 테스트들의 손도 통과할지 모른다. 어쩌면 현장 서버에 성공적으로 배포되거나 설치 소프트웨어에 등록될지도 모른다. 심지어 어쩌면 베타 테스터들이 최종적인 서명을 했을지도 모른다.

하지만 그렇다고 해서 그것이 제대로 동작한다는 사실을 의미하는 것은 아니다.

사용자들이 실제로 애플리케이션을 이해할 수 있는가? 그 애플리케이션을 사용해서 필요한 업무를 수행할 수 있는가? 제대로 동작하는 애플리케이션을 가르는 기준은 바로 이런 질문이 돼야 한다. 앞에 나열한 다른 내용은 모두 잡음에 불과하다. 실제 사용자들과 함께 사용성 테스트를 수행하기 전까지는 애플리케이션이 제대로 동작할지 여부를 알 수 없다.

당신은 물론 사용성 테스트를 주기적으로 수행하고 있을 것이다. 그렇지 않은가?

나는 이렇게 생각한다. 스티브 크룩Steve Krug의 책 『상식이 통하는 웹사이트가 성공한다Don't Make Me Think』[1]의 중심 개념은 바로 모든 소프트웨어 프로젝트에서 사용성 테스트가 기본으로 전제돼야 한다는 사실이다. 크룩은 자신이 단순화한 사용성 테스트를 점포정리 세일 사용성 테스트라고 부른다.

사용성 테스트는 오랫동안 사용돼 왔고, 그에 관한 기본적인 아이디어는 간단하다. 당신이 만든 소프트웨어 혹은 웹사이트 혹은 비디오 리모컨이 사용하기에 충분히 쉬운지 알고 싶다면 다른 사람이 실제로 그것을 사용하는 것을 지켜보면서 그들이 어떤 문제에 봉착할 때마다 그것을 잘 적어놓아야 한다. 그다음에는 문제를 수정하고, 다시 테스트한다.

처음에는 이러한 사용성 테스트가 상당히 값비싼 제안으로 취급되기도 했다. 한쪽에서만 볼 수 있는 거울이 설치된 관찰용 방을 갖춘 사용성 연구소가 있어야 했고, 사용자의 반응과 그들이 하는 일을 기록할 수 있는 비디오 카메라를 최소한 두 대 정도 갖춰 놓아야만 했다. 이러한 실험을 통해 얻은 결과가 실제로 통계적인 의미가 있도록 많은 사람들을 고용해야만 했다. 이것은 과학이었다. 한 번 하는 데 2만 달러에서 5만 달러의 비용이 들었다. 그래서 이러한 실험은 자주 일어날 수 없었다.

하지만 1989년에 제이콥 닐슨[Jakob Nielsen]이 "할인된 비용의 사용성 공학[Usability Engineering at a Discount]"[2]이라는 논문을 발표해서 반드시 그럴 필요가 없다는 사실을 밝혔다. 할인된 사용성 테스팅이라는 아이디어는 매우 획기적인 전진이었다. 유일한 문제는 그로부터 10여년이 지난 이후에도 대부분의 사람들이 테스팅은 뭔가 대단한 일이라고 여기고 있으며, 테스트를 진행하기 위해 사람을 고용하는 데 따르는 비용이 5천 달러에서 1만 5천 달러 정도 들어가고, 따라서 이러한 테스트가 필요한 만큼 자주 일어나지 않고 있다는 점이다.

내가 이 장에서 말할 내용은 심지어 더 극적인 내용이다. 점포정리 세일 사용성 테스팅이 그것이다. 나는 당신이 아무런 돈과 시간이 없을 때조차 이러한 테스트를 수행하는 방법에 대해 설명할 것이다. 이러한 테스트를 수행할 전문가를 고용할 수 있는 여력이 있다면 당연히 그렇게 해야 한다. 하지만 만약 그런 여력이 없다면 그것은 더 적은 분량의 테스트를 수행하게 된다는 것을 의미한다.

크룩은 사용성 테스트는 자기 자신이 그렇게 만드는 만큼만 어려운 일이라고 지적했다. 심지어 단 한 사람의 사용자에게서도 유용한 결과를 얻을 수 있는 사용성 테스트도 존재한다.

[사용성] 테스트는 언제나 의미를 지닌다. 심지어 잘못 선택된 사용자가 수행한 최악의 테스트조차 당신이 사이트를 어떻게 개선해야 하는가에 대한 안목을 넓혀준다. 나는 언제나 내 워크스테이션에서 라이브로 진행되는 사용자 테스트를 갖는다는 사실을 통해 그러한 테스트를 수행하는 것이 사실 매우 쉬운 일이고 언제나 풍부하고 값진 통찰을 제공해 준다는 점을 밝히고자 한다. 나는 자원자에게 다른 참석자 중 한 명의 사이트에 들어가서 어떤 업무를 수행하라고 부탁한다. 이러한 테스트는 10분 이내로 진행되지만 자신의 사이트가 테스트되는 사람은 이 짧은 시간 동안에 몇 페이지에 달하는 노트를 작성한다. 그리고 그들은 언제나 나중에 자신의 팀에게 보여줄 수 있게 테스트 과정을 녹화할 수 있느냐고 묻는다. 한번은 어떤 사람이 이렇게 녹화된 내용을 자기 팀에게 보여주고 그로 인해 사이트에서 한 가지를 변경할 수 있었는데, 나중에 계산한 바에 의하면 그 변경으로 인해 10만 달러 정도의 비용을 절약할 수 있었다고 했다.

효과적인 사용성 테스트를 위해 아주 많은 수의 사용자가 필요하지는 않다는 사실을 증명하기 위해 제이콥 닐슨은 다음과 같은 그래프[3]를 보여준다.

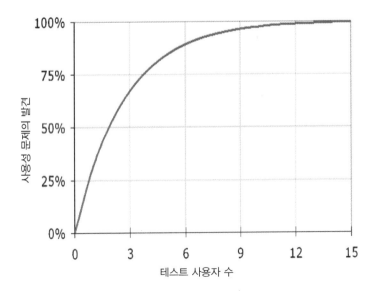

보는 바와 같이 아무런 사용자 테스트를 수행하지 않는 것은 재난과 다름없다. 하지만 한눈에 보이지 않는 사실은 바로 소수의 사람으로 구성된 사용성 테스트조차 놀랄 정도의 효과를 낸다는 점이다. 그리고 이러한 싸구려 사용성 테스트를 위한 크룩의 폭넓은 가이드라인을 준수한다면 그러한 테스트를 수행하는 일은 상대적으로 적은 고통을 수반한다.

- 언제 테스트를 해야 하는가? 이상적으로는 한 달에 한 번 정도가 좋다. 개발 과정 전체를 통해 소규모 사용성 테스트를 지속적으로 수행해야 한다. 테스트는 짧고 간단해서 미리 계획을 세우지 않고도 거의 아무 때나 테스트를 구성할 수 있을 정도라야 한다.

- 얼마나 많은 사용자가 필요한가?. 최대 3명이나 4명.

- 어떤 종류의 사용자인가? 아무나 데리고 와라. 컴퓨터를 사용할 수 있는 사람이라면 아무나 상관없다. 사용성 테스트에 담긴 최고의 비밀은 누가 테스트를 수행하는가는 결과와 아무런 상관이 없다는 사실이다. 사용자를 대표할 수 있는 사람을 참여시킬 수 있다면 좋겠지만 그것보다 더 중요한 것은 일찍 그리고 자주 테스트를 수행하는 것이다. 주변에 있는 친구나 이웃에게 부탁하는 것을 어려워하지 말라.

- 얼마나 오래 걸리는가? 사용자 한 사람 당 45분에서 1시간 정도가 적당하다. 간결함을 유지하라. 범위를 작게 유지하라. 사용성 테스트를 수행하는 것이, 심지어 아주 간단한 것조차 추가적인 시간을 요구하긴 하지만 궁극적으로 당신은 시간을 절약할 수 있을 것이다. 사용성 테스트의 결과는 당신이 끝없는 논쟁을 펼치거나[3] 프로젝트의 막바지에 어떤 일을 반복하면서 시간을 낭비하는 것을 막아준다.

- 테스트를 어디에서 수행하는가? 아무 사무실이나 회의실에서 하면 된다. 필요한 것은 하나의 책상과, 한 대의 컴퓨터, 그리고 의자 두 개를 갖춘, 방해가 없는 방일 뿐이다.

- 누가 테스트를 해야 하는가? 어느 정도 참을성이 있는 사람이어야 한다. 참을성 있고, 차분하며, 열정적이고, 남의 말을 잘 경청하는 사람을 선택하라. 약간 연습을 하면 누구나 이런 테스트를 잘 수행할 수 있다.

- 어떤 장비가 필요한가? 캠타시아Camtasia[5]처럼 화면을 녹화하는 소프트웨어[6]만 있으면 된다. 아주 멋진 것을 사용하고 싶으면 사람과 화면을 동시에 녹화할 수 있는 캠코더를 이용할 수도 있다.

- 테스트를 어떻게 준비하는가? 어떤 것을 보여줄지 결정하라. 참여자가 테스트 과정 동안 참조할 수 있는 짧은 스크립트[7]를 준비하라.

- 어느 정도의 비용이 소요될까? 테스트를 주재하는 사람의 시간을 빼고 사용자 한 사람 당 50달러에서 100달러면 충분하다.

- 테스트 결과를 어떻게 해석해야 하는가? 같은 날 점심시간에 개발 팀과 다른 관심 있는 사람들에게 결과를 설명하라. 사용성 테스트의 장점 중 하나는 그런 결과들이 테스트 과정을 지켜본 사람에게는 명백하게 이해된다는 점이다. 심각한 문제가 있다면 놓칠 수가 없다.

『상식이 통하는 웹사이트가 성공한다 Don't Make Me Think』[8]를 아직 한 권쯤 가지고 있지 않다면 부끄러운 일이다. 이 책을 장만하기 전에 우선 스티브 크룩의 『상식이 통하는 웹사이트가 성공한다』의 9장[9]을 내려받아 읽어보길 권장한다. 거기에 보면 내가 위에 요약해 놓은 내용보다 훨씬 자세한 내용이 들어 있다.

사용성 테스트는 복잡할 필요가 없다. 당신이 만드는 소프트웨어가 제대로 동작하는지 알고 싶다면 누군가에게 당신이 지켜보는 동안에 그것을 사용해보라고 부탁하라. 부탁할 사람이 없으면 회계부서의 김대리, 마케팅부서의 이담당 등 프로젝트와 직접 관련이 있지 않은 사람이라면 누구에게든 부탁해서 소프트웨어를 사용하게 만들어라. 그들에게 무엇을 해야 할지 말하지마라. 그들에게 수행해야 하는 과업을 제시하고 그들이 과업을 수행하는 동안 생각하는 바를 큰소리로 말해야 한다고 주지시켜라. 그다음에 조용히 뒤로 물러나 앉아서 무슨 일이 벌어지는지 관찰하라. 내 경험에 의하면 이러한 테스트는 종종 눈이 번쩍 뜨이는 결과를 야기한다.

사용성 테스트의 장점은 명백하다. 그러한 장점을 실제로 깨닫기 위해서는 당신도 그것을 수행해야 한다.

1. http://www.amazon.com/exec/obidos/ASIN/0321344758/codihorr-20
2. http://www.useit.com/papers/guerrilla_hci.html
3. http://www.useit.com/alertbox/20000319.html
4. http://www.codinghorror.com/images/dont_make_me_think_pg_131_smaller.png
5. http://www.techsmith.com/products/studio/default.asp
6. http://www.codinghorror.com/blog/archives/000721.html
7. http://www.sensible.com/Downloads/script.doc
8. http://www.amazon.com/exec/obidos/ASIN/0321344758/codihorr-20
9. http://sensible.com/Downloads/DMMTchapter09_for_personal_use_only.pdf

크래쉬보다 더 나쁜 것은 무엇인가?

다음은 마이크 스톨Mike Stall이 제기한 흥미로운 질문이다. 크래쉬보다 더 나쁜 것은 무엇인가?[1] 마이크는 크래쉬 시나리오와 관련해서 다음과 같은 목록을 제공한다. 최선에서 최악의 순서로 나열했다.

1. 애플리케이션이 예상대로 동작하며 크래쉬는 전혀 발생하지 않는다.
2. 애플리케이션이 매우 드물게 발생하는 버그 때문에 크래쉬하는 경우가 있지만, 아무도 눈치 채지 못하거나 신경 쓰지 않는다.
3. 애플리케이션이 종종 발생하는 버그 때문에 크래쉬한다.
4. 애플리케이션이 종종 발생하는 버그 때문에 데드락 상태가 되거나 응답을 멈춘다.
5. 원래 버그가 발생하고 한참 지난 다음에 애플리케이션이 크래쉬한다.
6. 애플리케이션이 데이터 손실과 망가짐 등을 야기한다.

마이크는 다음 두 가지 사이에 자연스러운 긴장이 존재한다고 지적했다.

- 프로그램이 어떤 문제에 봉착했을 때 곧바로 동작을 멈추는 것, 즉 "빠른 실패fail fast"
- 잘못된 상태로부터 복구를 시도하고 계속 정상적으로 동작하는 것

"빠른 실패"의 뒤에 놓여 있는 철학에 대해서는 짐 쇼어Jim Shore의 글[2]이 가장 훌륭하게 설명하고 있다.

어떤 사람들은 문제를 자동적으로 우회함으로써 소프트웨어를 더 안정적으로 만들 수 있다고 생각한다. 이러한 방법은 소프트웨어가 "서서히 실패"하게 만든다. 에러가 발생한 직후에 프로그램은 계속 동작하지만 나중에 더 이상한 결과를 낳으며 실패한다. 빠르게 실패하는 시스템은 이와 정확히 반대다. 이런 시스템은 문제가 발생했을 때 바로 그 자리에서 실패를 가시화한다. 빠른 실패는 직관에 반하는 기술이다. "실패를 즉각적으로 가시화하기"는 어쩐지 소프트웨어를 더 깨지기 쉬운 존재로 만드는 것처럼 들린다. 하지만 그것은 소프트웨어를 더 안정적으로 만든다. 버그를 더 쉽게 발견하고 더 쉽게 수정할 수 있기 때문에 현장으로 출시되는 버전은 적은 수의 버그를 포함하게 된다.

당신이 개발자라면 빠른 실패는 당신에게 합리적인 조언일 것이다. 당신이 원하지 않는 데이터 조각을 얻게 됐을 때 모든 것을 완전히 중단하는 것[3]보다 더 쉬운 일이 어디에 있겠는가? 컴퓨터는 특히 이런 부분에 대해 용서를 모르는 존재이므로 개발자들이 컴퓨터의 그러한 가학적인 태도를 사용자에게 노출시키는 것은 나쁘지 않다.

하지만 사용자의 관점에서 보면 빠른 실패가 별로 도움이 되지 않는다. 그들이 보기에 그것은 해야 할 일을 못하게 방해하는 또 하나의 의미가 불분명한 에러 팝업창[3]에 불과하다. 최고의 소프트웨어는 결코 의미 없고 사소한 에러 때문에 사용자에게 고통을 주지 않는다. 이것은 더 사려 깊은 방식이다[5]. 그렇지만 불행하게도 이런 에러를 보이지 않게 수정해서 사용자의 편의를 돌봐주려고 하는 것은 나중에 더 미묘하고 재난에 가까운 실패를 초래한다. 마이크의 목록에 있는 내용을 따라 길을 걷다 보면 고통은 폭발적으로 늘어난다. 사용자와 개발자 모두에게 말이다. 5번 문제를 해결하려고 하는 것은 끔찍한 죽음의 행진과 같다. 그렇지만 6번 문제에 도달했을 때 당신은 이미 데이터를 분실했거나 사용자의 데이터를 오염시켰다. 이 시점에서 아직 버그의 수정을 기다리는 사용자가 곁에 남아 있다면 매우 다행스러운 일일 것이다.

소프트웨어 크래쉬나 하드웨어의 블루스크린 문제를 많이 발생시켰음에도 지금까지 내가 단 한 번도 사용자 데이터를 분실하거나 오염시킨 적이 없다는 사실은 흥미롭다. 머피의 법칙에 의하면 적어도 1년에 한 번쯤은 최악의 상황이 초래될 수도 있을 텐데, 내 경험에 의하면 그런 일이 일어날 확률은 지극히 드물다. 어쩌면 그것은 현대 소프트웨어 공학이 도달한 수준 때문일 수도 있다. 혹은 내가 그저 매우 운이 좋았거나.

그렇다면 소프트웨어 개발자로서 우리는 이에 대해 어떤 일을 할 수 있을까? 우리가 "실패할 수 있을 때마다 짜증이 날 정도로 자주 실패하는" 전략을 취한다면 사용자를 실망시킬 것이다. 하지만 에러 메시지를 감추기 위해 사용자의 데이터를 오염시키거나 분실하면 우리는 사용자의 데이터를 신성불가침한 존재로 취급해야 한다는 임무에서 실패하는 셈이다. 이 경우에도 사용자를 실망시키는 것은 마찬가지다. 그래서 우리는 이러한 두 가지 전략을 동시에 취할 필요가 있다.

1. 문제를 안전하게 해결할 수 있다면 그렇게 해야 한다. 자기 프로그램에 대한 책임을 져라. 문제를 해결하는 일을 사용자에게 전가함으로써 상황에서 손쉽게 빠져나오려고 해서는 안 된다.

2. 문제를 안전하게 해결할 수 없다면 사용자의 데이터를 보호하는 것을 우선적으로 고려하라. 사용자의 데이터를 보호하는 것은 신성한 신뢰관계에 대한 문제다. 사용자와 프로그램 사이에 존재하는 그러한 신뢰관계가 무너지면 당신은 자신의 신뢰에만 타격을 입히는 것이 아니라 소프트웨어 산업 전체의 신뢰에 타격을 가하는 셈이다. 데이터가 분실되거나 오염되는 일을 한 번 겪고나면 사용자들은 결코 쉽게 용서를 하지 않는다.

결국 여기서 언급되는 가이드라인의 핵심은 언제나 사용자의 데이터를 보호하라는 것이다. 그것이 옳은 일이다.

●

1.   http://blogs.msdn.com/jmstall/archive/2007/07/26/there-are-things-worse-than-crashing.aspx
2.   http://www.martinfowler.com/ieeeSoftware/failFast.pdf
3.   http://www.codinghorror.com/blog/archives/000676.html
4.   http://www.codinghorror.com/blog/archives/000114.html
5.   http://www.codinghorror.com/blog/archives/000550.html

커뮤니티를
만들고, 관리하고,
커뮤니티로부터 이익 얻기

○ 커뮤니티의 의견을 들어라, 하지만 그들이 당신이 어떻게 할지 말하게 하지 마라
○ 반복한다: 사용자의 말을 듣지 마라
○ 게임화
○ 정지, 금지 혹은 완전금지?

커뮤니티의 의견을 들어라, 하지만 그들이 당신이 어떻게 할지 말하게 하지 마라

인터뷰를 수행하는 사람들이 인터뷰 상대에게 자신이 생각하는 가장 큰 약점이 무엇인지 혹은 자기가 저지른 최대의 실수가 무엇인지에 대해 묻기를 얼마나 좋아하는지 알고 있을 것이다. 이러한 질문은 어떤 공식처럼 들리기도 하고, 진부한 표현처럼 들리기도 하지만 이러한 질문에 대답할 때는 매우 신중해야 한다. 그 대답은 보기보다 더 중요한 의미를 담고 있기 때문이다[1].

사람들이 내게 스택 오버플로우를 만들면서 경험한 가장 큰 실수가 무엇인지 물어올 때 나는 내가 진부한 답변을 늘어놓으며 바보처럼 굴지 않을 수 있어서 좋다. 나는 스택 오버플로우를 개발하던 바로 첫 날에 저질렀던 거대하고, 시끄럽고, 완전히 바보멍텅구리 같은 실수에 대해 이야기할 수 있기 때문이다. 그리고 커뮤니티의 주장에 반해 9개월 동안 고수했던 어떤 실수에 대해서도 이야기할 수 있다. 심지어 나는 이와 관련해서 스스로의 가치를 떨어뜨리기[2]라는 블로그 글을 올리기까지 했다.

상당히 오랜 기간 동안 나는 다음 주장에 대해 지독한 파이트클럽의 일원 같은 분위기를 유지했다. 스택 오버플로우의 첫 번째 규칙은 스택 오버플로우에 대해 논의하지 않는 것이다! 우리가 스택 오버플로우를 이용하는 목적은 다른 동료 프로그래머로부터 프로그래밍에 대한 답변을 구하는 것이지 어떤 바보 같은 웹사이트에 대해 떠드는 것이 아니다. 그렇지 않은가?

그때 나는 메타의 필요성을 보지 못했다.

메타란 물론 그 장소 자체에 대한 논의를 진행하는 장소를 뜻한다. 이것이 무엇을 의미하는지 잠시 생각해보자. 메타라는 것은 자신의 커뮤니티에 대해 깊은 관심이 있기 때문에 남들보다 한걸음 더 앞으로 나아가서 커뮤니티를 어떻게 유지하고 다스려야 하는지에 시간과 노력을 기울이기로 마음먹은 사람들을 위한 것이다. 간단히 말해서 나는 스택 오버플로우를 사랑하는 사람들에게 기본적으로... 닥치고 저리 꺼지라고 말했던 것이다.

이미 말한 것처럼 이것은 나의 실수다.

변론을 하자면 나는 커뮤니티의 지속적인 자극 때문에 마침내 스스로의 잘못을 깨달았다. 베타 버전이 출시된 이후에 한동안은 외부의 메타 사이트를 이용했지만 2009년 6월에 마침내 우리는 우리 자신의 메타인 meta. stackoverflow[3]를 개설했다. 그리고 스택 익스체인지와 더불어 우리는 이러한 문제를 완전히 해결했다. 스택 익스체인지 사이트[4]는 모두 첫 날부터 메타를 포함한 상태로 시작한 것이다. 이제 우리는 메타에 대한 참여가 한 커뮤니티 안에 존재하는 의미 있는 리더십과 관리의 원천이라는 점을 잘 알고 있다. 그래서 그러한 참여가 잘 권장되도록 모니터하고 있다.

나는 스스로 우리 자신의 메타에서 가장 왕성하게 활동하는 사용자의 한 명이 됨으로써 지난날 나의 잘못에 대한 속죄를 하고 있다. 나는 우리 메타에서 버그, 기능 요청, 토론, 그리고 지원으로 이뤄진 늪에서 헤엄을 치며 2년 하고도 7개월의 시간을 보내왔다. 내 프로필[5]에서 볼 수 있는 것처럼 전체 타임프레임 속에서 내가 메타에 방문한 날은 거의 매일에 가까운 901일이다. 나는 내가 메타에 참여한 기록을 훈장처럼 자랑스럽게 생각하고 있는데, 그것보다 더 중요한 것은 내가 당신과 더불어 이곳을 건설해 나가는 것이 나의 직업이라는 사실이다. 우리는 모든 것을 스택 익스체인지에서 공개적으로 진행한다. 그것은 상아탑 개발Ivory Tower Development[6]과 비교했을 때 정확히 반대되는 태도다.

이러한 경험을 통해 나는 커뮤니티와 함께 소프트웨어를 개발하는 방법과 커뮤니티의 피드백을 처리하는 방법에 대한 몇 가지 교훈을 얻었다.

1. 커뮤니티 피드백의 90퍼센트는 쓰레기다

이 부분에 대한 이야기를 바로 짚고 넘어가자. 여기서 스터전의 법칙Sturgeon's Law[7]은 어떤 남자, 여자, 아이, 혹은 커뮤니티도 거부할 수 없다. 내가 죽도록 사랑하는[8] 메타 커뮤니티여, 우리 솔직히 말해보자. 당신이 나에게 제공하는 새로운 기능에 대한 요청의 대부분은, 그러니까 천만 가지 이유로 해서 우리가 실제로 구현할 수 없는, 그런 것들이다.

하지만 명심하라. 커뮤니티 피드백의 나머지 10퍼센트는 대단히 훌륭한 것들이다! 나는 당신이 그 10퍼센트에 도달하기 위해 100개 정도의 글을 읽을 수 있는 참을성을 가지고 있기만 하다면 모든 사람들을 위해 사이트를 더 나은 곳을 만들 수 있는 황금과도 같은 글을 열 개 정도 발견할 것이라고 장담할 수 있다. 하지만 드물게 나타나는 그런 보석을 캐기 위해서는 엄청나게 많은 시간을, 그러니까 진짜로 엄청나게 많은 시간을 채굴작업에 쓸 각오를 해야 한다. 모든 커뮤니티는 그러한 보물을 많이 만들어내는 멋진 사용자를 가지고 있을 거라고 믿는다. 그런 사용자들은 정말이지 놀라울 만큼 환상적이다.

2. 트럭을 만들라는 달콤한 유혹에 넘어가지 말라

피드백이나 기능 요청은 다음과 같은 두 개의 커다란 범주로 즉각 분리해야 한다.

이 차는 파워윈도우가 필요해!

혹은

이 차는 트럭 짐칸이 필요해!

첫 번째 범주는 물론 차에 추가하도록 요청할 만한 합리적인 수준의 내용이다. 그에 비해 두 번째 범주는 차 자체의 근본적인 성격을 뒤바꾸는 것이다. 소프트웨어가 가지고 있는 말랑말랑한 성격은 우리가 가진 차에 트럭 짐칸을 더하는 것이 별로 이상한 일이 아니라는 생각을 품도록 유혹한다. 그렇게 하지 않을 이유는 무엇인가? 사용자가 계속 요청하고 있고, 뭐 트럭 짐칸을 더하면 어쨌든 쓸모가 있을 것 아닌가?

이런 함정에 빠지지 말아야 한다. 본래의 임무에 충실하라. 많은 사람들에게 있어 승용차와 트럭을 섞으라는 말은 상당히 달콤한 유혹이지만, 그렇게 하는 날에는 결국 스바루 브랏$^{Subaru\ Brat9}$을 손에 쥐게 된다. 정말로 트럭을 만들 용의가 있는 것이 아니라면 트럭을 만들어달라는 사용자들의 요청은 정중하게 가까운 곳에 있는 트럭 판매 회사로 떠넘겨야 한다. 그런 사용자들은 처음부터 가게를 잘못 찾아온 것이기 때문이다.

3. 하지 않을 일에 대해 솔직하게 말하라

버그 관리 시스템이나 피드백 포럼에서 아무도 관심을 기울이지 않고 아무런 상태^{status}도 없는 항목들이 수천 개나 돌아다니고 있는 것을 보는 일은 우울하다. 그것은 커뮤니티의 요청이 제대로 검토되고 있지 않다는 뜻이며, 더 나쁘게는 사이트의 주인이 커뮤니티와 솔직한 관계를 맺고 있지 않음을 뜻하는 것이다. 하지만 이런 관계는 슬플 정도로 많다. 그렇게 하지 말라!

그렇다고 해서 커뮤니티에게 그대들의 요청은 참으로 엉망이오, 라고 대놓고 말하라는 것이 아니다. 물론 그런 경우가 상당히 많긴 하지만 말이다. 그렇게 말하는 것은 비열하다. 그렇지만 사용자들의 요청이 말이 되지 않는다고 생각할 때나 사용자의 요청이 상식적인 수준에서 구현될 가능성이 없다고 생각될 때는 그에 대해 정중하게 거절하는 것을 두려워해서는 안 된다. (물론 거절을 한 다음 나중에 생각을 바꿀 권리는 얼마든지 있다.) 거절을 당하는 것은 아프지만 무시를 당하는 것은 훨씬 더 아프기 때문이다. 당신이 자신의 커뮤니티에 대해 솔직한 모습을 보이면 그들이 결국 당신의 의견을 존중하게 될 것이라는 사실을 나는 확신한다.

모든 관계는 결국 솔직함을 기초로 한다. 당신이 자신의 커뮤니티에 대해 솔직한 모습을 보이고 싶은 마음이 없으면 어떻게 그들이 당신을 계속 존중하기를, 심지어 관계를 계속 유지해 나가기를 기대할 수 있겠는가?

4. 커뮤니티의 의견을 들어라. 하지만 그들이 당신에게 무엇을 할지 말하게 하지 마라

메타 커뮤니티에 올라오는 요청을 소프트웨어나 웹사이트 개발을 위한 전체적인 템플릿으로 활용하고자 하는 생각은 참기 어려운 유혹이다. 메타 커뮤니티의 존재 이유가 바로 당신이 커뮤니티의 의견을 듣고, 그에 대한 행동을 하려는 것이 아닌가? 이와는 반대로 커뮤니티의 피드백에 직접적으로 반응하는 것은 대단히 위험하다. 그리고 커뮤니티의 의견이 너무나 곧이곧대로 반영되는 경우에는 그들의 초기 목적이 왜곡되는 경우가 많다. 깃허브^{GitHub}의 공동창업자인 톰 프리스톤-워너^{Tom Preston-Werner}의 설명[10]을 들어보자.

> "깃허브는 내 프로젝트를 위한 문서 사이트를 FTP로 올릴 수 있게 해
> 줘야 한다."는 기능에 대한 요청을 생각해보자. 이 고객이 진짜로 말
> 하고자 하는 바는 "내 프로젝트와 관련된 콘텐츠를 쉽게 공유[publish]할
> 수 있는 방법을 원한다."이다. 하지만 그들은 이미 사용되고 있는 방
> 법에 익숙하기 때문에 그들이 알고 있는 기술을 언급하면서 요청한
> 다. 우리는 아마 이러한 요청에 귀를 기울이고 몇몇 끔찍한 FTP 솔루
> 션을 개발할 수도 있었을 것이다. 하지만 우리는 이러한 질문의 본질
> 에 대해 더 깊숙이 고찰했고, 결과적으로 자신의 Git 저장소를 자기
> 계정으로 올려서 공유하는 기능을 추가할 수 있었다. 이 방법은 기능
> 적으로나 우아함이라는 기준에서 기존의 요구 수준에 부합한다.

커뮤니티의 피드백은 훌륭하다. 하지만 그것이 자기가 만드는 소프트웨어의
목적과 이유에 대해 깊게 생각해보는 과정을 대체하는 대체물이 되어서는
곤란하다. 저변에 흐르는 필요성을 잘 분석해서 포착하고 그에 맞는 로드맵
을 스스로 개발해야 한다.

5. 커뮤니티가 필요로 하는 곳에 있어라

커뮤니티와 맺는 관계의 절반은 그들이 생각하고 원하는 것을 실제로 하는
것이 아니라 단지 그들의 의견을 경청하고 필요한 응답을 내놓는 것이다. 스
택 익스체인지의 공동창업자가 당신의 메타 포스트에 응답한다면 비록 그
응답이 원하는 답이 아니었다고 해도 그들이 커뮤니티에 얼마나 가치를 두
고 있으며, 실제로 사이트를 커뮤니티와 함께 만들고 있다는 사실을 시사할
것이다.

금전적인 거래가 포함되든 포함되지 않든 당신은 언제나 커뮤니티가 메타에
올리는 버그 수정 요청과 같은 작은 보석을 캐는 일에, 그리고 그런 보석이
계속 올라오게 만드는 일에 적극적이어야 한다. 그것은 상당히 효험이 있는
공적 피드백 루프를 형성한다. 그러한 노력은 당신이 다른 사람들의 의견을
존중하고, 해당 사이트를 지속적으로 향상시키는 일에 진정한 관심이 있다
는 사실을 유쾌한 제스처와 함께 드러내는 효과를 낸다.

그게 바로 우리가 해야 할 일이 아니겠는가?

■

1. http://www.codinghorror.com/blog/2005/05/success-through-failure.html
2. http://www.codinghorror.com/blog/2009/07/meta-is-murder.html
3. http://meta.stackoverflow.com/
4. http://stackexchange.com/sites
5. http://meta.stackoverflow.com/users/1/jeff-atwood
6. http://www.codinghorror.com/blog/2005/02/ivory-tower-development.html
7. http://en.wikipedia.org/wiki/Sturgeon%27s_Law
8. http://balpha.de/2011/06/a-shout-out-to-the-people-of-meta/
9. http://en.wikipedia.org/wiki/Subaru_BRAT
10. http://tom.preston-werner.com/2011/03/29/ten-lessons-from-githubs-first-year.html

반복한다:
사용자의 말을 듣지 마라

폴 버흐하이트[Paul Buchheit]는 사용자의 의견을 경청하는 일[1]에 대해 이렇게 말했다.

나는 지메일의 첫 버전을 하루 만에 작성했다. 그것은 별로 인상적인 것이 아니었다. 내가 한 일은 그저 내가 가진 이메일을 구글 그룹[유즈넷] 인덱스 엔진에 집어넣은 것뿐이었다. 나는 그에 대한 피드백을 얻기 위해 몇몇 사람에게 지메일을 보냈다. 그들은 지메일이 유용하긴 하지만 내 이메일 대신 자신들의 이메일을 검색할 수 있다면 더 유용할 것이라고 말했다. 그것은 두 번째 버전이었다. 그것을 출시한 이후에 사람들은 이메일에 답변을 보내는 기능이 있으면 좋겠다고 이야기했다. 그것은 세 번째 버전이었다. 이러한 과정은 우리가 지메일을 세상에 내놓기 전에 구글 내부에서 2년 정도 계속됐다.

스타트업은 내부에 수백 명의 사용자를 갖추고 있지 못하다. 따라서 소프트웨어를 세상에 빨리 내놓는 것이 중요하다. 10월에 프렌드피드[FriendFeed2]가 (프라이빗 베타 형태로) 반쯤 출시됐을 때 그 제품은 고작 두 달 정도 된 (전적으로 브렛[Bret]과 짐[Jim]이라는 두 사람이 작성한) 소프트웨어였다. 그 이후로 우리는 제품을 상당히 많이 개선했고 이 제품은 우리가 그것을 빨리 출시하지 않았더라면 개선할 수 없었을 모습을 갖추게 됐다. 이유는? 우리는 사용자를 가질 수 있었고, 그들의 의견을 경청했고, 따라서 무엇이 제대로 동작하고 무엇이 제대로 동작하지 않는지 실제로 볼 수 있었기 때문이다.

사용자의 의견을 듣는 것은 조금 까다로운 주제다. 사용자들은 종종 자신이 무엇을 원하는지 알지 못한다. 심지어 알고 있더라도 그 내용은 그들과 당신 사이에서 이뤄지는 의사소통 과정에서 왜곡된다[3]. 당신의 소프트웨어나 웹사이트가 사용자가 필요로 하는 기준을 충족하지 못하면 사용자들은 그냥 조용히, 그리고 영원히 눈앞에서 걸어나갈 것이다. 당신에게 자신의 피드백을 제공할 정도로 관심이 있는 사람은 당신의 주목과 존경을 받을 만한 자격이 있다. 그런 사람은 당신의 제품을 디자인하는 과업을 자신의 어깨 위에 올려놓는 사람이기 때문이다. 모든 사용자 피드백을 주의를 기울여서 공손히 경청하지 않는다면 자신을 궁극적인 실패로 몰아넣는 것이다.

사용자의 의견을 듣지 않는 것은 무례하다. 그렇다면 우리는 이러한 사실을 사용자의 의견을 듣지 말라[4]고 말하는 사용성의 첫 번째 규칙과 어떻게 화해시킬 것인가?

어느 디자인이 가장 잘 동작하는지 보려면, 사용자들이 해당 인터페이스를 이용해 실제 업무를 수행하는 과정을 지켜봐야 한다. 이 방법은 너무나 간단하기 때문에 많은 사람들이 사용성 테스트에는 뭔가가 더 있다고 생각하면서 간과한다. 하지만 이것은 다음과 같은 유용성의 기본 규칙으로 귀결되는 문제다.

- 사람들이 실제로 사용하는 모습을 관찰하라.
- 사람들이 이러저러하다고 말하는 것을 믿지 말라.
- 사람들이 장래에 이러저러한 일을 할 것이라고 말하는 것은 절대로 믿지 말라.

폴의 의견은 맞지만 그의 의견은 간과되기 쉽다. 폴의 글에서 의미가 있는 부분은 "무엇이 제대로 동작하지 않는지 실제로 볼 수 있었기"라는 부분이다. 이것은 실제적인 측정과 상호 연관관계의 파악을 함의하는 말이다. 로그 파일이 사용자가 실제로 행한 일들을 자세하게 드러내 준다면 (그렇게 하지 않을 이유는 없지만) 사용자가 소프트웨어를 사용하는 것을 실제로 관찰하지 않아도 상관없다. 사용자의 피드백을 경청하고, 그것을 그들이 실제로 수행한 동작을 드러내는 데이터[5]와 상호연결해보라.

"사용자 대리인"이나 "비즈니스 분석가"가 요청하는 기능을 곧이곧대로 구현하지 마라. 사용성 디자인을 잘못하게 되는 가장 흔한 이유는 그들이 실제로 무엇을 하는지 관찰하는 것이 아니라 그들이 하는 말만 경청하기 때문이다. 사용자 요구사항은 언제나 잘못된 것이다. 그러한 요구사항은 빨리 프로토타입으로 전환하고, 그것을 사용자에게 실제로 보여줌으로써 그들이 정말로 무엇을 필요로 하는지 파악해야 한다.

사용자의 피드백에 반응하는 것은 언제나 의문의 여지가 남는 일이다. 당신의 추측이 아무리 좋은 목적을 가지고 있다고 해도 말이다. 당신이 취하는 행위가 분명하고 구체적인 데이터에 근거할 수도 있는데, 왜 추측해야 한다는 말인가? 언제나 사용자의 피드백 그리고 애플리케이션이나 웹사이트가 실제로 사용된 흔적을 드러내는 자세한 데이터 매트릭스를 동시에 고려한 다음 행동을 취해야 한다. 그것이 바로 황금률이다.

밸브 소프트웨어의 하드웨어 설문조사[6]를 생각해보자. 목소리가 큰 게이머 중에서 어떤 사람들은 1920 x 1200 혹은 2560 x 1600처럼 극단적으로 높은 해상도를 지원하라고 요청할지도 모른다. 이러한 고급 사양의 게임에 많은 돈을 투자했으므로 그들의 요청은 일견 이해가 간다. 하지만 실제로 게임을 하는 사람들이 게임을 할 때 가장 많이 사용하는 해상도는 얼마인가?

Primary Display Resolution (1320984 Users)			
800 x 600	22,169	1.68 %	‖
1024 x 768	420,058	31.80 %	‖‖‖‖‖‖‖‖‖‖‖‖‖‖‖‖‖‖‖‖‖
1152 x 864	68,629	5.20 %	‖‖‖
1280 x 960	523,522	39.63 %	‖‖‖‖‖‖‖‖‖‖‖‖‖‖‖‖‖‖‖‖‖‖‖‖‖
1440 x 900	96,566	7.31 %	‖‖‖‖
1600 x 1200	22,893	1.73 %	‖
1680 x 1050	118,830	9.00 %	‖‖‖‖‖
1920 x 1200	30,047	2.27 %	‖
Other	18,270	1.38 %	‖

130만에 달하는 스팀Steam 사용자들에 대한 설문조사 결과에 따르면 10퍼센트 정도의 사용자만이 고해상도의 와이드스크린을 가지고 있다. 와이드스크린에 대한 이러한 요구를 충족시켜야 하는 필요성도 물론 있다. 그러한 10퍼센트의 사용자는 가장 충실하고, 영향력이 높은 게이머이기 때문이다. 하지만 사용자의 피드백을 뒷받침하는 구체적인 데이터를 손에 쥐고 있으면 어

떻게 해야 할지 판단을 내릴 때 개발과 관련한 예산을 좀 더 현명하게 사용하는 데 도움이 된다. 당신이 가장 원하지 않는 일은 아무도 사용하지 않는 기능을 위해 소중한 엔지니어링 자원을 허비하는 일이다. 실제 사용 데이터는 이러한 차이를 눈에 보이게 만들어준다.

밸브는 팀 포트리스2Team Fortress 2 [7]와 같은 게임이 실제로 플레이되면서 생성된 통계를 철저하게 수집했다.

어떤 개선에 초점을 맞출지 결정할 때 우리는 전통적으로 사용자들이 설문지에 글로 써서 제공한 피드백 같은 것에 의존해서 도움을 얻어왔다. 최근에와서는 스팀Steam이 전에 구할 수 있었던 정보보다 더 많은 정보를 수집하는 것을 가능하게 만들어주었다. TF2는 사람들이 게임을 실제로 어떻게 실행하는지 자세하게 알려주는 리포트 메커니즘을 갖추고 있다. 우리는 다른 사람들이 이런 정보를 보고 싶어 할 거라고 생각했기 때문에, 그리고 시급한 문제점들을 일찍 파악해서 수정함으로써 더 나은 제품과 경험을 제공하고 싶었기 때문에 이렇게 수집한 정보를 공유[8]하고 있다.

계급class마다 플레이가 진행된 시간을 나타내는 맨 처음 그래프는 아무리 많은 사용자 피드백을 구하더라도 결코 알 수 없을 방식으로 팀 포트리스 2가 가지고 있는 문제를 드러내 보인다.

정찰병	17.5%
엔지니어	17.3%
병사	15%
데모대	10.5%
저격수	10.1%
중화기병	8.5%
간첩	8%
화염병	7%
위생병	5.5%

위생병 계급은 실제 게임에서 상당히 낮은 비율로 사용되고 있다. 내가 보기에 이것은 위생병이 직접적인 전투에 관련되지 않기 때문에 예컨대 병사나 데모대에 비해 박진감이 덜하기 때문이다. 위생병이 가진 치료 능력은 게임에서 승리를 거두는 데 매우 중요한 기능이기 때문에 이렇게 위생병이 덜 사용되는 것은 불행한 일이다. 그렇다면 이런 문제를 해결하기 위해 밸브는 어떻게 했는가? 사용자들이 위생병 계급을 더 자주 선택하도록 동기부여하기 위해 위생병과 관련된 업적[9]을 듬뿍 만들었다. 이것은 현실 세계에서 게임이 수행되면서 생성된 데이터를 사용하는 점진적인 게임 디자인의 사례다.

게임 디자인을 다듬기 위해 실제 게임플레이 통계 데이터를 사용하는 것은 이것이 처음이 아니다. 번지[Bungie]에서는 헤일로 2와 3를 모두 상당한 수준의 사용성 실험실 테스트를 통해서 실행했다[10].

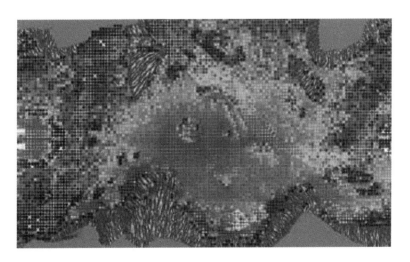

번지는 4월에 헤일로 3의 멀티플레이어 레벨의 하나인 발할라[Valhalla]와 관련한 성가신 문제를 발견했다.

(해당 레벨의 "열지도[heat map]" 위에 벽돌색으로 표현되는) 플레이어의 죽음이 왼쪽에 있는 베이스 쪽으로 기움으로써 오른쪽에서 이뤄진 공격이 약간 유리함을 의미했다. 디자이너들은 이 이미지를 검토한 후, 양쪽의 군대가 동등한 기회를 갖도록 지형을 약간 변경했다.

이와 같은 지도상의 불균형과 관련된 문제를 사용자의 피드백을 직접 경청하는 방식으로 어떻게 파악할 수 있었을지 생각해보기 바란다. 그것이 가능했을지 여부조차 나는 모르겠다.

당신의 애플리케이션이나 웹사이트가 사용자의 행동을 유용하고 의미 있는 방식으로 수집하게 만들어라. 사용자의 피드백은 중요하다. 내 말을 오해하지 않기 바란다. 하지만 사용자의 피드백만 듣고 행동을 결정하지 말아야 한다. 사용자가 제공하는 피드백에 연결 지을 수 있는 실제 행동 데이터를 반드시 가지고 있어야 한다. 사용자의 피드백을 무시하는 것은 궁극적으로 당신을 실패로 몰아넣을지도 모른다. 하지만 모든 사용자의 요청에 맹목적으로 반응하는 것은 당신을 확실한 실패로 몰아넣는다.

1. http://paulbuchheit.blogspot.com/2008/02/most-import-thing-to-understand-about.html
2. http://friendfeed.com/
3. http://www.codinghorror.com/blog/archives/001048.html
4. http://www.useit.com/alertbox/20010805.html
5. http://www.useit.com/alertbox/application-mistakes.html
6. http://www.steampowered.com/status/survey.html
7. http://en.wikipedia.org/wiki/Team_Fortress_2
8. http://steampowered.com/status/tf2/tf2_stats.php
9. http://www.ubercharged.net/2008/01/29/new-medic-achievements-already-hidden-on-your-pc/
10. http://www.wired.com/gaming/virtualworlds/magazine/15-09/ff_halo?currentPage=all

게임화

2008년에 조엘 스폴스키와 내가 당시에는 스택 오버플로우라고 알려진 스택 익스체인지[1]를 구상하기 시작했을 때, 우리는 멋지게 동작한다고 생각되는 온라인 시스템으로부터 아이디어를 마음대로, 아무 미안한 느낌 없이 가져왔다. 우리에게 영향을 준 그런 사이트로는 다음과 같은 것들이 있다.

- 레딧과 디그의 투표하기[Reddit and Digg voting]
- 엑스박스 360의 업적[Xbox 360 achievements]
- 위키백과의 편집하기[Wikipedia editing]
- 이베이의 분위기[eBay karma]
- 블로그와 블로그에 달리는 댓글들
- 전통적인 웹 게시판들

이러한 요소는 모두 스택 익스체인지의 Q&A 사이트에 녹아들어서 사람들이 인터넷상에서 동료 개발자들과 함께 배우고 영향을 주고받는 유용한 글을 남길 수 있게 해주었다. 좋은 예술가는 복사하고, 위대한 예술가는 훔친다는 옛말을 들어본 적이 있는가? 이 말의 기원을 찾는 것은 불가능하지만[2], 아무튼 이것은 우리가 마음에 든 요소들을 가져다 다시 재창조한다는 사실을 의미한다.

그렇다면 피카소와 T.S. 엘리엇이 의미하는 것은 무엇인가? 사람들은 그것을 아주 간단한 말로 정리한다. 옛 작품을 가져다가 새로운 장소에 놓아라. 구글 사이트를 훔치고, (빠른 속도, 그래픽이 없는 화면, 기쁨을 가져다주는 작고 괴상한 변화들처럼) 좋은 점을 취해서 자기 사이트의 일부로 활용하라. 콜라병의 유려한 곡선을 관찰하고 그것을 이용해 아름다운 풍경화를 창조하

라. 누군가의 차 옆에 그어진 세밀한 장식을 취해 자신의 프린팅 업무에 활용하라. 자기가 속한 세상에서 영감을 찾아내라. 그곳에 있는 것 중에서 새로운 것은 없다. 따라서 모든 것이 새로운 혁신의 원천이 될 잠재력을 가지고 있는 것이다.

그런데 불행하게도 우리의 마음에 드는 요소들은 대개 우리가 혐오하는 덩어리 속에 들어있을 때가 많았다. 그래서 좋은 부분을 나머지 전체 덩어리로부터 추출해내는 것이 우리의 임무가 되었다. 편리하게 자기 반대편에 놓을 수 있는 악당[3]이 있을 정도로 운이 좋다면 다른 것이 필요하지 않을지도 모른다.

전통적인 웹 게시판 시스템은 2001년 무렵의 윈도우 XP와 함께 영원히 굳어버린 디자인을 가지고 있다. 다음과 같은 전형적인 게시판을 보라.

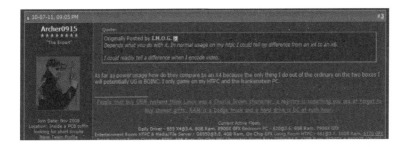

이 게시판 글에 담긴 실제 정보는 다음과 같은 것이다.

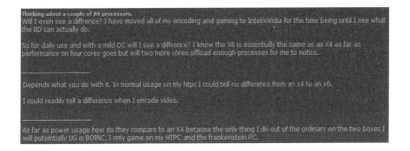

이러한 스크린샷이 원래 가진 크기를 고려하면 이 게시판 글의 18퍼센트만이 실제 콘텐츠에 해당한다. 나머지 82퍼센트는 서명, 아바타, 자질구레한 UI, 그리고 그 밖에 웹 게시판이 흔히 "당연히 그래야 하는" 거라고 받아들이는 겉만 번지르르한 장식들이 차지한다. 나는 다양한 형태의 일부 틈새시장을 차지하고 있는 전문적인 웹 게시판에 정기적으로 참여하는데, 그것들은 모두 이와 동일한 방식으로 꾸며져 있다. 그리고 아무도 불평하지 않는다.

불평을 해야 마땅한데도 말이다.

우리가 마주하고 있는 현실은 이렇게 제자리에서 한 발자국도 움직이지 않는다. 우리는 물론 이런 상태를 스택 오버플로우를 이용해 적어도 프로그래머를 위해서는 개선했다. 하지만 거기서 멈출 이유가 있는가? 우리는 이런 식의 구소련 시대에나 볼 수 있는 회색 콘크리트 벽돌로 지어진 게시판 안에 갇혀 있는 훌륭한 전문가들을 해방시키기를 원한다. 우리는 그들에게 초점

이 잘 맞춰진, 엉터리 장식 따위가 없는 스택 익스체인지의 방식[4]을 소개해
주고 싶다. 오늘날의 웹 게시판처럼 얼굴에 묻어 있는 싸구려 화장품이 없이
순수한 Q&A 신호만 발송하는 그런 방식 말이다.

그렇게 하는 데는 약간의 작은 방해물이 존재한다. 내가 함께 일한 바 있는
어느 위대한 프로그래머는 이렇게 말했다.

> 그건 모두 바보 같은 사용자들 때문이야. 내가 만든 모든 프로그램을
> 엉망으로 만든 것은 모두 그들이라고.

웹 게시판이 지금과 같은 모습을 가지게 된 것은 모두 사용자들이 그런 방식
을 원했기 때문이다. 게시판 소프트웨어의 디자인은 확실히 동작에도 영향
을 미쳤다. 하지만 이와 같이 고전적인 2001 시대의 웹 게시판 패러다임은
사용자들이 여기서 원했던 것들이 인터넷의 다른 모든 곳에도 적용할 수 있
는 것이라고 가정했다. 그렇지만 결과에서 볼 수 있는 바와 같이 사용자 그
룹은 자기 자신의 적[5]이다. 특정한 그룹의 사람들이 원하는 것과 나머지 세
상이 원하는 것은 종종 별개의 것이기 때문이다. 무작위로 이뤄지는 논의는
그 자체의 흥미를 위해서는 나쁠 것이 없지만 별로 유용하지도 않고, 예컨대
위키백과가 그런 것처럼 지금으로부터 몇 년이 지난 뒤에도 의미가 있을 결
과물을 내놓을 리도 없다. 그렇다면 문제는 우리가 어떻게 해서 사용자 그룹
으로 하여금 자신만을 위한 이기적인 필요성이 아니라 전 세계가 필요로 하
는 것을 고민하게 할 수 있느냐다.

이 문제를 봤을 때 나는 이미 답을 알고 있다고 생각했다. 하지만 2008년에
는 그것을 말로 표현할 방법이 없었다.

지금은 있다. 그것은 바로 게임화[Gamification][6]다.

게임화는 문제를 해결하고 청중들에게 의욕을 불어넣기 위해 게임 디자인 기법과 메커니즘을 활용하는 것이다. [...] 게임화는 게임 속으로 빨려 들어가는 속성을 가진 사람들의 심리적 특질을 잘 이용함으로써 진행된다. 이 기법을 이용하면 설문조사라든가, 쇼핑이라든가, 아니면 웹사이트의 글을 읽는 것처럼 사람들이 평상시라면 지루하다고 귀찮아했을 일들을 하게 만들 수 있다.

불과 몇 달 전까지만 해도 나는 위키백과에 이러한 항목이 있는지조차 모르고 있었다. 하지만 우리는 이미 이러한 일들을 수행하고 있었다. 평판 시스템reputation systems, 업적achievements, 신분identity, 투표점수제vote scoring와 같이 우리가 여러 곳에서 도용한 아이디어들이 용감하고 새로우며 잡다한 것 없이 핵심만 찌르는 스택 익스체인지 Q&A 모델의 수용을 장려하기 위해 사용된 것은 사실이다. 이러한 인센티브 시스템이 없이 Q&A 자체의 기능만 남겨진다면 그것은 다른 모든 웹 게시판과 다를 바가 없어질 것이다. 그것은 구상부터 잘못된 것이다.

그렇다. 우리는 겉으로 드러나지 않는 동기를 가지고 있다[7]. 하지만 게임화된 요소들이 스택 익스체인지 Q&A 엔진에 덧붙여진 것이 아니라 아예 첫날부터 자연스럽고 핵심적인 요소의 하나였던 이유를 설명하고자 한다.

배우는 것은 재미있다(혹은 재미있어야 한다).

나는 이러한 개념을 웹이 등장하기 한참 전부터, 2010년에 누군가 "게임화"라는 말을 만들어내기 훨씬 전부터 가지고 있었다. 사실 나는 내가 받은 영감의 뿌리를 찾기 위해 1983년으로 거슬러 올라갈 수 있다.

프로그래머로서의 우리가 알고 있는 사실들은 우리가 운이 좋으면 10년 이내에 모두 쓸모없는 것이 될 것이고, 운이 없으면 5년 이내에 쓸모없어질 것이다. 그것은 지속적으로 변화한다. 프로그래밍이라는 분야에서는 계속 학습해야 한다[8]는 것이 거의 정의의 일부일 정도다. 프로그래밍은 재미있어야 한다[9]. 그리고 제대로 하기만 한다면 실제로도 그렇다. 나의 애플 II에 대해 나에게 비글 형제보다 더 좋은 가르침을 준 사람은 없다. 다른 모든 주제들도 이와 마찬가지로 배우는 것 자체가 즐겁지 말라는 법이 어디에 있는가?

게임은 학습을 돕는 도구다

게이머로서의 프로그래머[10]라는 개념에 대한 역사는 매우 길고 풍부하다. 우리가 프로그래머가 된 이유는 종종 우리가 단순히 게임을 즐기는 사람을 넘어 그것을 바꾸고, 통제하고, 변수들을 변경하는, 심지어 우리만의 게임을 만드는 사람이 되고자 했기 때문이다.

우리는 게임을 통해 프로그래밍을 학습했다. 프로그래머에게 게임은 실제 프로그래밍 문제에 대한 완벽하게 자연스러운 입문서다[11]. 나는 게임이 다른

모든 주제에 대해서도 이와 같이 훌륭한 입문서 역할과 학습 과정을 강화하는 역할을 수행할 수 있다고 생각한다.

게임은 사람들로 하여금 특정한 목표를 향해 나아가도록 도움을 준다

훌륭한 게임 디자인이 위대한 인터넷 썩을 놈 이론Greater Internet F**kwad Theory[12]을 이길 수 있다는 사실은 다소 놀랍다. 이에 대한 두 개의 예는 카운터 스트라이크와 팀 포트리스다. 두 게임은 모두 10년 이상 됐지만 아직도 수만 명의 사람들이, 익명으로, 잘 화합된 팀을 이뤄서 게임을 즐기고 있다!

게임의 목적과 규칙은 사람들이 협력해서 효과적인 승리를 거두도록 영리하게 고안됐다. 게임을 하는 사람들은 서로에 대해 알지 못한다. 게임의 디자인 자체가 사람들이 원하든 말든 서로 협력할 수밖에 없게 만들어져 있다. 혼자 독불장군처럼 행동하면 게임에서 승리하는 것이 글자 그대로 불가능하기 때문이다.

지금까지 나는 이런 사실을 공개적으로 밝힌 적이 없지만, 사실 나는 1998년에서 2001년 사이에 카운터 스트라이크를 엄청나게 즐겼고, 스택 오버플로우는 어떤 면에서 나에게 나만의 카운터 스트라이크에 해당했다. 브라질에사는 프로그래머가 뉴저지에 사는 프로그래머와 함께 학습을 한다. 그들이서로 아는 친구이기 때문이 아니라 두 사람 모두 프로그래밍을 사랑하기 때문이다. 스택 오버플로우의 디자인은 바로 당신의 동료가 가장 효과적인 "승리"를 거두고 소프트웨어 개발 기술을 향상시켜 나가는 데 가장 훌륭한 방편이 되도록 도움을 준다.

이런 일이 일어나기만 하면, 그것이 어떤 주제에 대한 것이든 상관없이 우리는 모두 승자가 될 수 있다.

우리 사이트가 종종 "게임화"에 대한 사례로 인용되고 있기 때문에 (내가 미소를 짓지 않을 수 없을 정도로 심지어 위키백과에서조차) 나는 그 말에 대한 약간의 책임감을 느끼고 있다. 우리가 그런 방향으로 선택했던 이유에 대해, 특히 우리 사이트에 포함돼 있는 게임적 요소들이 사실은 더 높은 수준의 목적을 가지고 있다는 사실을 설명하고 싶다. 나는 스택 익스체인지라는 게임[13]을 평판reputation, 배지badge, 랭킹rank, 그리고 찬성표upvotes를 긁어모으면서 다른 사람들과 더불어 즐겁게 하고 있다. 이렇게 하는 과정에서 내가 지식을 쌓을 수 있고, 더 나은 의사소통 기술을 계발할 수 있고, 그와 동시에 다른 모든 사람들을 위한 웹의 질감을 향상시킬 수 있기 때문에 이러한 게임을 하는 것이 자랑스럽다. 당신도 나와 생각이 같기를 희망한다.

(게임화의 현재 상태에 대해 더 많이 알고 싶다면 세바스찬 디터딩Sebastian Deterding의 페이지[14], 특히 그의 "의미 있는 플레이: 게임화 제대로 하기 Meaningful Play: Getting Gamification Right"[15] 프레젠테이션을 살펴보길 권한다.)

1. http://stackexchange.com/
2. http://www.businessofdesignonline.com/picasso-good-artists-copy/
3. http://www.codinghorror.com/blog/2009/03/whos-your-arch-enemy.html
4. http://stackexchange.com/sites
5. http://www.codinghorror.com/blog/2005/05/a-group-is-its-own-worst-enemy.html
6. http://en.wikipedia.org/wiki/Gamification
7. http://www.codinghorror.com/blog/2011/02/how-to-write-without-writing.html
8. http://www.codinghorror.com/blog/2008/02/the-years-of-experience-myth.html
9. http://www.codinghorror.com/blog/2007/10/remember-this-stuff-is-supposed-to-be-fun.html
10. http://www.codinghorror.com/blog/2006/08/game-player-game-programmer.html
11. http://www.amazon.com/Computer-gamesmanship-complete-structuring-intelligent/dp/0671495321
12. http://www.penny-arcade.com/comic/2004/3/19/
13. http://stackexchange.com/sites
14. http://codingconduct.cc/
15. http://www.slideshare.net/dings/meaningful-play-getting-gamification-right

정지,
금지 혹은 완전금지?

스택 오버플로우를 대중에게 공개한 후 8개월 정도가 지난 무렵에는 사용자를 금지하거나 접근을 막는다는 개념이 없었다. 인터넷이라는 정글을 새롭게 개척하는 사람이라면 누구나 그렇듯이, 우리도 역시 어느 시점이 되면 모종의 감옥을 만드는 것을 피할 수 없을 거라는 생각은 하고 있었다. 그렇지만 그렇게 하려면 우선 모종의 형태를 가진 정부를 먼저 구성해야 했다.

스택 오버플로우는 언제나 민주주의를 지향했다. 스택 익스체인지 Q&A 네트워크[1]와 함께 우리는 그 목적을 위해 먼 길을 걸어왔다.

- 우리는 51 구역Area 51[2]에 정의된 공개적이고 민주적인 절차를 통해 새로운 커뮤니티를 형성한다.
- 우리의 커뮤니티는 해당 커뮤니티에서 가장 활발하게 활동하는 시민들에 의해 유지되고 운영된다. 더 많은 명성을 얻을수록 더 많은 권한을 갖게 된다[3].
- 커뮤니티가 충분히 커지면 1년에 한 번씩 중재자moderator를 선출한다[4].

우리는 자동차[5]든, 집에서 담그는 술[6]이든, 악기[7]든, 그것이 무엇이든[8] 어떤 주제에 대해 열정을 가지고 있는 사람들로 이뤄진, 스스로 조직하고, 스스로 통치하는 커뮤니티를 구성하기 위해 노력한다. 우리의 일반적 철학은 대중에게 권력을 주는 것이다.

하지만 법적 시스템이 없는 상태에서는, 의도적이든 아니든 남에게 피해를 입히는 소수의 사람들이 궁극적으로 대부분의 선량한 커뮤니티 시민들을 쫓아내고 그곳을 무법천지로 만들어버린다.

우리가 이렇게 방해가 되고 파괴적인 일을 일삼는 사람을 다루기 위해 선택한 방법은 간단하다. 그들의 계정을 일정한 시간 동안 정지시키는 것이다. 처음 정지 기간은 1일에서 7일 정도이고, 다시 한 번 정지되면 정지 기간은 폭발적으로 늘어난다. 우리는 사용자가 방해가 되고 문제를 일으키는 행동을 멈출 수만 있다면 다시 해당 계정으로 돌아오기를 원하기 때문에 "금지ban"라는 말보다 "정지suspension"라는 말을 선호한다. 그 기간 동안 사용자는 잠시 생각을 가라앉히고 자기가 커뮤니티에 저지른 행동의 본질을 숙고해볼 수 있기 때문에 이러한 정지 기간이 반드시 벌칙에 해당하는 것은 아니다. (뭐, 이론은 그렇다는 이야기다.)

이렇게 일정 기간 활동을 정지시키는 것이 효과가 있긴 한데, 민주주의가 그렇듯이, 그것은 완벽한 효과도 없고 잡음도 많이 일으키는 시스템이다. 적어도 투명성은 보장돼 있기 때문에 중재자가 누군가를 한밤 중에 몰래 찾아가서 꺼지라고 말하는 것이 아니라는 것은 분명하다. 하지만 커뮤니티의 일부 사람들에게는 누가 왜 정지됐는지, 그것이 공정했는지, 증거가 무엇인지, 우리가 사람들을 어떻게 검열하는지 등에 대한 메타 토론을 끊임없이 진행하는 것이 너무 재미있는 일이다. 일정 수준의 자기반성은 언제나 중요하고 필요한 일이지만 그것이 지나치면 실제 업무를 수행하는 데 방해가 되기도 한다[9]. 이러한 사실은 다음과 같은 흥미로운 생각이 떠오르게 만든다. 문제가 되는 사람의 계정을 정지시킬 때 그 사실을 다른 사람들이 모르게 할 수 있다면 어떨까?

누군가를 몰래 정지시키는 방법에는 세 가지 주요한 형태가 있다.

1. 완전금지hellbanned된 사용자는 다른 모든 사람들에게 보이지 않는다. 하지만 중요한 것은 자기 자신은 볼 수 있다는 점이다. 이런 사람의 관점에서 보면 그들은 커뮤니티에 정상적으로 참여할 수 있지만 아무도 그들에게 응답하지 않는다. 사실상 그들은 유령에 해당하기 때문에 더는 커뮤니티 안에서 논쟁할 수 없다. 이것은 커뮤니티 안에서 "트롤에게 먹이를 주지 말라don't feed the trolls"는 원칙을 영리하게 적용하는 방식이다. 그들에게 아무도 응답하지 않게 되면 이렇게 완전금지된 사용자들은 곧 지루함이나 좌절감을 느끼고 떠나게 된다. 내가 어릴 때 읽은 위대한 두뇌The Great Brain[10]에 의하면 침묵을 강요하는 벌은 모든 벌칙 중에서 가장 잔인한 것에 해당한다.

나는 이러한 완전금지 벌칙을 엉망으로 디자인된 끔찍한 게시판과 연결 지어 생각하곤 했다. 이 놀라운 메타필터MetaFilter 논의[11]에 따르면 완전금지 벌칙은 그보다 더 깊은 뿌리를 가지고 있다. 1986년쯤에 "문제가 있는 사용자 비트"라는 개념을 처음으로 도입한 씨타델Citadel[12]이라고 불리던 초기 텔넷 시절의 BBS에까지 거슬러 올라가는 것이다. 소셜 소프트웨어에 있는 다른 모든 것들과 마찬가지로 이러한 기능은 스스로를 사람들이 어떻게 행동하는지에 대해 최초로 깨달음을 얻은 사람이라고 착각하는 개념 없는 소프트웨어 개발자들[13]에 의해 끊임없이 처음부터 새로 개발되곤 했다. 그리하여 이러한 기능은 드루팔 케이브Drupal Cave 모듈[14]에 문서화돼 있는 것처럼 대부분의 유명한 웹 게시판이나 블로그 소프트웨어에 구현돼 있다.

(완전금지 벌칙을 유난히 잔인하게 구현했기 때문에 언급하지 않을 수 없는 게시판이 있다. 완전금지된 사람은 오직 자신과 다른 완전금지된 사람만 볼 수 있게 구현돼 있는 것이다. 끄응. 단테가 이에 대해 어딘가[15] 글을 썼을 것이라고 확신한다.)

2. 느린금지slowbanned된 사용자는 페이지를 열 때마다 일부러 강요된 지연을 경험해야 한다. 그들의 관점에서 보면 사이트 자체가 끔찍하게 느려진 것처럼 보인다. 그리고 계속 느려진 상태가 지속된다. 이렇게 웹페이지를 여는 것 자체가 고통스러운 과정이 되어버리면 그들이 커뮤니티를 방해하기가 어려워진다. 구글과 아마존의 연구[16]에 따르면 페이지를 불러오는 데 더해지는 지연 시간은 곧바로 참여의 감소로 이어

지기 때문에 이러한 벌칙의 배후에도 과학은 존재하는 셈이다. 충분히 느리고 긴 지연을 경험하게 되면 느린금지를 당한 사용자는 인터넷 어딘가에 존재하는 더 빠르고 싱싱한 먹잇감을 찾아서 떠나게 될 것이다.

3. 에러금지^{errorbanned}된 사용자는 그들이 방문하는 페이지의 무작위한 장소에 에러가 뜨는 것을 경험한다. 이것이 느린금지보다 더 심한 벌칙이라고 생각할 수도 있다. 그들은 페이지가 느리게 뜨는 것이 아니라 아예 페이지 자체가 뜨지 않는 것이기 때문이다. 예컨대 알 수 없는 HTTP 에러가 발생한다거나 전혀 엉뚱한 페이지가 나타나거나, 혹은 자바스크립트, 이미지, CSS와 같은 핵심적인 요소가 페이지에 로드되지 않는다거나 하는 것이다. 당신이 가지고 있는 얄궂고 작은 두뇌도 에러금지된 사용자가 겪을 수 있는 "잘못된" 상황을 수십 가지 생각해낼 수 있을 것이다. 이러한 방법은 상대적으로 잘 알려져 있지 않지만, 그렇다고 해서 순전히 이론적인 방법에 머무는 것은 아니다. 드루팔 미저리^{Drupal Misery} 모듈[17] 같은 곳에 실제로 구현돼 있기도 한 것이다.

우리는 기본적으로 스택 익스체인지가 실제 세상의 모델과 최대한 닮도록 만들려고 노력하기 때문에 이와 같이 원자로 이뤄진 실제 세계에서는 흉내낼 수 없는 방식으로 현실을 통제하는 것에 대해 어떻게 생각해야 할지 모르겠다. 어떤 면에서 이러한 통제는 표리부동한 것처럼 보이기도 한다. 그리고 이것은 마치 사용자들이 정상적인 사람의 능력을 뛰어넘는 슈퍼맨의 능력을 가지고 옥수수 밭에 들어오길 바라는 것[18]과 비슷하다(옮긴이 _ 트와일라잇 존^{The Twilight Zone}이라는 미국 TV 드라마에 악마적인 힘을 가진 소년이 자기를 좋아하지 않는 사람들을 다시는 돌아올 수 없는 옥수수 밭에 보내는 에피소드가 있다. 여기서 말하는 옥수수 밭은 이 에피소드에 등장하는 돌아올 수 없는 장소를 의미한다). 하지만 나는 그저 다른 사람의 시간을 낭비할 뿐인 사람과 공적인 대화를 나누는 함정에 빠져 고통스러운 시간을 보낸 경험이 많다. 민주주의는 놀라운 것이지만 효과 면에서는 그저 그런 시스템이다.

그렇다고 했을 때 모든 커뮤니티는 저마다 다르다. 나는 커다란 온라인 커뮤니티를, 아마도 당신이 매일 사용하고 있을 그런 커뮤니티를 책임지고 있는 사람들과 개인적인 대화를 나눈 경험이 있다. 그러한 커뮤니티들이 아직까지 혼란스러운 무법천지가 되지 않고 버티고 있는 이유 중 하나는 바로 그들이 문제를 야기하는 사용자들을 비밀리에 완전금지하거나 느린금지하고 있기 때문이다. 이러한 조치는 문제를 일으키는 사람들이 최소한의 소음을 일으키며 "스스로" 커뮤니티를 떠나게 만드는 깔끔한 해결책이다. 이러한 기법이 실제로 효과가 있는지 여부에 대해서는 논쟁의 여지가 없다.

나는 모든 사람이 자신이 속한 커뮤니티가 사용하는 감옥의 구조를 자세하게 알 권리가 있다고 믿는다. 이렇게 비밀스럽고 눈에 보이지 않는 것까지 포함해서 말이다. 하지만 그러한 벌칙이 일정한 시간에 걸친 정지인지, 전통적인 금지인지, 혹은 이색적인 완전금지나 그 이상인지 상관없이, 목적은 모두 동일하다. 모든 사람들을 위한 시민적이고, 정상적이고, 안전한 온라인 커뮤니티가 바로 그것이다.

> 🐦 제프 앳우드@codinghorror
>
> "만약 하루에 한 번 꼴로 중재자에 의해 엿을 먹는 사람이 없다면 당신의 사이트는 제대로 중재되고 있는 것이 아니다."
>
> 오전 12:54 − 2011년 12월 24일

●

1. http://stackexchange.com/sites
2. http://area51.stackexchange.com/
3. http://blog.stackoverflow.com/2010/10/membership-has-its-privileges/
4. http://blog.stackoverflow.com/2010/12/stack-exchange-moderator-elections-begin/
5. http://mechanics.stackexchange.com/
6. http://homebrew.stackexchange.com/
7. http://music.stackexchange.com/
8. http://area51.stackexchange.com/
9. http://www.codinghorror.com/blog/2009/07/meta-is-murder.html
10. http://www.amazon.com/dp/0803725906/?tag=codihorr-20
11. http://ask.metafilter.com/117775/What-was-the-first-website-to-hide-trolls-activity-to-everyone-but-the-troll-himself
12. http://anticlimactic.retrovertigo.com/
13. http://www.wired.com/techbiz/people/magazine/17-04/st_thompson
14. http://drupal.org/project/cave
15. http://en.wikipedia.org/wiki/Inferno_%28Dante%29
16. http://www.codinghorror.com/blog/2006/11/speed-still-matters.html
17. http://drupal.org/project/misery
18. http://en.wikipedia.org/wiki/It%27s_a_Good_Life_%28The_Twilight_Zone%29

마케팅 사기꾼들, 그리고 어떻게 그런 사람이 되지 않을 수 있는가

마케팅 사기꾼들이 당신을 속이려고 하는 9가지 방법

나는 최근에 『예상 가능하게 비합리적인Predictably Irrational』[1]을 읽었다.

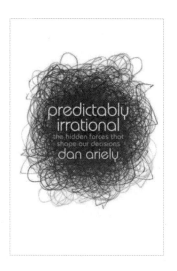

이 책은 사람들이 왜 비합리적으로 반응하도록 만드는 조건을 갖추고 있는 가에 대한 탁월한 분석을 담고 있다. 우리 인간들은 모두 이기적인 존재다. 그렇기 때문에 사람들이 얼마나 쉽게 자신의 이익에 반하는 행동을 스스럼 없이 하도록 조작될 수 있는지를 보는 것은 상당히 놀라운 일이다.

이것은 단순히 "선동적인" 목격담에 불과한 것이 아니다. 우리가 어떻게 그리고 왜 비합리적으로 행동하는지 이해하는 것은 중요하다. 이러한 비합리적인 행동들이 어떻게 유발되는지 알지 못하면 마케팅 사기꾼들은 바로 그것을 이용해 당신을 조작하려고 할 것이다.

사실 그러한 일은 이미 일어나고 있다. 10가지 비합리적인 인간 행동과 어떻게 그들을 이용해 웹 마케팅에 활용할 수 있는가[2]라는 글을 보라. 나중에 내가 미리 경고를 하지 않았다고 말하지 말라.

이 글에서 제시되고 있는 다양한 내용을 살펴보고, 우리가 예상 가능한 비합리적인 행동이라는 틀에서 어떻게 벗어날 수 있는지, 그리하여 마케팅 사기꾼들로부터 우리를 어떻게 보호할 수 있는지에 대해 생각해보자.

1. 잘못된 비교를 권장하라

윌리엄스-소노마[Williams-Sonomark] 빵 기계를 처음 출시했을 때 판매량은 부진했다. 그들이 50% 정도 가격이 더 비싼 "딜럭스[deluxe]" 버전을 추가하자, 판매량이 솟구쳐 오르기 시작했다. 처음 나왔던 빵 기계가 이제는 할인된 가격처럼 보였던 것이다.

가격이 25달러인 펜을 구입하려고 할 때, 대부분의 사람들은 7달러를 절약하기 위해 15분 정도 더 운전을 해서 다른 가게로 가는 것을 주저하지 않는다. 그들이 455달러인 양복을 구입할 때는 7달러를 절약하기 위해 15분을 더 운전하려고 하지 않을 것이다. 여기서 추가적으로 운전을 하는 거리와 절약이 되는 금액은 동일하다. 하지만 사람들은 전혀 다른 선택을 내린다. 이러한 상대적 사고를 조심하라. 그것은 우리 모두에게 자연스러운 현상이다.

- 뭔가 프리미엄이 얹어진 선택사항이 항상 속임수로 존재하고 있다는 사실을 깨달아라. 즉, 그들은 더 가격이 저렴한 선택사항이 좀 더 매력적으로 보이게 만들려는 목적으로 존재할 뿐이다. 그 둘을 비교하는 것이 너무 쉽기 때문이다. 순전히 동일한 회사에서 제시되는 선택사항을 나란히 비교하는 것이 얼마나 쉬운지에 근거해서 판단하지 말아야 한다. 다른 회사의 선택사항까지 모두 포함해서 비교하려고 노력해야 한다.

- 적은 금액을 위한 상대적인 퍼센트 값에 영향을 받지 말라. 그렇다. 당신은 25퍼센트를 절약했다. 하지만 그 7달러를 절약하기 위해 얼마나 많은 시간과 노력을 기울였는가?

2. 판단의 근거를 강화하라

진주왕인 사바도르 아사엘Savador Assael은 순전히 혼자 힘으로 1973년까지만 해도 업계에 알려지지 않은 흑진주 시장을 개척했다. 이러한 진주를 시장에 소개하려고 한 그의 최초 시도는 완벽한 실패였다. 그는 진주를 단 한 개도 팔지 못했다. 그래서 그는 자기 친구인 해리 윈스톤에게 가서 그가 맨해튼 5번가에 있는 가게에 흑진주를 엄청난 가격표와 함께 진열해 달라고 부탁했다. 그다음에 그는 멋진 매거진에 흑진주가 다이아몬드, 루비, 에머랄드 다음이라고 주장하는 전면 광고를 게시했다. 그로부터 멀지 않아서 흑진주는 뭔가 귀중한 것이라는 취급을 받기 시작했다.

사이먼손Simonsohn과 로웬스타인Loewenstein은 새로운 도시에 이사를 오는 사람들이 원래 살았던 도시에서 익숙한 가격들에 대한 생각을 지우지 않는다는 사실을 발견했다. 럽복Lubbock에서 피츠버그로 이사 오는 사람들은 집에 지불하는 가격을 전과 동일한 수준으로 유지하기 위해 가족들을 좁은 집안으로 몰아넣는다. 반면 LA에서 피츠버그로 이사를 오는 사람들은 돈을 아끼지 않고, 그냥 맨션으로 이사를 온다.

- 구매 수준을 환경이나 지갑의 크기가 아니라 실제 필요성에 맞춰라. 실제로 무엇을 이용하는가? 얼마나 많이, 얼마나 자주 이용하는가?
- 구매하는 물품의 가치를 객관적으로 측정하려고 노력하라. 그와 비슷한 다른 제품이나 경쟁 제품과 비교하는 우를 범하지 말라. 이것을 구입하는 것이 당신이나 당신의 회사에게 얼마나 큰 절약을 가져다 줄 것인가? 그것으로부터 얼마나 많은 실익을 취할 수 있는가? 그러한 실익을 구체적인 금액으로 환산하려고 노력하라.

3. 이건 "공짜라고!"

아릴리Ariely, 샘퍼니어Shampanier, 그리고 마자르Mazar는 린트 트루플 초콜릿과 허쉬 키스 초콜릿을 가지고 실험을 수행했다. 트루플이 0.15달러이고 키스가 0.01달러였을 때 73퍼센트에 해당하는 사람들이 트루플을 선택하고 27퍼센트가 키스를 선택했다. 그런데 트루플이 0.14달러이고 키스가 공짜가 되자 69퍼센트의 사람이 키스를 선택하고 31퍼센트가 트루플을 선택했다.

평범한 경제 이론에 따르면 가격을 줄이는 것이 행위에 변화를 수반하지 말아야 하는데, 여기서는 그런 결과가 나왔다.

아릴리의 이론에 의하면 정상적인 상황에서는 우리가 가격이 오르는 쪽과 내리는 쪽을 모두 고려한다. 하지만 어떤 것이 공짜가 되어버리면 다른 것의 가격이 내리는 것을 더 이상 고려하지 않는다. "공짜"라는 사실은 우리가 그것을 실제보다 더 가치 있는 것으로 생각하게 만든다. 인간은 손해 보는 것을 피하는 동물이다. 정상적인 구매 행위에서 손해를 보지 않으려는 본능은 항상 작동한다. 그런데 만약 어떤 것이 공짜라면 여기에는 손해를 볼 가능성이 전혀 없게 되는 것이다.

- 당신은 공짜로 얻게 되는 물건의 가치를 실제보다 높게 평가하는 경향이 있을 것이다. 무료로 제공되는 물건이 있으면 그것을 양팔을 벌려 환영하는 대신 의심스럽게 생각해볼 필요가 있다. 그것이 정말 그렇게 대단한 것이라면 공짜로 줄 리가 없지 않은가?

- 공짜 물건은 대개 다른 거래로 향하는 보이지 않는 줄이 매달려 있는 경우가 많다. 공짜 서비스나 물건을 손에 넣는 것이 장래의 구매 행위에 어떤 영향을 줄 것인가? 공짜를 선택함으로써 고려할 만한 다른 대안을 얻을 기회를 놓치는 것이 아닌가? 공짜를 선택하는 이유는?

- 공짜 선택을 얻기 위해 얼마나 많은 노력을 기울어야 하는가? 시간이나 노력을 더 적게 들이고 얻을 수 있는 다른 대안이 존재하는가? 당신의 시간은 얼마나 값어치가 있는가?

- 공짜 서비스나 제품을 사용하면 당신은 암묵적으로 그것을 제공하는 회사에게 당신의 한 표를 던지는 것과 다름없다. 실질적으로 그들의 문을 두드리는 것과 같은 것이다. 이렇게 하는 것이 당신의 의도와 부합하는가?

4. 사회적인 상식을 활용하라

AARP는 변호사들에게 서비스가 필요한 회사 직원들에게 시간당 30달러로 할인된 가격으로 서비스를 제공하는 프로그램에 참여해 달라고 부탁했다. 여기엔 아무도 응답하지 않았다. 프로그램 매니저가 다시 변호사들에게 서비스를 무료로 제공할 용의가 있느냐고 물었을 때, 거의 대부분의 변호사들이 참여하겠다고 대답했다.

- 회사들은 때로 당신이 그들을 위해 무료로 봉사하도록 만들기 위해 당신이 생득적으로 보유하고 있는 공동체적 본능에 호소하거나 공공의 이익을 추구하도록 설득할지도 모른다. 이때 당신의 시간과 노력을 제공함으로써 얻게 되는 것은 무엇인가? 그것은 정말로 가치 있는 신조에 따른 행위인가? 만약 그것이 돈을 받고 하는 것이라면 그렇게 할 만한 가치가 있는 것인가?
- 웹에 관해 말하자면, 당신이 디지털 소작인 digital sharecropper[3]이 되지 않도록 유의할 필요가 있다.

5. 게으른 사람을 위한 디자인

아릴리는 자신의 교실에서 실험을 수행했다. 그는 학생들에게 세 편의 글을 쓰라고 말했다. 첫 번째 그룹의 학생들에게는 정확히 언제까지 글을 제출할지 말하라고 요구했다. 늦게 제출되는 글은 하루에 1퍼센트씩 감점이 된다고 말했다. 일찍 제출하는 것은 감점이 없었다. 따라서 이에 대한 논리적인 반응은 세 편의 글을 모두 마지막 수업에 제출한다고 말하는 것이다. 두 번째 그룹의 학생들에게는 마감일이 없게 했다. 세 편 모두 수업의 마지막 날이 마감일이다. 세 번째 그룹의 학생들에게는 세 편의 글을 각각 4주, 8주, 그리고 12주째의 수업에 제출하도록 요구했다.

결과는 어땠을까? (마감일이 지정된) 3번째 그룹이 최고의 성적을 얻었다. (마감일이 없는) 두 번째 그룹은 최악의 점수를 받았고, (마감일을 스스로 선택한) 첫 번째 그룹은 중간 점수를 기록했다. 학생들에게 마감일을 미리 알게 하는 것은 성적을 향상시키는 데 기여했다. 자신이 한 약속을 기억한 학생은 좋은 성적을 받았다. 한편 논리적인 선택을 해서 마감일에 대해 약속하지 않은 학생들은 나쁜 성적을 받았다.

- 처음 맛만 보는 기간에는 낮은 가격으로 제공하지만 일정 시간이 지나면 자동적으로 정상적인 금액을 매월 입금해야 하는 방식으로 전환되는 방식의 계약을 조심하라. 그들은 대부분의 사람들이 게으르기 때문에 정상적인 방식으로 전환되기 전에 계약을 취소하는 것을 잊는다는 사실을 파고든다.
- 고정된 이자율, 고정된 기간을 선호하라. 혹은 해당 물건을 사용하지 않는다면 그것을 취소해야 하는 기간 안에 취소하도록 주의를 기울여라.

6. 기부 효과를 활용하라

아릴리와 카르몬은 듀크 대학의 학생들을 대상으로 실험을 수행했다. 학생들은 농구시합 표를 구하기 위해 바깥에서 잠을 잔다. 심지어 바깥에서 잠을 잔다고 해도 반드시 표를 구할 수 있는 것은 아니다. 어느 학생은 표를 구하고, 어느 학생은 구하지 못한다. 표를 구하지 못한 학생은 아릴리에게 표를 한 장에 170달러를 주고 구입할 용의가 있다고 말할 것이다. 표를 구입한 학생은 자기가 가진 표를 2,400달러 아래로는 팔지 않을 것이라고 말한다.

사람의 본질에는 세 가지 근본적인 특성이 있다. 우리는 언제나 우리가 손에 쥔 것과 사랑에 빠진다. 우리는 우리가 얻을지도 모르는 것이 아니라 잃을지도 모르는 것에 초점을 맞춘다. 우리는 다른 사람들이 거래의 내용을 우리 자신과 같은 관점에서 바라볼 것이라고 가정한다.

- 서비스, 제품, 혹은 관계, 노력, 돈, 그것이 무엇이든 간에 당신이 제공한 것의 가치는 당신이 생각하는 것에 비해 훨씬 적을 것이다. 그냥 자리를 뜰 준비를 하라.
- 만약 어떤 것을 구입한다면 그것의 가치를 평가할 때 자기 내부의 판단에 의존하지 말라. 왜냐하면 당신은 이미 그것과 밀착돼 있기 때문이다. 다른 사람에게 그 서비스, 제품, 혹은 관계를 갖기 위해 얼마를 지불할 용의가 있는지 물어보라. 다른 사람들이 온라인에서 실제로 지불하는 금액을 객관적으로 연구하라.

7. 손해를 피하려고 하는 우리의 감정을 활용하라

아릴리와 쉰은 MIT의 학생들을 대상으로 실험을 수행했다. 그들은 사용자에게 빨간색, 파란색, 그리고 초록색이라는 세 개의 문을 제공하는 게임을 고안했다. 실험에서는 100 클릭에서 출발한다. 문으로 들어가려면 문을 클릭해야 한다. 일단 방안에 들어가면 한 번의 클릭이 1에서 10센트까지의 금액을 벌게 해준다. (클릭을 하나 사용함으로써) 방을 바꿀 수도 있다. 각각의 방은 다른 수준의 금액을 제공하도록 설계돼 있다. (이러한 금액을 정하는 데는 여러 가지 방법이 있지만, 어떤 경우에도 어느 방이 가장 높은 금액을 제공하는지 판별하는 것은 매우 쉬운 일이다.)

사용자들은 세 개의 방을 모두 시도해보고, 가장 높은 금액을 지불하는 방을 찾아내고, 그 방 안에서 머무르는 경향을 보였다. (실험 대상이 MIT 학생이라는 사실을 기억하라.) 하지만 아릴리는 하나의 변화를 도입했다. 12번의 클릭이 일어나는 동안 한 번도 방문되지 않는 방은 자동적으로 영구소멸되게 만든 것이다. 한 번의 클릭이 일어날 때마다 클릭되지 않은 방의 존재는 12분의 1씩 사라져 간다.

이제 사용자들은 방에서 방으로 뛰어다니며 자신이 가진 선택을 모두 유지하려고 했다. 대신 그들은 15퍼센트 정도 적은 금액을 벌어들였다. 앞에서 본 것과 같이 가장 높은 금액을 지불하는 방을 찾은 다음 거기에서 계속 머물면 더 많은 돈을 벌 수 있기 때문이다.

아릴리는 방을 여는 데 드는 비용을 3센트로 더 올렸다. 그래도 달라지는 것은 없었다. 사용자들은 여전히 모든 방을 유지하려고 노력했다. 아릴리는 참여자에게 각 방이 제공하는 금액의 내용을 정확하게 밝혔다. 그래도 달라지는 것이 없었다. 아릴리는 사용자들에게 실제 실험을 수행하기 전에 마음대로 방을 방문해서 금액을 따져보는 연습을 할 수 있게 허용했다. 그래도 달라지지 않았다. 아릴리는 사라진 방을 한 번 클릭해서 "재생"시키는 규칙도 도입해 봤다. 그래도 변화가 없었다.

사용자들은 어떤 경우에도 가진 것을 잃는 것을 용인하지 않았다. 그래서 그들은 방이 사라지는 것을 막기 위해 할 수 있는 모든 것을 하려고 노력했다. 방이 사라지는 것이 어떤 실제적인 결과를 낳는 것도 아니고 심지어 쉽게 되돌릴 수 있다고 해도 말이다. 우리는 자기가 가진 선택을 보존하려는 경향을 가지고 있다. 비싼 비용을 지불해야 한다고 해도. 그렇게 하는 것이 아무런 의미가 없다고 해도.

- 당신이 선택할 수 있는 폭이 인위적으로 좁아진다면 그들이 당신을 몰고 가려고 하는 목표를 향해 수동적으로 이끌리지 말라. 다른 선택사항을 요구하라. 심지어 그것이 제공업체나 협력업체를 바꾸는 것을 의미하더라도 말이다.
- 선택의 폭을 넓히는 데 추가적인 금액을 지불하지 말라. 그러한 선택이 필요하다는 사실을 증명하는 구체적인 증거를 확보할 수 없다면 말이다. 어떤 선택사항은 단지 당신이 스스로를 의심하도록 만들기 위해, 그래서 그것을 선택하지 않으면 걱정하도록 만들기 위한 목적으로만 존재할 뿐이다.

8. 비합리적인 기대를 야기하라

아릴리, 리, 그리고 프레드릭은 MIT 학생들과 더불어 또 다른 실험을 수행했다. 학생들에게 두 가지 다른 맥주를 맛보라고 하고, 무료로 맥주 한 통을 받는 대신 둘 중에서 맛이 좋은 것 하나를 선택하게 했다. A 맥주는 버드와이저이고, B 맥주는 버드와이저에 식초를 몇 방울 섞은 것이다.

어느 것이 어느 것인지 알지 못할 때는 학생들이 대개 식초를 섞은 맥주를 선택했다. 맥주에 식초가 들어갔다는 이야기를 듣고 난 이후에는 압도적으로 A 맥주를 선택했다. 어떤 것이 맛이 좋지 않을 것이라는 사실을 미리 이야기하면 사람들은 대개 그 말에 순응하는 선택을 한다. 기대를 미리 설정하기 때문이다.

- 브랜드, 회사, 혹은 제품에 대해 어떤 말을 듣더라도 자신이 직접 경험한 것을 대신할 수 있는 것은 없다. 다른 사람들이 말하는 것이 아니라 자신의 고유한 의견이 제시하는 길을 따라야 한다.
- 어느 것에게 "프리미엄" 혹은 "프로" 혹은 "무슨 상을 받은" 식의 수식어가 붙어 있다는 사실은 실제적인 의미를 갖지 않는다. 그러한 주장을 실제로 확인해보라. 마케팅 기술이 당신의 기대를 규정하게 만들지 마라. 증거와 사실에 기대야 한다.

9. 왜곡된 가격을 활용하라

아릴리, 웨버, 쉬브, 그리고 카르몬은 벨라돈-Rx라는 이름의 가짜 진통제를 만들었다. 정장을 차려입은 매력적인 여성이 (희미한 러시아 악센트와 더불어) 실험에 참가한 사람들에게 벨라돈을 먹은 환자들의 92퍼센트가 10분 안에 통증이 사라지는 것을 경험했고, 효과가 8시간까지 지속된다고 설명했다.

그 약이 한 알에 2.50달러라고 했을 때, 대부분의 참가자들은 고통이 실제로 사라지는 것 같다고 보고했다. 약이 한 알에 0.10달러라고 하자 참가자의 절반 정도만 고통이 사라지는 것 같다고 보고했다. 고통이 클수록 약효는 더 강했다. 아이오와 대학에서 수행한 비슷한 실험에서도 정상적인 가격을 지불한 감기약을 복용한 학생들이 할인된 가격으로 (하지만 약 성분은 동일한) 감기약을 복용한 학생들보다 약효가 더 좋다고 말한 것으로 드러났다.

- 가격은 실제 가치와 아무 상관이 없다. 값이 비싸다고 해서 그것이 높은 품질을 의미하는 것은 아니다. 가격이 정당화될 수 있는 것인지 확인하라. 붙어있는 가격을 액면 그대로 받아들이지 마라.
- "머니문moneymoon"의 함정에 빠지지 말라(옮긴이 _ 머니문이란 어떤 물건을 구매하고 **흡족해 하는 심정이 유지되는 기간을 의미한다.**). 당신이 그것을 구입하기 위해 돈을 지불했다고 해서 반드시 그것이 어떤 가치를 갖는 것은 아니다. 우리가 돈을 지불한 대상 중에서 제값을 하지 않는 것도 많다. 우리는 구매를 하는 과정에서 많은 실수를 저지르지만 다만 그것을 인정하고 싶어 하지 않을 뿐이다.

예측 가능한 비합리성[4]에서 내가 배운 것은 누구나 때로는 비합리적이 되며, 그것은 별로 문제가 되는 것이 아니라는 사실이다. 결국 우리는 그다지 완벽한 존재가 아니기 때문이다. 핵심은 자기 자신이 언제 그렇게 비합리적인 생각을 하게 되며, 그러한 충동을 어떻게 억제할 것인가에 달려 있는 것이다.

만약 당신이 우리라는 존재가 얼마나 슬프고 비합리적인가 하는 사실을 모르고 있다면 바로 그것이야말로 마케팅 사기꾼들이 원하는 바다.

●

1. http://www.amazon.com/dp/0061854549/?tag=codihorr-20
2. http://www.seomoz.org/blog/10-irrational-human-behaviors-how-to-leverage-them-to-improve-web-marketing
3. http://www.codinghorror.com/blog/archives/001295.html
4. http://www.amazon.com/dp/0061854549/?tag=codihorr-20

인터넷 광고에서
하지 말아야 할 일

웹브라우저 안에서 동작하는 게임은 매우 인기가 높은데, 그런 현상은 이해할 만하다[1]. 게임을 공짜로 이용할 수 있는 기술을 이용해 세계에 퍼져 있는 모든 사람을 대상으로 만들고, 아무런 라이선스 비용도 지불하지 않을 수 있다면 그렇게 하지 않을 이유가 무엇인가? 그런 게임 중 하나로 전에는 씨보니Civony라고 불렸던 에보니Evony 게임이 있다. 이것은 게임 내 결제 메커니즘[2]을 갖춘 문명Civilization 게임[3]의 브라우저 판이다.

이 게임에는 이제 "돈을 지불"할 수 있는 방법도 여럿 존재한다. 씨보니는 여전히 비즈니스를 진행하고 있는 것이다. 솔직히 말해서 모든 사람이 가입할 때 돈을 내거나 게임 도중에 뜨는 광고를 보게 하는 것보다는 소수의 엘리트가 대중 전체를 위해 게임의 자금을 대게 하는 편이 아마 더 나을 것이다. 회선당 0.30달러씩 지불하던 금액 이외에도 자원을 모을 때 속도를 올리거나, 혹은 스탯을 올리거나 게임용 아이템을 구매하기 위해 돈을 쓸 수 있다. 다른 방식으로 돈을 쓸 수 있는 여지도 있겠지만 나는 아직 다른 것은 발견하지 못했다. 하지만 초록색 더하기 기호(+)가 화면에 등장하면 돈을 지불할 기회가 있다는 뜻이다.

겉보기에 이 게임은 무료다. 하지만 (때로는 "프리미움freemium"[4]이라고도 하는) 선택적인 아이템을 구입하기 위해 돈을 지불하는 소수의 플레이어들에 의해 금전적 지원을 얻는다. 따라서 이런 게임이 지속되려면 사용자의 폭이 대단히 넓어야 하고, 게임을 제작하는 측에서는 정기적으로 광고를 하기 위한 인터넷 광고 공간을 확보할 필요가 있다. 에보니와 관련해서 가장 흥미로운 부분은 게임 자체가 아니라 그 게임이 광고되는 방식이다. 다음은 초기 광고의 모습이다.

완전히 일리 있는 광고다. 이 게임은 뭔가 중세를 배경으로 하고 있으며[5], 공짜라는 사실이 크게 부각되고 있다.

그렇지만 이 광고는 에보니의 사장실이 원하는 기대를 충족하지 못했다. 왜냐하면 그 광고는 점차 다른... 뭐 일단 새로운 광고가 어떤 것이었는지 직접 보자. 다음은 에보니의 광고가 인터넷에 등장하는 모습을 시간순으로 나타낸 것이다.

(이 아가씨가 눈에 익다면 그럴 만한 이유가 있기 때문이다[6].)

분명히 하기 위해서 다시 말하자면, 이 광고들은 실제로 인터넷에 등장했던 진짜 광고다. 패러디가 아니다. 이런 사실을 증명하기 위해서 엘더 스크롤스 넥서스^{Elder Scrolls Nexus}**7**의 화면에 등장했던 광고 사진을 하나 첨부했다.

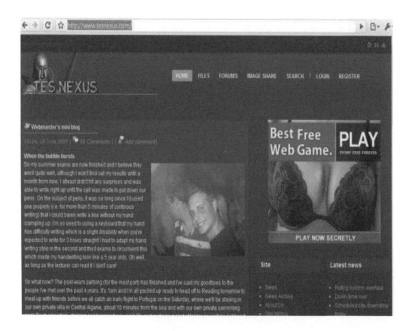

과거에 나는 인터넷 광고를 할 때 책임감을 가지라[8]고 말 한 바 있다. 이러한 광고는 내가 상상할 수 있는 바람직한 방향과 완전히 정반대의 길을 가고 있는 사례다. 슬프긴 하지만 이것은 탁월한 풍자 영화인 이디오크러시[Idiocracy9]의 예언이 틀리지 않았음을 보여주는 방식이기도 하다.

이디오크러시[10]가 보여주는 디스토피아적 미래는 광고가 불가피한 최소한의 공통분모를 제외하면 사라질 것이라고 예언했다. 즉, 남성만을 위한 이국적 스타벅스 커피, H.R. 블록의 "성인" 세금공제, 그리고 "홀딱 벗은" 엘 폴로 로코 치킨 윙 광고 같은 것만 남는 것이다.

에보니, 인터넷 광고가 도달할 수 있는 맨 밑바닥이 어떤 것인지 보여준 것에 대해 고마움을 전한다. 아마 그다음에는 바닥을 더 파고 들어가서 지구의 핵에서 발견되는 하얗고 말랑말랑한 물질에 도달할 때까지 당신의 노력은 계속되리라 믿는다. 그 안에 있는 것들이 어떤 모습일지 궁금했는데, 이제는 알 것 같기도 하다.

> 🐦 제프 앳우드@codinghorror
>
> "세상에, 트위터가 광고를 하려고 단단히 마음을 먹었군 그래. 이상 칼스 주니어에서 협찬한 내용이었습니다."
>
> 오전 11:05 – 2012년 5월 31일

●

1. http://www.codinghorror.com/blog/archives/000872.html
2. http://kevinsung.org/?p=2111
3. http://en.wikipedia.org/wiki/Civilization_%28video_game%29
4. http://en.wikipedia.org/wiki/Freemium
5. http://www.youtube.com/watch?v=bc_4_IVURHE
6. http://blog.costumecraze.com/2009/05/dubious-civony-game-uses-costume-photo
7. http://www.tesnexus.com/
8. http://www.codinghorror.com/blog/archives/000893.html
9. http://www.imdb.com/title/tt0387808/
10. http://www.amazon.com/dp/B000K7VHOG/?tag=codihorr-20

그라운드호그 데이,
혹은
A/B 테스트의 문제

비행기를 타다가 우연히 영화 그라운드호그 데이[1](옮긴이 _ 1993년 영화로, 우리 나라에서는 "사랑의 블랙홀"이라는 제목으로 소개됐다.)를 다시 보게 됐다.

이 고전적인 영화를 아직 보지 못한 분을 위해 설명하자면 내용은 간단하다.
빌 머레이가 똑같이 반복되는 날을 계속 살아가게 된다는 이야기다.

그라운드호그 데이를 처음 본 지 5년이 지난 시점이었다. 내가 나이를 더 먹어서 그런지 어떤지 모르겠는데, 이번에 보면서 어떤 한 가지 생각이 머리를 떠나지 않았다. 이건 코미디가 아니라는 생각이 그것이다. 표면적으로는 물론 코미디의 성격을 띤 영화지만 그 내면을 들여다보면 이것은 참으로 심오하고 어두운 존재론적 수수께끼에 대한 내용이다.

똑같은 날을 몇 차례 다시 사는 것은 재미있을 것이다. 어쩌면 수십 번이라도. 하지만 1년 전체를, 10년 전체를 모든 일들이 똑같은 방식으로 되풀이되는 삶을 살아간다? 필이 되풀이해서 살아간 시간을 대충 계산해보면 10년 정도라는 답이 나오는데, 이건 틀린 답이다. 해롤드 라미스 감독의 말에 의하면 그는 영화 속에서 되풀이된 시간이 30년에서 40년 정도라고 생각한다[2].

> 10년이라는 추정은 너무 짧습니다. 우리가 어떤 것에 완전히 숙달되려면 적어도 10년의 시간이 필요하니까요. [필이] 허비한 시간을 고려하면 [필이 되풀이해서 살아간 시간은] 30년에서 40년 정도라고 봐야 할 것입니다.

영화 속에서 우리는 필이 경험하는 것을 부분적인 조각으로만 볼 수 있지만, 이번에 영화를 보면서 내 마음은 그렇게 빈 부분을 채워나가기 시작했다. 수십 년 동안 똑같은 날을 되풀이하는 것은 우리들 마음에 숨어 있는, 우리의 삶이 어떤 식이라도 상관이 없고 궁극적으로 아무 의미도 없을 거라는 데 대한 집단적인 공포를 드러낸다. 우리가 수행하는 어떤 행위도, 심지어 자살도, 소름끼칠 정도로 끝이 없는 모든 행위의 조합도, 결국은 아무것도 달라지게 할 수가 없다. 그렇다면 뭐가 문제란 말인가? 신경 쓸 이유가 무엇인가? 얼마나 많은 우리들이 이 안에 갇혀 있으며, 여기서 빠져 나갈 수 있는 방법은 무엇이란 말인가?

이런 생각을 천천히 하다보면 이것은 정말이지 음울하고 무시무시한 생각이 아닐 수 없다.

> 날씨가 어떻게 될지 알고 싶어요? 그 '필'한테 물으면 안 되지.
>
> 내가 예보해주죠.
>
> 추워질 겁니다.
>
> 흐려질 거고요.
>
> 당신이 죽기 전까지 늘 그럴 거에요.

이게 코미디인가. 세상에. 나는 울음을 터뜨릴 뻔했다.

하지만 빠져나갈 수 있는 방법은 있다. 반복을 통한 해방이 그것이다. 그라운드호그 데이를 완전히 이해하기 위해 영화를 몇 차례 봐야 했다면 당신만 그런 것이 아니다. 사실은 바로 그것이야말로 핵심일지도 모른다. 로저 에버트[Roger Ebert]에게 물어보라[3].

> "그라운드호그 데이"는 영화의 디테일과 전체적인 목적을 너무나 절묘하게 포함하고 있기 때문에 이 영화가 가진 천재성이 한 번에 드러나지 않을 수도 있습니다. 하지만 그것은 불가피하게 천천히 모습을 드러내고, 너무나 흥미진진하고, 자연스럽기 때문에 그저 뒤로 물러나 앉아서 이 영화가 얼마나 대단한지가 눈에 보일 때까지 지켜보기만 하면 됩니다.
>
> 원래 리뷰에서 나는 이 영화를 평가절하했습니다. 영화 자체를 너무 쉽게 즐겼기 때문에 그냥 즐거운 대중성에 현혹됐던 겁니다. 하지만 이 영화를 비롯해 어떤 영화 중에는 우리의 의식 속으로 파고들어 우리가 어떤 생각을 할 때 참조가 되는, 그런 영화가 있습니다. 당신이 어떤 감정을 설명하고자 할 때, 이건 마치 "그라운드호그 데이"같아, 라는 표현을 쓸 필요성을 느끼게 된다면 그 영화는 뭔가를 성취한 것입니다.

그 자체가 이미 (거의) 무한히 반복되는 무엇을 다루는 영화를 반복해서 보는 것 속에는 깨달음과 발견이 계속해서 주어지는 뭔가 오로보로스 Ouroboros[4](옮긴이 _ 오로보로스는 신화 속의 동물로서 자기 꼬리를 입에 물고 있는 뱀의 형상이다)적인 즐거움이 담겨 있다.

이러한 깨달음은 나를 자연스럽게 A/B 테스팅[5]으로 이끌고 간다. 바로 그것은 필이 거의 30년 동안 반복해서 했던 그 일이다. 기술적인 면에서 보자면 그는 A/B 테스팅을 어떤 여자를 유혹하는 데 사용했지만 그가 그 기술을 어떻게 사용했는가가 흥미로운 부분이다.

> 리타: 오늘 전체가 치밀하게 계획된 거였군요.
>
> 필: 아니에요.
>
> 리타: 난 거짓말 싫어해요!
>
> 필: [머릿속으로 뭔가 생각하면서] 화이트 초콜릿 안 되고, 거짓말 안 되고.
>
> 리타: 뭐하는 거죠? 무슨 리스트 만들어요? 내 친구들한테서 내가 뭐 좋아하는지 알아봤나요? 이게 당신이 말하는 사랑이에요?
>
> 필: 이건 현실이에요. 이게 사랑이에요.
>
> 리타: 그만둬요! 미쳤어.

필은 리타와 한 번만 데이트를 한 것이 아니다. 그는 무려 수천 번이나 데이트를 한다. 데이트를 할 때마다 그는 그녀가 좋아하는 것, 좋은 반응을 보이는 것을 기억하고, 싫어하는 것도 따로 기억해 둔다. 마침내 그는 어느 날 문자 그대로 완벽한 데이트를 완성한다. 그날 일어나는 모든 일은 가장 이상적인 것들이며, 그날 일어날 수 있는 가장 바람직한 일들만 골라서 일어나는 것이다. 그런 데이트는 영원히 같은 날을 되풀이해서 살아가는 사람만이 가질 수 있는 일이다.

이것은 상상할 수 있는 것 중에서 가장 순수한 형태의 A/B 테스트다. 주어진 두 개의 선택 중에서 "우위에 있는" 것을 하나 선택하고, 그것이 어떤 궁극의 지점, 즉 과학적으로 가장 바람직한 선택지점에 도달할 때까지 반복된다. 마케팅 사기꾼들[6]은 만약 이렇게 그라운드호그 데이에서 묘사된 완벽한 A/B 테스트와 조금이라도 비슷한 정도의 수준에 도달할 수 있다면 아마도 참을 수 없는 희열 때문에 입에 거품을 물고 쓰러질 것이다.

하지만 바로 그 완벽한 데이트의 끝 무렵에 뭔가 불가능한 일이 일어난다. 리타가 필을 거부하는 것이다.

필은 정말 진심에서 우러났기 때문에 선택한 것이 아니었다. 그는 어떤 특정한 결과, 즉 리타를 얻는다는 결과를 염두에 두고 선택을 해나갔던 것이다. 그때까지의 실험에서 얻은 데이터를 활용해 그가 어떤 길을 걸어야 하는지 알고 있었다. 데이트 자체는 완벽했지만 리타의 마음을 얻지 못했다. 바로 그것이 모든 차이를 만들어냈다.

이러한 점이 A/B 테스트가 가진 문제점이다. 그것은 공허하다[7]. 감정도 없고, 공감도 없고, 최악의 경우에는 뭔가 부정직한 일이다. 내 친구 네이튼 바우어는 이렇게 말했다[8].

A/B 테스트는 사포 같은 것이다. 디테일을 갈아서 없애는 데 사용할 수 있지만, 그것을 가지고 뭔가를 만들어낼 수는 없다.

다음에 A/B 테스트 도구를 만나게 되면 필에게 어떤 일이 일어났는지 기억하라. A/B 테스트를 이용해 겉보기에 최선의 결과를 얻어낼 수는 있다. 하지만 결코 다른 사람의 진심과 마음을 얻을 수는 없을 것이다. 만약 당신 혹은 당신의 팀에 있는 어떤 사람이 이 사실을 이해하는 데 어려움을 겪는다면, 해결책은 간단하다.

그라운드호그 데이를 다시 한 번 보라.

■

1. http://www.imdb.com/title/tt0107048/
2. http://www.wolfgnards.com/index.php/2009/08/18/harold-ramis-responds-to-the-wolf-gnards
3. http://rogerebert.suntimes.com/apps/pbcs.dll/article?AID=/20050130/REVIEWS08/501300301/1023
4. http://en.wikipedia.org/wiki/Ouroboros
5. http://en.wikipedia.org/wiki/A/B_testing
6. http://www.codinghorror.com/blog/2009/09/9-ways-marketing-weasels-will-try-to-manipulate-you.html
7. http://learningischange.com/2010/01/22/question-22-of-365-farmville-practices-ghetto-testing-why-arent-we/
8. http://twitter.com/NathanBowers/status/16801715177

기업처럼 보인다면,
그것을 변화시켜라

해피 토크[1]를 잘 알고 있는가?

어떤 것이 해피 토크인지 잘 모르겠으면 무엇이 해피 토크인지 알 수 있는 확실한 방법이 있다. 글을 읽어 나가는 동안 귀를 잘 기울이면 등 뒤에서 "어쩌고저쩌고"하는 작은 소리를 실제로 들을 수 있을 것이다.

수많은 해피 토크는 엉망으로 작성된 광고용 브로셔에서 흔히 만날 수 있는, 스스로 축배를 드는 것처럼 들리는 홍보용 글 같은 것이다. 좋은 홍보용 카피와 달리 해피 토크는 아무런 유용한 정보를 전달하지 않고, 이유를 명확하게 밝히지 않으면서 자기가 얼마나 대단한지만을 읊조리는 말이다.

해피 토크는 인터넷에 서식하는 칡뿌리 같은 것이다. 그 주변이 아주 지저분한 것들로 가득 차 있다.

그리고 해피 토크에 대한 시각적 동의어도 있다. 사람들이 컴퓨터 앞에 앉아서 행복한 표정을 지으면서 뭔가 의미 없는 행위를 하고 있는 그런 신물이 나는 사진이 바로 그것이다.

이 사람들은 뭘 하고 있는 걸까? 행복에 겨운 표정으로 미루어 짐작하건데 무슨 얼간이 같은 희열을 맛보고 있는 것일지도 모른다. 어쩌면 인간의 지성을 뛰어 넘는 컴퓨터the singularity[2]의 등장을 엿보고 있는 것일지도 모른다.

어째서 회사들은 (혹은 어떤 사람들은) 이와 같은 해피 토크나 다인종으로 구성된 컴퓨터 사용자들의 단체 사진, 혹은 헤드셋을 착용한 미인[3] 사진 같은 것이 필요하다고 생각하는지 모르겠다. 제이슨 코헨은 이에 대해 이렇게 설명한다[4].

> 첫 번째 고객을 만나기 전에도 나는 이미 전문적으로 보이는 것이 중요하다는 사실을 "알고 있었다." 그렇다면 내 웹사이트는 "진짜 회사" 처럼 보이고 느껴질 필요가 있을 것이다. 나는 서로 회사 동료처럼 보이는 문화적으로 다양한 사람들이 노트북 주변에 모여서 흥분과 기쁨을 참지 못하면서 SQL 서버 2008에 JDBC를 연결하고 있는 모습을 담은 클립아트 사진이 필요하다.

이것은 또한 전형적인 "홍보 문구"를 도입할 필요가 있다는 뜻이므로 "회사 소개^{About Us}" 페이지는 이렇게 시작한다.

> 스마트 베어는 기업용 버전 컨트롤 데이터 마이닝 도구의 업계 선두 제공자입니다. 전 세계의 회사에서 스마트 베어의 코드 히스토리언 소프트웨어를 활용해 위험 분석을 수행하고, 문제의 근원을 발견하고, 소프트웨어 개발의 의사결정을 돕습니다.
>
> "업계 선두?" "데이터 마이닝?" 그런 말이 무엇을 뜻하는지 나는 모른다. 하지만 내가 하이픈을 제법 많이 사용하고 있다는 사실에는 점수를 줘도 좋을 것이다.
>
> 아무튼 당신도 이런 일들을 해야 할 것이다. 그렇지 않은가? 다른 회사들도 다 이렇게 하고 있으므로 틀린 일은 아닐 것이다. 내가 굳이 업계의 전통을 어길 이유는 없지 않은가?

사람들이 어디서 이런 식의 아이디어를 얻게 됐는지 모르겠다. 하지만 커다란 회사들이 사실상 거짓말에 해당하는 "전문성"을 사용한다는 점은 사실이다. 케이시 시에라는 썬마이크로시스템즈에서 겪은 경험을 이렇게 얘기한다[5].

> 내가 썬에 입사하던 무렵에는 고객 교육 문서에 "멋지다^{cool}"는 단어를 사용하는 것은 연말고과에 뭔가 한 줄이 추가되는 것을 보장했다. 그리고 그것은 좋은 방향으로 그런 것이 아니었다.
>
> 나는 우리가 뭔가를 하지 말아야 하는 이유를 들먹이기 위해 "전문성"이라는 단어가 사용된 횟수를 일일이 기억할 수 없다. 하지만 나는 개발자들이 최신 자바 기술을 받아들이게 하는 것이 목적인 회의에서 "열정"이라는 단어가 사용된 몇 차례의 일을 기억할 수 있다. 무엇이 달라졌는가?
>
> 어떤 사람들은 우리가 엄격한 전문성을 준수함으로써, 보수적이고 전문적인 고객을 더 많이 얻을 수 있고, 따라서 비즈니스를 성장시킬 수 있는 것이라고 말한다. 그게 사실일까? 우리는 정말 이런 식의 고객이 필요한 것일까? 우리가 더 용감해지면 더 많이 성장하는 것이 가능하지 않을까?

이상한 일들을 정당화하기 위한 목적으로 전문성이라는 단어를 오용하는 것
은 부끄러운 짓이다. 그것은 마치 자신과 세상 사이에 오웰주의에 입각한 의
사소통의 장벽을 세워 두는 것과 마찬가지다. 좋게 봐도 그것은 뒤로 숨기
위한 방어벽에 불과하다. 최악의 경우 그것은 우리로 하여금 커다란 회사들
이 잘못하고 있는 일들을 열심히 반복하게 만든다. 엘모어 레오나드의 간단
한 조언[6]을 인용하는 것을 허락해주기 바란다.

> 기업처럼 보인다면, 그것을 변화시켜라.

다음 번에 자신이 전문성이라는 문구나 단체 사진을 사용하고 있는 것을 발
견하게 되면 바로 그 "전문성"이라는 말의 가치를 생각해보라. 그것이 당신
의 커뮤니케이션을 정당한 방식으로 돕고 있는가? 아니면 오히려 그것을 방
해하는가?

1. http://www.codinghorror.com/blog/archives/000163.html
2. http://en.wikipedia.org/wiki/Technological_singularity
3. http://www.headsethotties.com/
4. http://blog.asmartbear.com/blog/youre-a-little-company-now-act-like-one.html
5. http://headrush.typepad.com/creating_passionate_users/2005/09/dignity_is_dead.html
6. http://www.codinghorror.com/blog/archives/000516.html

소프트웨어 가격 책정: 우리는 그것을 잘못 하고 있는가?

아이폰 앱스토어를 열심히 이용하는 것[1]의 부수적 효과는 내가 소프트웨어 가격에 대한 생각을 근본적으로 바꾸게 됐다는 사실이다. 너무나 많은 탁월한 아이폰 애플리케이션이 공짜이거나 아니면 기껏해야 몇 달러밖에 하지 않는다. 그 정도 가격이라면 내가 관심이 가는 그럴듯한 앱을 우연히 만났을 때 망설임 없이 충동구매를 해도 좋은지 여부를 따지는 기준선보다 훨씬 아래에 있는 셈이다.

뭐라고, 애플리케이션의 가격이 5달러보다 높다고? 말도 안 돼! 날강도나 다름없어!

만족도와 상관없이 각종 소프트웨어에 최소한 30달러 정도의 돈을 기꺼이 지불하던 나에게 값싼 앱을 좋아하는 식의 생각은 낯설다. 나는 내 동료 소프트웨어 개발자들을 위해 기꺼이 내 지갑을 열고 싶은 생각을 가지고 있기 때문이다[2]. 그리고 아이폰 앱스토어는 바로 내가 지갑을 여는 것을 더 이상 그렇게 할 수 없을 만큼 쉽게 만들었다.

과연 그렇게 하는 것이 아이폰 앱 환경에 꼭 이로운 것인지 여부가 의심스러울 정도의 가격 낮추기 경쟁[3]이 일어나고 있긴 하지만 일반 사용자가 "이 정도야 뭐 부담 없지"라고 편하게 생각할 정도로 소프트웨어의 가격이 낮아야 한다는 생각은 강력한 의미를 갖는다.

내가 보기에 여기서 제대로 인식되고 있지 못한 부분은 낮은 가격이라는 존재가 줄어든 가격의 절대적 수치에 비례하지 않을 정도로 대단히 폭발적인 확산력을 가지고 있다는 사실이다. 밸브 소프트웨어는 이런 영역에 대한 적극적인 실험을 수행했다. 레프트 포 데드[Left 4 Dead] 게임의 예[4]를 생각해보라.

밸브의 공동창업자인 가베 누웰은 오늘 있었던 DICE 기조연설에서 지난 주에 단행한 레프트 포 데드의 반값 세일로 게임 판매량이 3000퍼센트 늘어났다고 말했다. (달러로 표시된) 게임 전체 판매량은 해당 게임의 원래 목표 실적을 능가했다.

한 달 뒤에 가격을 반값으로 떨어뜨리는 것이 원래 가격인 49.95달러에 판매하는 것보다 밸브에게 전체적으로 더 많은 수익을 가져다 준다고 생각하는 것은 상당히 냉정한 자세다. (우연하게도 나는 바로 그 반값으로 게임을 샀다. 걱정할 필요는 없다. 한 달 전 쯤에 이 훌륭한 게임을 실행하면서 원래 가격인 50달러에 해당하는 즐거움을 톡톡히 뽑아냈다.)

실험은 여기서 멈추지 않았다. 스팀[5] 네트워크에서 실험 목적으로 소프트웨어 가격을 더 떨어뜨렸을 때 완전히 비선형적인 움직임이 일어나는 것을 관찰해보기 바란다.

엄청난 규모의 스팀 휴가 세일은 밸브와 협력 회사에 큰 이익을 가져다주었다. 아래와 같이 가격의 감소량에 따라 판매액을 분류해 놓은 휴가철의 판매 자료가 발표됐다.

- 10% 세일 = 35% 판매 증가(개체 단위가 아니라 실제 매출의 증가분)
- 25% 세일 = 245% 판매 증가
- 50% 세일 = 320% 판매 증가
- 75% 세일 = 1470% 판매 증가

이러한 수치가 전체 매출액을 반영하고 있다는 사실에 주목하라! 이러한 차이가 얼마나 엄청난 것인지 설명하기 위해 일부러 만들어진 숫자를 이용해보겠다. 우리가 만든 게임이 40달러 정도 하고, 그 가격으로 100카피를 팔았다고 해보자.

원래 가격	할인	판매 가격	전체 판매
40달러	없음	40달러	4,000달러
40달러	10%	36달러	5,400달러
40달러	25%	30달러	9,800달러
40달러	50%	20달러	12,800달러
40달러	75%	10달러	58,800달러

밸브의 문서에 나타나는 패턴이 사실이라면, 그리고 내가 아이폰 앱스토어에서 경험한 것이 조금이라도 합당한 진실을 드러내는 것이라면 지금까지 우리는 소프트웨어의 가격을 완전히 엉터리로 설정해 온 것이다. 최소한 디지털 방식으로 배포되는 소프트웨어[6]는 그렇다는 말이다.

특별히 나는 마이크로소프트가 그들의 운영체제 업그레이드에 대한 가격을 너무나, 정말이지 너무나 지나치게 높게 책정한다고 생각해왔다. 만약 그들이 "이 정도 가격이면 업그레이드를 하지 않을 이유가 없잖아?" 수준으로 가격을 책정했더라면 엄청나게 더 많은 라이선스를 판매할 수 있었을 것이다. 예를 들어 다음과 같은 업그레이드 옵션을 생각해보라.

맥 OS X 10.6 업그레이드[7]	29달러
마이크로소프트 윈도 7 홈 프리미엄 업그레이드[8]	119달러

운영체제를 둘러싼 라이벌 의식[9]은 잠시 접어두고 봤을 때, 당신이라면 어느 쪽을 선택하겠는가? 이러한 비교가 그다지 공정한 것이 아니며, 따라서 29달러라는 가격이 99센트 앱처럼 정신 나간 소리처럼 들린다면 할 수 없다. 물론 99센트 앱도 사실을 알고 나면 그다지 정신 나간 소리처럼 들리지 않을 거라고 생각하지만. 윈도 7의 업그레이드 가격이 49달러나 69달러처럼 더 적당한 가격이었다고 생각해보자. 이러한 생각은 레드몬드에 있는, 소비자를 착취하며 살아가는 마케팅 사기꾼들[10]이 화를 내게 만들 것이다. 하지만 밸브의 데이터와 나의 직관은 만약 그들이 소프트웨어의 가격을 "안 살 이

유가 없잖아?" 수준으로 만든다면 훨씬 더 많은 수익을 얻을 수 있을 거라고 확신하게 만든다.

이러한 가격 정책이 모든 형태의 시장이나 세상에 존재하는 모든 소프트웨어에 적용돼야 한다는 것은 아니다. 하지만 많은 사람들에게 대량으로 판매되는 소프트웨어가 있다면 이러한 정책이 일리가 있다. 최소한, 만약 당신이 소프트웨어를 판매한다면 밸브가 했던 것처럼 가격을 놓고 실험을 해볼 필요가 있다. 그렇게 하면 좋은 의미에서의 놀라움을 경험하게 될지도 모른다.

나는 소프트웨어를 구매하는 것을 즐긴다[11]. 그리고 소프트웨어의 가격이 적당한 수준으로 매겨져 있다면 내가 더 많은 소프트웨어를 구입할 거라는 사실도 잘 알고 있다. 그런 가격이라면 사지 않을 이유가 없지 않은가?

1. http://www.codinghorror.com/blog/archives/001280.html
2. http://www.codinghorror.com/blog/archives/000735.html
3. http://mashable.com/2009/07/21/iphone-app-race-bottom/
4. http://www.shacknews.com/onearticle.x/57308
5. http://store.steampowered.com/
6. http://www.codinghorror.com/blog/archives/000995.html
7. http://www.amazon.com/dp/B001AMHWP8/?tag=codihorr-20
8. http://www.amazon.com/dp/B002DHLUWK/?tag=codihorr-20
9. http://www.codinghorror.com/blog/archives/000796.html
10. http://www.codinghorror.com/blog/archives/001283.html
11. http://www.codinghorror.com/blog/archives/000735.html

우선순위를
제대로
관리하기

○ 행복을 구매하기
○ 빠르게 살고, 일찍 죽고, 지친 육신을 남기고

행복을 구매하기

"...그러니까 어려운 부분은 어째서 당신이 그토록 오랜 시간을 열심히 일해야 하는가다..."

흔히 이야기되는 바와 반대로, 과학자들은 우리가 돈을 주고 행복을 살 수 있다[1]고 이야기한다. 어떤 의미로는.

최근의 연구는 주관적인 웰빙에 존재하는 두 측면을 구별하기 시작했다. 정서적 웰빙emotional well-being은 한 개인이 매일 경험하는 것들의 감정적 질, 그러니까 개인의 삶을 즐겁거나 즐겁지 않게 만드는 기쁨, 스트레스, 슬픔, 분노, 애정과 같은 다양한 감정의 주기와 강도를 가리킨다. 삶에 대한 평가life evaluation는 사람들이 자신의 삶에 대해 생각할 때 떠올리는 생각들을 가리킨다. 우리는 과연 돈을 주고 행복을 살 수 있는가, 라는 질문을 이러한 웰빙의 두 측면과 별도로 제기한다. 이 내용은 갤럽이 매일 1,000명의 미국인을 대상으로 수행해서 450,000명 이상의 응답자가 갤럽-해스웨이 웰빙 지수에 제출한 응답에 대한 분석에 나와 있다. [...] 소득 수준과 그래프를 그려보면 삶에 대한 평가는 서서히 증가한다. 정서적 웰빙도 소득 수준과 함께 증가하는데, 연간 소득이 75,000달러에 이르면 더 이상 증가하지 않고 멈춘다.

참고로 말하자면 현재 연방정부에서 4인 가족을 기준으로 정하고 있는 최저생계비[2]는 23,050달러다. 이러한 최저생계비의 3배 정도 수준에 도달하면 행복감은 절정에, 적어도 돈이 가져다 줄 수 있는 행복감의 정상에 이르게 된다는 말이다.

이것은 다른 연구에서도 종종 발견되는 이야기다. 매슬로우의 욕구 단계 Maslow's Hierarchy of Needs[3]에서 바닥에 있는 기본적인 항목을 충족시킬 수 있는 "충분한" 돈을 갖게 되면, 즉 음식, 잠자리, 안전 등에 대해서 걱정할 필요가 없고, 장래에 있을지도 모르는 상황에 대비한 별도의 자금까지 확보할 수 있는 수준이 되면 더 이상 돈을 쌓아올리는 것은 더 높은 욕구 단계로 올라가는 데 별다른 도움을 주지 않는다.

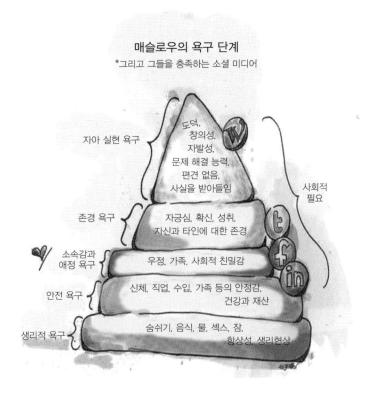

매슬로우의 욕구 단계
*그리고 그들을 충족하는 소셜 미디어

자아 실현 욕구 — 도덕, 창의성, 자발성, 문제 해결 능력, 편견 없음, 사실을 받아들임

존경 욕구 — 자긍심, 확신, 성취, 자신과 타인에 대한 존경

소속감과 애정 욕구 — 우정, 가족, 사회적 친밀감

안전 욕구 — 신체, 직업, 수입, 가족 등의 안정감, 건강과 재산

생리적 욕구 — 숨쉬기, 음식, 물, 섹스, 잠, 항상성, 생리현상

사회적 필요

심지어 상당한 수준의 소득을 가질 정도로 운이 좋더라도 돈을 사용하는 방식 자체가 당신의 행복 혹은 불행을 결정하는 데 많은 영향을 미친다. 여기에도 배후에 과학이 존재한다. 이와 관련된 연구는 돈이 당신을 행복하게 만들지 않는다면, 아마도 돈을 제대로 사용하고 있는 것이 아닐 것이다[4], 라는 글에 정리돼 있다.

대부분의 사람들은 행복과 관련돼 있는, 무엇이 행복을 가져오고, 무엇이 행복을 유지하는가와 같은 기본적인 과학적 사실을 이해하지 못하고 있다. 그래서 사람들은 어떻게 돈으로 행복을 구할 수 있는지 모른다. 와인에 대해 잘 알지 못하는 부자가 평범한 이웃에 비해 그다지 훌륭한 와인을 갖추지 못한다는 사실은 별로 놀라운 일이 아니다. 그렇다면 행복에 대해 잘 알지 못하는 부자가 다른 사람들에 비해 특별히 더 행복하지 않다는 사실도 전혀 놀라운 일이 될 수 없다. 돈이라는 것은 행복을 위한 기회를 제공한다. 하지만 사람들은 종종 아마도 자신을 행복하게 만들어줄 것이라고 믿었던 것이 전혀 자신을 행복하게 만들어주지 않기 때문에 결국 기회를 날려버리곤 한다.

이 글의 저자 중에서 이름이 낯익은 사람도 있을 것이다. 특히 이와 비슷한 주제를 다루고 있는 『행복에 걸려 비틀거리다Stumbling on Happiness』[5]라는 탁월한 책을 쓴 댄 길버트Dan Gilbert의 이름이 그랬을 것이다.

그렇다면 행복의 과학은 무엇인가? 나는 여덟 개의 항목을 통해 최대한 요약해보겠지만, 각 항목의 저변에 있는 내용을 더 자세하게 살펴보고 구체적인 인용과 관련된 내용을 확인해보려면 실제 글[6]을 읽어보길 권장한다.

1. 물건 대신 경험을 구매하라

물건은 낡는다. 물건은 평범해진다. 물건은 항상 똑같다. 물건은 닳는다. 물건은 공유하기 어렵다. 하지만 경험은 완전히 고유한 것이다. 그것은 당신의 기억 속에서 다이아몬드처럼 빛난다. 종종 해마다 더 밝아지기도 한다. 그리고 영원히 공유할 수 있다. 가능하다면 돈을 새로운 텔레비전과 같은 물건이 아니라 가족과 함께 디즈니 월드로 여행 가는 것처럼 경험에 사용하라.

2. 자기 자신보다 다른 사람을 도와라

인간은 대단히 사회적인 동물이다. 돈을 이용해 다른 사람과의 연결을 강화할 수 있는 것이라면 무엇이든 그것은 우리의 사회적 연결을 강화하고 우리 자신과 다른 사람들에 대한 감정을 긍정적인 것으로 만든다. 자기 돈의 일부를, 사소하게나마 다른 사람들을 위해 쓰는 방법을 상상하라. 그리고 그 상상을 정기적인 지출 습관에 실제로 포함시켜라.

3. 적고 큰 기쁨보다 많고 작은 기쁨을 구매하라

우리는 변화에 매우 잘 적응하기 때문에 돈을 사용하는 가장 효과적인 방법은 금방 익숙해지고 말 거대한 "빅뱅"과 같은 변화만 추구하는 것이 아니라, 잦은 변화를 추구하는 것이다. 가능하면 커다란 지출 항목을 더 오랜 시간에 걸친 작은 항목으로 잘게 쪼개서 전체적인 경험을 맛볼 수 있게 하라. 행복에 대해서 말하자면 강렬함보다는 빈도가 중요하다. 한 번의 거대한 것보다 수많은 작고 즐거운 구매가 더 효과적이라는 생각을 받아들여라.

4. 보험은 더 적게 들어라

사람은 긍정적인 변화와 부정적인 변화에 모두 쉽게 적응한다. 연장된 제품 보증^{warranties}과 보험은 손실을 피하려는 본능을 파고드는 전술이다. 하지만 사람은 적응력이 있기 때문에 구매 행위가 실제로 원했던 결과를 낳지 않더라도 우리는 생각보다 훨씬 더 적은 후회를 경험한다.

더욱이 구매 행위를 쉽게 물릴 수 있는 보험이라든가 아니면 친절한 반품 정책 같은 것은 사람들로 하여금 돌이킬 수 없는 완벽한 구매를 했다는 느낌이 생기지 않게 하기 때문에 역설적으로 불안한 마음이나 불행함을 생기게 만든다. 따라서 보험에 드는 일을 삼가고, 너무 친절한 반품 정책 같은 것도 따지지 말라.

5. 돈은 지금 지불하고 나중에 사용하라

즉각적인 만족감은 감당할 수 없는 구매나 실제로 필요하지 않은 구매를 충동할 수 있다.

충동구매라는 행동은 현실적인 거리감을 유지하면서 현명한 판단을 내리는 능력을 마비시킨다. 행복의 강한 원천인 예측 능력을 상실하게 만드는 것이다. 최대한의 행복을 위해서는 구매할 것인지, 구매한다면 무엇을 구매할 것인지에 대한 판단을 실제적인 욕망이 발생할 때까지 절제하라. (심지어 판단을 유보하라!)

6. 생각하고 있지 않은 것에 대해 생각하라

장래의 구매를 생각할 때 우리는 세부사항을 건너뛰는 경향이 있다. 하지만 연구 결과에 의하면 우리의 행복(혹은 불행)은 바로 우리가 생각하지 않고 넘어가는 그러한 세부사항에 달려 있는 경우가 많다. 중요한 구매 행위를 실행하기 전에 그 대상을 소유하는 것과 관련된 역학과 상세한 계획 등을 충분히 고려하고, 일단 그것을 소유하게 됐을 때 당신의 시간이 대부분 어디에 쓰일 것인지 생각하라. 당신이 살아가는 매일매일의 삶을, 거의 시간 단위로 상세하게 상상하라. 그 구매행위가 어떤 영향을 미칠 것인가?

7. 비교 쇼핑을 염두에 둬라

비교 쇼핑은 어떤 제품을 다른 제품과 구별되게 만드는 속성에 초점을 둔다. 하지만 우리가 해당 구매 행위를 얼마나 즐길 것인지와는 아무런 상관이 없다. 비교 쇼핑은 우리가 쇼핑을 하는 동안 신경 쓰는 일들을 강조하지만, 실제로 구매를 한 이후에 그것을 사용하거나 소비하는 과정에서 신경 쓰는 일들과는 관련이 없다. 다시 말해 먹는 것 자체가 별로 즐거운 일이 아니라면 2달러를 내고 초콜릿을 값싸게 구매하는 것은 아무 의미가 없다는 것이다. 비교 자체를 위해 비교하는 함정에 빠지지 말라. 자신의 즐거움과 경험에 실제로 문제가 되는 속성을 따져보려고 노력하라.

8. 자신의 머리^{head}가 아니라 군중^{herd}을 따라라

자기가 뭔가를 얼마나 즐길지 미리 알 수 있는 능력이 있다고 과신하지 마라. 과학적으로 따져봤을 때 우리는 그러한 능력이 매우 취약하다. 하지만 그 무언가가 다른 사람들을 모두 즐겁게 만들어주고 있다면, 그것이 당신도 즐겁게 해줄 가능성이 높다. 뭔가를 구매하려고 할 때 다른 사람들의 의견과 사용자 리뷰에 큰 비중을 두고 경청하라.

행복은 돈보다 구하기 어렵다. 따라서 돈을 쓸 때는 이러한 여덟 가지 항목을 염두에 두고 그 돈이 최대한의 행복을 가져오게 만들어라. 그리고 기억하라. 이것은 과학이다!

●

1. http://www.pnas.org/content/107/38/16489
2. http://aspe.hhs.gov/poverty/12poverty.shtml
3. http://en.wikipedia.org/wiki/Maslow%27s_hierarchy_of_needs
4. http://www.wjh.harvard.edu/%7Edtg/DUNN GILBERT & WILSON %282011%29.pdf
5. http://www.amazon.com/dp/1400077427/?tag=codihorr−20
6. http://www.wjh.harvard.edu/%7Edtg/DUNN GILBERT & WILSON %282011%29.pdf

빠르게 살고,
일찍 죽고,
지친 육신을 남기고

2000년의 웹 1.0 거품 시절이 얼마나 미쳐서 돌아가던 시절이었는지 잊기가 쉽다. 그것은 단지 10년 전의 일이다. 이해를 돕기 위해 말하자면 마크 저커버그[Mark Zuckerberg][1]는 웹 거품이 처음 터지던 시절에 16세에 불과했다.

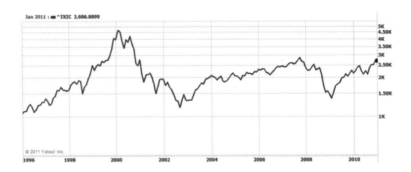

이러한 닷컴 거품의 과도했던 측면을 잘 포착해서 그려낸 영화가 두 개 있다.

첫 번째는 다큐멘터리인 스타트업닷컴Startup.com[2]이다. 이것은 웹 1.0 회사들의 초기 모습을 그려낸 작품이다. 전혀 말도 되지 않는 아이디어에 근거해서 사업을 시작하고, 훗날 당시의 많은 회사들이 그랬던 것처럼 엄청난 규모로 망해버렸던 그런 회사들 말이다. 이 영화는 디지털 필름으로 제작됐다. 이 다큐멘터리에 등장하는, 18개월 동안 6천만 달러를 허공에 날려버렸던 govworks.com[3]이라는 웹사이트는 지금 흔히 존재하는, 도메인만 차지하고 있는 그런 사이트가 돼 있다. 아마 그 시절의 모습을 간직하고 있는 사이트라고 봐도 좋을 것이다.

두 번째 영화는 언제나 보고 싶었지만 며칠 전까지만 해도 그럴 시간을 낼 수 없었던 코드 러쉬Code Rush[4]라는 영화다. 아주 오랜 시간 동안 코드 러쉬는 찾을 길이 없었는데, 앤디 바이오Andy Baio의 활동[5] 덕분에 이 영화의 감독이 크리에이티브 커먼스Creative Commons에 영화를 올려놓았다. 이제 아무나 이 영화를 볼 수 있게 됐는데, 꼭 한 번 보라고 권하고 싶다.

코드 러쉬는 1998년에서 1999년 사이에 넷스케이프에서 촬영된 PBS 다큐멘터리로, 넷스케이프 코드를 오픈소스로 만드는 과정[6]에 초점을 두고 있다. 이 영화가 고통스럽게 드러내고 있는 바와 같이, 그러한 결정은 전략적 선택에 의한 것이었기보다는 일종의 좌절 때문에 어쩔 수 없이 내린 선택이었다. 이것은 전 세계에 가장 널리 퍼져 있는 운영체제를 보유한 회사가 자신의 웹 브라우저를 운영체제의 표준으로 만들기로 하는 식의 일이 일어났을 때 생길 수밖에 없는 결과다.

다큐멘터리에 등장하는 사람들은 모두 자신의 앞길이 막혀 있다는 사실을 알고 있다. 사실 "우리는 망했다."라는 표현은 영화 전체에 걸쳐 일종의 후렴구처럼 등장한다. 교수대를 빗댄 농담과 음울한 어조에도 불구하고, 영화의 일부는 어떤 영감을 불러일으킨다. 자신들이 과연 목표를 달성할 수 있을지 여부를 알지 못하는 상태에서, 혹은 작업을 완료할 때까지 회사 조직 자체가 존속할지 여부를 알지 못하는 상황에서 영웅처럼 불가능한 스케줄에 도전하는 엔지니어들이 등장하는 것이다.

스타트업닷컴과 코드 러쉬 사이에 존재하는 생생한 차이는 바로 그들이 저지른 숱한 실수와 잘못에도 불구하고, 넷스케이프는 결코 아무 이유 없이 수백만 달러의 돈을 허공에 날려버린 회사가 아니었다는 점이다. 그들은 의미 있는 유산을 남겼다.

- 넷스케이프 내비게이터를 통해 HTML과 인터넷 자체를 널리 퍼뜨렸다.
- 1998년 3월 31일에 넷스케이프의 소스코드를 공개함으로써 상상하기 어려웠던 상업용 오픈소스 운동의 씨앗을 뿌렸다.
- 2004년에 모질라 파이어폭스 1.0이라는 브라우저를 통해 인터넷 익스플로러에게 처음으로 실제적인 위협을 가하기도 했다.

돈을 원하는가? 명예를? 안정적인 직업을? 혹은 궁극적으로 세상을 바꾸길 원하는가? 얼마나 많은 전설적인 해커들이 넷스케이프로부터 시작해서 환상적인 경력을 쌓아 나갔는지 생각해보라. 제이미 저윈스키^{Jamie Zawinski}, 브랜단 아이흐^{Brendan Eich}, 스튜어트 파멘터^{Stuart Parmenter}, 마크 앤더슨^{Marc Andreessen}. 비록 회사는 이미 사라지고 없지만 넷스케이프의 교훈은 여전히 살아있다. 코드 러쉬는 궁극적으로 프로그래머로 일하는 것의 의미에 대해 고찰하고 있기 때문이다.

스타트업닷컴과 코드 러쉬가 묘사하고 있는 바와 같이, 이해하기 힘든 부분은 바로 우리가 왜 그토록 오랜 시간 동안 열심히 일을 하는가다. 당신의 경력이 그토록 많은, 실패한 닷컴 시대의 회사들의 운명을 닮지 않게 하고 싶다면 신중하게 생각하기 바란다. 그런 회사들의 삶은 빠르게 살고, 일찍 죽고, 그리하여 지친 육신을 남기는 것이었다.

> 🐦 **톰 포렘스키**@tomforemski
> "죽음을 맞이하는 침대 위에서, 스티브 잡스는 자기가 사무실에서 보냈던 무수한 시간을 후회했을까?"
>
> 오후 8:45 – 2011년 10월 5일

1. http://en.wikipedia.org/wiki/Mark_Zuckerberg
2. http://www.amazon.com/dp/B00005N5QV/?tag=codihorr-20
3. http://govworks.com/
4. http://clickmovement.org/coderush
5. http://waxy.org/2009/07/code_rush_in_the_creative_commons/
6. http://www.mozilla.org/about/history.html

색인

색인

색인

색인

색인